# 오대산 노스님의
# 인과 이야기

감탄과 놀라움이 가득한 인과 법문,
그 치밀하고 정확한 인연법의 이치

광우 스님(BTN불교TV 〈광우 스님의 소나무〉 진행자)

수많은 사람들이 늘 고민하고 궁금해합니다.

'인생은 무엇일까', '어떻게 살아야 잘 사는 것일까', '어떻게 해야 행복해질 수 있을까', '왜 똑같은 인간인데 살아가는 모습이 저마다 다를까', '행복과 불행의 원인은 무엇일까'….

부처님은 말씀하십니다.

"행복도, 불행도 모두 내가 지은 업(業)의 인연이다. 좋은 인연도, 나쁜 인연도 모두 자신이 지은 것이다."

불교 교리의 가장 기초이며, 가장 중요한 바탕인 '인연법(因緣法)'입니다.

부처님의 가르침은 심오하고 어렵습니다. 부처님의 생애를 살펴보면 보리수 아래에서 완전한 깨달음을 얻으시고 깨침의 기쁨을 누리신 뒤에 문득 이렇게 사유하십니다.

"내가 깨달은 이 법은 참으로 알기가 어렵다. 세상 사람들에게 알려준다고 해도 그들은 이해할 수 없을 것이다."

부처님께서 주저하고 계실 때 하늘세계 범천의 간곡한 청으로 부처님은 비로소 세상에 가르침을 널리 전하십니다. 세상에 펼쳐진 부처님의 법문을 모아서 "팔만사천법문(八萬四千法門)"이라고 부릅니다. 팔만사천법문의 가장 중요한 기초이자 기둥이 바로 '인연법'입니다.

『삼세인과경』에서 말합니다.

"세상 사람들이 서로 저마다 괴로움을 받거나 행복하게 사는 것은 모두가 전생에 지은 인과업보(因果業報)이다."

『업보차별경』에서 말합니다.

"이 세상 일체중생은 항상 업에 얽매이고, 그 업에 의지하며, 또한 그 업력(業力)을 따라 이리저리 윤회(輪廻)하여 여러 가지 온갖 차별이 생기게 된다."

윤회와 업의 인연, 인과업보는 불교 수행의 가장 중요한 첫걸음입니다. 사람들은 윤회와 인과업보를 잘 믿지 않습니다. 직접 본 적도 없고, 비논리적이고, 황당하기까지 합니다. 그러나 윤회와 인과업보는 분명히 존재합니다. 부처님 말씀과 깨달음을 얻은 수많은 선지식들이 늘 입을 모아 증명하고 계십니다.

수년 전 우연히『오대산 노스님의 인과 이야기』를 만났습니다. 제목이 독특해서 책을 집어 들었습니다. 책장을 펼치는 순간 눈을 떼지 못하고 감탄과 놀라움으로 법문 속에 흠뻑 빠져 버렸습니다. 그 후로 수많은 불자들에게 소개하고 대중설법을 할 때는 여러 이야기를 인용하였습니다.

오래된 옛날 옛적 설화로만 전해진 인과업보의 가르침이 생생하게 살아 있는 현대의 언어로 가슴에 큰 종을 울렸습니다.

솔직히 이 책을 읽다 보면 가끔 어느 대목에서는 고개가 갸웃거릴 때도 있습니다. '이걸 이렇게까지 해석해야 하나?' 싶은 부분도 있습니다. 그만큼 인과업보의 치밀하고 정확한 인연법의 이치를 드러내기 위한 방편 법문이 아닌가 싶습니다.

'손가락에 집착 말고 달을 보라'는 말이 있습니다. 『오대산 노스님

의 인과 이야기』를 통해서 윤회와 인연의 흐름 속에 펼쳐진 인과업보
의 가르침을 잘 사유하기 바랍니다.

우리나라에서 공부하며 오직 견성(見性)을 목표로 참선법에만 집
착했던 적이 있습니다. 견문을 넓히기 위해 티베트불교와 대만불교,
남방불교 선지식의 법문을 살펴보다가 발견한 공통점이 있습니다. 항
상 '윤회와 인과' 법문을 아주 중요하게 다룬다는 것입니다.

인과업보와 윤회의 가르침을 살짝 가벼이 여기는 한국불교 풍토
에 『오대산 노스님의 인과 이야기』는 많은 불제자들에게 긍정의 큰 바
람을 불러일으켰을 겁니다. 앞으로도 이 책이 더 많은 분들의 애독서
가 되기를 바랍니다.

『오대산 노스님의 인과 이야기』 개정판이 나온다는 소식에 뛸 듯
이 기뻤습니다. 더하여 추천사를 쓰는 영광까지 누리니 기쁨이 배가
됩니다.

끊임없이 양서를 발굴하는 불광출판사에 수희찬탄하며 불법이 널
리 펼쳐지는 이 공덕으로 모든 중생 다 함께 성불하기를 발원합니다.

인연 012

병은 입으로부터 들어온다 024

병의 원인 026

금빛 털을 가진 수탉 029

공장에 있는 것은 우리 집에 다 있어요! 034

어둠 공포증 040

음식을 함부로 버린 과보 042

사소한 물건의 낭비 044

이쑤시개의 교훈 045

노예주의 과보 047

돌아가신 아버지가 제도를 구하다 051

특이한 병의 원인 054

고기를 먹으면 왕생할 수 없다 057

잘못 가르친 죄 060

임신을 하면 『지장경』을 독송하라 062

태아가 『지장경』 듣기를 좋아하다 066

눈병과 금산사의 수몰 070

『서유기』와 『봉신방』 077

업장소멸게 083

한 집안의 정신병과 공포소설     085

모친을 굶겨 죽인 불효자들의 말로     091

인과응보는 대자연의 법칙     098

친구 영혼의 빙의와 히스테리     104

관의거사     108

어느 불량배의 참회     110

축농증의 원인     115

지계하며 염불해야 이익을 얻을 수 있다     118

어린 쥐와 어지럼증     122

고기 머리에 못질한 과보     127

돼지 족발과 발병     130

계란 전병과 허리 디스크     132

소탐대실     139

천포창의 원인     144

경을 많이 읽으면 지혜가 증장한다     149

개미집과 머물 집     152

나무들의 하소연     155

호법이 어찌 공양을 탐할 수 있느냐?     160

몸소 실천하고 항상 좋다고 말하라     165

기공 치료와 무당      169

미녀와 도적      175

천 년 된 느릅나무와 체면 없는 남편      182

부자 상인과 여종      188

김 사장과 이리의 악연      191

악연의 재생      200

당나귀가 빚을 독촉하다      210

미혼탕      213

죽은 개의 복수      215

태아의 죽음과 해원      219

어느 노수행자의 참회      223

정감천지      237

개구리 고기를 즐겨 먹은 과보      244

염불 왕생하신 외할머니      252


부록

묘법 스님의 법문      264

선화 상인의 법문      274

고행두타 묘림 스님 이야기      284

무릇 학질, 암 등과 같은 악한 질병은 모두 내면의 귀신이 지배하여 사람의 오장육부를 뒤틀리게 만들고, 사대(四大)를 조화롭지 못하게 한 것으로서 다 업장이라는 귀신이 장난치는 것이다. 왜냐하면 만일 사람이 숙세(夙世)의 업장이 있으면 때가 되어 귀신이 빚을 갚으러 오기 때문이며, 또한 그 사람의 양기(陽氣)가 부족하면 음기(陰氣)가 성하고 양기가 쇠하므로 귀신이 그 틈을 얻어 들어오기 때문이다.

그대가 만약 항상 번뇌가 없고 지혜가 현전(現前)하면 귀신이 비집고 들어 올 틈을 얻지 못한다. 일단 욕념(欲念), 무명(無明)이 일어나면 귀신이 뚫고 들어오기가 쉽다. 따라서 세상의 모든 질병은 인과(因果)에 의한 것이다. 심지어 모기가 물고, 벌이 쏘는 것, 나아가 인간 세상에서 만나는 모든 것이 다 인(因)과 과(果)가 서로 교차하는 것임을 알아야 한다.

사람이 만약 이런 도리를 깨달으면 잘못된 일은 감히 털끝만큼도 할 수 없으며, 한번 잘못된 일을 저지르면 그에 대한 과보를 받아야 한다는 것을 알 것이다.

_ 선화 상인의 법문 중에서

인연(因緣)

나는 어릴 때부터 무신론(無神論)에 대한 교육을 받았다. 또한 불교를 접한 적이 없을 뿐만 아니라 다른 어떤 종교도 가까이한 적이 없었다. 장성한 후 비록 절에 가 본 적은 있지만 그것은 다만 여행 삼아 놀러 간 것뿐이다. 물론 호기심이 나서 친구들과 교회에 가 본 적도 있다. 그러나 내 마음속에는 모든 종교를 미신처럼 생각하고 있었다.

그러던 내가 어떻게 불교를 배우는 길에 들어서게 되었는가? 10년 전 여름, 오대산(五台山)에 놀러 갔을 때부터 인연이 시작되었다. 오대산은 우리나라(중국)의 4대 불교 성지 중 하나이며 문수보살(文殊菩薩)이 상주하시는 도량이다. 그동안 유명하다는 절은 이곳저곳 놀러 가 보곤 하였는데, 높고 장엄한 고찰(古刹), 향이 피어오르는 전각, 나아가 인간 세상의 속진(俗塵)을 없애는 듯한 종소리는 매번 내게 감동을 주었다. 그 무렵 오대산에 다시 오게 되었는데, 나는 갑자기 사람들이 잘 알지 못하는 심산계곡의 한적한 절에 계시는 스님을 찾아뵙고 싶은 마음이 일어났다.

맑은 한기(寒氣)가 엄습하며 자색 안개가 피어오르는 그날의 새벽은 내 마음속에 영원히 간직되어 있다. 한결 기분이 상쾌해진 나는 행장을 정리하여 한 장의 지도를 옷 속에 품고 혼자 그윽한 곳을 찾아가는 발걸음을 내디뎠다. 이날의 여정이 나와 많은 사람들의 운명을 바꾸게 될 줄은 아무도 몰랐다. 그래서 나는 오대산을 내가 새로 태어난 곳으로 여기고 있다.

집을 나선 뒤 나는 일부러 넓고 평탄한 길은 피하고 구불구불한 길을 택하여 걸어갔다. 길을 따라가면서 높이 솟은 산봉우리, 그윽하고 깊은 계곡의 숲, 비취색 같은 서기가 눈에 비쳐 빛을 뿜어내는 것을 보면서 기분이 날아갈 듯 상쾌하고 마음의 문이 활짝 열리는 듯하였다.

길은 가면 갈수록 험해졌다. 아예 개울을 따라 구불구불한 계곡 길을 따라갔다. 고목과 차가운 바위, 흰 구름이 비치는 푸른 샘, 기이한 풀과 야생화들을 완상하면서 가다 보니 몸이 산수 간에 있는 것도 잊을 지경이었다. 계곡을 오르다 보니 어느덧 정오, 그러나 은사(隱士), 한가로운 스님은 그림자도 보이지 않아 다소 실망스러웠다. 내가 아득한 사방을 둘러보고 있을 때 갑자기 목탁 소리가 은은하게 울려왔다. 또르르 딱 또르르 딱… 신묘하면서도 고졸(古拙)한 여음이 산가를 맴도는데 마치 하늘이 서서히 열리는 듯하였다. 직감적으로 이 소리가 서쪽 안개 그윽한 산 계곡에서 들려오는 것으로 판단하고 곧바로 정신을 바짝 차려 한 걸음 한 걸음 잔돌을 밟으며 계곡 가운데로 나아갔다. 깊은 계곡으로 들어오니 다만 자색 기운과 우람한 나무들만 보이는 것이 이곳이 선경(仙境)이 아닌가 하는 착각이 들 정도였다.

이때 목탁 소리가 먼 곳으로부터 가까운 곳으로 들려오더니 갑자기 끊어졌다. 여음을 들으면서 홀연히 맑은 개울물이 눈앞에 나타난 것을 발견하였다. 그것은 마치 인간세계로 내려온 선인같이 티끌에 물들지 않아 주옥을 토해내는 것 같았다. 아무런 생각 없이 즉시 몸을 굽혀 물을 한 모금 떠 마시니 시원하고 달콤하며 입에서 향이 나오는 것 같았다. 물을 마신 후 손으로 얼굴을 씻으니 어찌나 상쾌하던지.

그때 갑자기 건너편에 사람이 한 명 서 있는 것을 발견하고는 놀라 고개를 들어보니 수염과 머리털이 덥수룩하며 납의(衲衣)를 걸친 노스님이 두 손을 모으고 단정히 서 계셨다. 소나무 사이로 바람이 불어오니 수염과 머리털이 휘날리며 납의가 표연히 흩날렸다. 서로 상대방을 쳐다보는데 갑자기 눈앞이 어지러워지는 것 같았다. 그분의 눈은 맑고 깨끗하며 매우 자상해 보였다. 나는 어떻게 건너편의 스님 곁으로 가야 할지 몰랐다. 단지 그 노스님이 지난 세상의 부모와 같다는 느낌이 들었다.

"시주, 방해가 되었소이다."

노스님이 합장하며 말씀하셨다.

"아닙니다. 제가 오히려 스님의 수도(修道)를 방해하였습니다."

노스님의 말씀에 나는 매우 당황하여 어쩔 줄 몰라 황급히 대답하였다. 이것이 내가 처음으로 출가한 스님과 대화한 말이다. 나는 빠르게 적당한 말을 찾아내려고 애썼다.

"시주께서는 이렇게 그윽하고 적막한 곳을 좋아하시는가 보죠?"

"단지 시끄럽고 번잡한 곳을 피해 혼자 산속을 거닐어 보고 싶어서."라고 답하면서 쑥스러운 듯이 뒷말을 이었다.

"사실 저는 기이한 만남을 가졌으면 좋겠다고 생각하였습니다."

"오, 그렇게 말하시니 정말 방해를 했소이다. 시주는 천천히 놀다 가십시오. 노납은 먼저 갑니다."

내가 입을 열려고 할 때 노승은 이미 표연히 저쪽으로 걸어갔다. 나는 재빨리 몇 걸음 따라가면서 얼굴을 붉히며 말하였다.

"걸음을 멈추십시오. 사실 저는 스님과 같은 고승을 만나 뵙기를 바라고 있습니다."

"그래요. 나는 고승이 아닙니다. 단지 우매하고 완고한 길을 인도하는 스님입니다."

"방금 스님께서 목탁을 치셨습니까?"

나는 입을 크게 벌려 소리를 높여 말하였다.

"목탁을 치는 것은 꿈속의 손님을 깨우는 것이요, 맑은 개울물은 속세의 때 묻은 마음을 씻어 없애는 것입니다."

나는 묵묵히 노스님의 말씀을 되씹으면서 알 듯 모를 듯할 즈음 이미 노스님을 따라 숲을 돌고 등나무를 헤치면서 매우 넓고 탁 트인 곳에 도달하였다. 그곳에는 단지 푸른 숲과 하늘만 보이고 졸졸 흐르는 개울물 소리만 역력하였다. 주위에 둘러 심은 늙은 배나무는 구부

러진 채 열매가 주렁주렁 달려 있었다. 북쪽 지세는 높고 평평하였으며 샘이 솟는 곳에 조그마한 초막이 있었다.

"제가 정말로 큰스님을 만나 뵙게 되었습니다."

나는 매우 흥분되었으며 한편으론 의문이 생겨 입을 열려고 하였으나 범속한 소리는 도리어 속진이 끊어진 이곳을 오염시킬까 봐 말이 입가에서 맴돌았다.

> "사바세계는 오래 몸을 숨길 수 없으며, 세월은 한계가
> 있어 죽음이 임박하기를 기다릴 수 없다. 명예와 이익
> 은 언제나 공허하며 세속의 은애(恩愛)는 끝내 헤어지
> 게 되고 원수는 서로 보복하기를 끝이 없다."

노스님의 무심한 듯한 읊조림은 나에게는 우렛소리와 같았다.

> "세상 사람은 단지 나쁜 짓을 할 줄만 알지 참회할 줄
> 은 모르며, 단지 복을 구할 줄만 알지 복을 자기의 분
> 수에 맞게 쓰려고 하지 않네. 염불 일성(一聲)이 무량한
> 복을 증진시키며, 예불 일배(一拜)가 강가의 모래알같
> 이 많은 죄를 없애는 줄을 전혀 모르네."

나는 나도 모르게 노스님 앞으로 가서 꿇어앉아,

"스승님, 저를 제자로 받아주십시오. 저는 스님께 불법(佛法)을 배우고 싶습니다."

"불법은 바다와 같아서 오직 믿음이 있어야 들어갈 수 있다. 너는 믿느냐?"

노스님은 '믿음'이라는 자에 힘을 주어 말씀하셨다. 이 물음에 나는 말문이 막혔다. 그때까지 나는 불교를 미신으로 생각하고 있었기 때문이다. 부처님께 예배하지도 않았었다. 그런데 오늘 나는 어째서 한 번도 만난 적 없는 노스님 앞에 경건히 꿇어앉아 있는가? 나는 스님의 물음에 대답하기가 어려웠다.

그러나 '공(空)', '속진', '참회' 등등 이런 단어들이 이미 나의 뇌리에 깊이 새겨져 있었으며, 아울러 내 마음속에서는 마치 오래간만이라는 정감이 끊임없이 솟아오르고 있었다. 내가 이처럼 넋이 나가 있을 때 따스하게 나를 응시하는 노스님의 자비로운 눈길이 느껴졌다. 이때 만감이 교차하면서 굵은 눈물방울이 노스님의 발 위로 떨어지고 있었다. 비록 스스로 추태라고 생각하면서도 눈물은 여전히 주체할 수 없을 정도로 흘러내렸다. 나는 마치 실수를 저지른 어린아이처럼 소리 없이 흐느꼈다.

"믿음은 도(道)의 문으로 들어가는 공덕의 어머니이다. 하지만 믿음은 바른 믿음과 삿된 믿음으로 구분된다. 소위 바른 믿음이란 바르되 삿되지 않으며 깨달아 미혹되지 않는 것이다. 불교에 귀의하는 자는 반드시 먼저 정확한 지견(知見)을 수립해야 한다…."

"예불은 부처님의 덕을 경배하는 것이며, 염불은 부처님의 은혜를 느끼는 것이며, 간경(看經)은 경의 이치를 밝히는 것이며, 좌선은 부처님의 경지에 오르는 것이며, 깨달음을 얻는 것은 부처님의 도를 증득하는 것이다…."

나는 기갈에 허덕인 듯 노스님의 주옥같은 법문을 경청하였다. 눈앞에 있는 작은 풀들이 모두 금빛으로 번쩍였다. 푸른 나뭇잎들이 모두 부처님의 모습처럼 느껴졌다.

어느덧 해는 서산에 기울었다. 노스님은 나를 배웅하려고 몸을 일으키셨다. 그리고 샘물 솟는 곳에서 배를 하나 꺼내 나에게 건네주셨다. 선황색의 배를 바라보면서 나는 비로소 아침과 점심을 먹지 않은 것이 생각났다. 노스님께 감사드리며 배를 한 입 베어 물으니 싱그러운 향이 입안에 가득하고 가슴이 상쾌한 게 마치 하늘의 선과(仙果) 같았다.

노스님은 그러한 내 모습을 바라보면서 어린애같이 순진하게 웃으셨다. 웃는 모습이 마치 주름살 가운데서 즐거움의 꽃이 솟아 움직이는 것 같았다. 스님의 웃는 모습은 나를 깊게 감동시켰으며 안 지 몇 년 된 오랜 친구같이 느껴졌다.

"이 배는 본래 써서 삼키기 어려운 것인데, 이 샘물에 담가 3개월이 지나면 이렇게 달게 변한다네. 이 샘은 겨울에는 부드럽고 여름에는 차가우며, 배를 따서 흐르는 물속에 1년 동안 보존할 수가 있다네."

"그렇게 말씀하시는 걸 보니 스님은 여러 해 동안 이곳에서 수행하셨겠네요?"

나는 호기심과 동경의 마음이 가득하여 물었다. 노스님은 미소만 지을 뿐 옳다 그르다 이야기하지 않았다. 옛 달은 서리 같고, 청풍은 물과 같으며, 작은 시냇물은 졸졸 흐르고 있었다. 나와 노스님의 청담(清談)은 이어졌다. 노스님과 이야기를 나누며 걷다 보니 한기(寒氣)는 물론이고 먼 길도 가깝게 느껴질 정도였다. 절로 돌아가는 큰길로 되돌아왔을 때 노스님은 소매 속에서 작게 접은 종이를 꺼내 건네주시면서 두 손을 합장하고 이별을 고했다. 나는 사실 이별이 아쉬웠으나 여러 말이 무익하다는 것을 알았다.

"인연이 있으면 저절로 만나게 될 것이다." 하면서 노스님의 모습이 소나무 숲 안으로 사라졌다.

은하수가 쏟아지듯 수많은 인가의 불빛을 마주하면서 나는 비로소 감동과 아쉬움을 느꼈다.

"오늘은 이미 지나가고 수명 또한 그에 따라 줄어드는 것이 마치 줄어드는 물속의 고기 같은데 무슨 즐거움이 있겠느냐?"

나는 지금까지 그날 같은 명철함과 평온한 마음을 가져 본 적 없었다. 노스님은 곧 폐관(閉關) 수행을 끝내고 세상에 내려와 중생을 제도하면서 인연에 따라 법을 설할 것이라고 하셨다. 노스님의 이 말씀을 생각하면서 숙소로 돌아가는 발걸음을 재촉하였다. 얼마 지나지 않아 스님을 만날 수 있을 것이라 생각하면서 숙소로 돌아왔다.

객방의 탁자 앞에 조용히 앉아 이날의 꿈 같은 일을 회고하니 이 모든 것이 깊은 의미가 있었음을 느낄 수 있었다. 문득 노스님의 이름을 여쭙는 것을 잊었음을 깨닫고 마음이 몹시 괴로웠다. 이때 노스님이 나에게 남겨 준 쪽지가 생각나 급히 펼쳐 보았다.


해 지는 초당(草堂)에 부처님의 뜻이 깊어

홀로 앉아 옥토끼(달)를 닦네.

달이 차고 이지러져도 초심(初心)을 잃지 않고

소박한 마음으로 번뇌를 막네.

이슬이 맺힌 난초, 새가 깃든 회나무,

만물의 온갖 소리 구름 속으로 녹아드네.

쾌적한 바람이 소나무와 춤을 추고

거짓에 물들지 않고 진실을 꾸미지도 않네.

몇 행의 소박하면서도 힘이 있는 글씨가 한눈에 들어왔다. 아래에 단정하게 쓰여 있는 작은 글씨, '석묘법(釋妙法)'이라는 스님의 법명이 또렷하게 담겨 있었다.

'거짓에 물들지 않고 진실을 꾸미지 않는 곳'이 묘법 노스님의 상주(常住)세계임을 알고 나는 무척 즐거웠다. 하루빨리 법의 비를 다시 맞기를 바랐다. 오래지 않아 노스님과 연락이 되었고, 그때부터 우리 사제 간의 떨어질 수 없는 인연이 시작되었다.

세월은 덧없이 흘러 10년이 순식간에 지나가 버렸다. 지금 내가 이미 회갑에 가까웠으니, 그동안 심혈을 기울여 위법망구(爲法忘軀)하시며 중생을 교화하시는 노스님의 모습을 무수히 보아 왔다. 그러나 나 자신은 세월을 헛되이 보내면서 아직 모든 인연을 놓지 못하고 진실을 수용하지 못하였으니(즉 도를 깨치지 못함을 뜻함) 부끄럽기 그지없다.

그러나 사실 이러한 신선하면서도 명확한 인과(因果)의 실례를 나

혼자 무덤 속으로 가지고 가기가 아까워 재삼 망설이다가 비록 글재주
는 없지만 붓을 들게 되었다. 이 책의 내용 중에서 적당하지 못한 단어
와 빠뜨린 곳이 많을 것이다. 여러 대덕 불자님께서 가르침을 주시기
를 원한다. 마지막으로 한 수의 게(偈)로써 여러 불자님들과 함께 닦아
가기를 원한다.

> 탐욕과 성냄을 놓지 못하면 불경(佛經)을 헛되이 읽은
> 것이며, 약방문을 보고도 약을 먹지 않으면 어찌 병이
> 나아지겠는가?

새천년의 시작을 맞이하여 우리 모두 삼근(三根)으로 수행하며, 이근
(利根)과 둔근(鈍根)이 같이 수행하여 복혜(福慧)가 증장하며, 불도를 하
루빨리 이루기를 기원한다.

나무아미타불 참회 삼보(三寶) 제자 과경(果卿)

병은 입으로부터 들어온다

삶은 고기 구운 물고기로 식욕을 채우나
죽은 동물의 마음에 원한이 가득함을 모르네.
주방(廚房)은 도살장으로 변하여
배를 가르고 머리를 잘라 칼산에 오르네.
지지고 볶고 튀기고 삶는 모든 형벌로
통째로 삼키고 산 채로 씹어 먹는 것을
맛있는 요리라고 하네.
신식(神識)이 그대 몸에 깃들면
조만간 그대는 목숨으로 되갚아야 하네.
선악(善惡)이 때가 되면
마침내 과보(果報)가 있으니
병은 입으로 들어옴을 등한시 말아야 하네.
시일이 오래지 않아 악이 가득 차면
질병이 몸에 달라붙어 병원 신세 져야 하네.
수술칼 아래 배를 째고 머리를 가르는 것이
모두 주방 모습의 재현이로구나.
금일 지옥에 떨어질 것을 미리 알았더라면
처음부터 게걸스럽게 먹지 말았어야 하는 건데.

# 병의 원인

사람들 개개인은 살아가면서 적거나 많거나 모두 갖가지 질병으로 인하여 자기는 물론이고 가족에게 막대한 고통을 겪게 한다. 가난한 사람이거나 부유한 사람이거나, 권세가 있는 사람이거나 없는 사람이거나를 막론하고 병으로부터 벗어날 수 있는 사람은 몇 안 된다. 심지어 돈과 권력이 아무리 많다 할지라도 생명이 점점 소멸되어 갈 때 아무런 도움도 주지 못한다.

그러면 사람은 왜 질병의 고통을 겪게 되는가? 정상적인 노쇠 현상과 인체의 기능이 점점 감퇴하는 것 외에 일반적으로 많은 질병이 입으로 들어온다고 생각한다. 일반적으로 불결한 음식물을 먹으면 병에 걸리게 된다고 생각하는 것이다. 이러한 생각을 맞다 할 수도 있다.

그러나 우리가 일찍부터 보아 온, 예를 들면 얼굴도 씻지 않고 목욕도 하지 않고 쓰레기통에서 먹을 것을 찾아 먹는 사람들을 한번 생각해 보자. 겨울, 여름 할 것 없이 옷으로 몸을 제대로 가리지 못하고, 모기 등 해충에게 물리고, 더러운 음식을 먹으면서도 이 사람들이 설사를 하거나 혹은 감기에 걸려 열이 나는 것을 본 적이 있는가? 그런 사람들보다 오히려 우리가, 소위 말하는 문명인들, 위생을 매우 중시하고 음식으로 보신하면서 건강을 돌보는 사람들이 도리어 약과 병원을 떠나지 못하는 경우를 많이 보게 된다. 그러면 '병은 입으로부터 들어온다'는 말이 함축하고 있는 뜻은 무엇일까?

1950년대를 기억하건대 폐렴에 걸리면 약이 없었다. 그 뒤에 테트라시클린이라는 약이 나옴에 따라 폐렴은 치료될 수 있었다. 그 후 또 무서운 폐결핵이 출현하였으나 스트렙토마이신에 의하여 폐결핵도 물러가게 되었다. 뒤이어 암, 에이즈, 심지어 이름도 모르는 병들이 나타났고, 전 세계 의학자들이 심혈을 기울여 연구하고 있으나 아직까지 치료 방법을 찾아내지 못하였다. 그 외에도 우리는 신문지상에서 설명할 수 없는 이상한 병들이 끊임없이 출현하는 것을 볼 수 있다.

과학은 날로 발전하고 의료 설비도 더욱 선진화되며 각종 새로운 고가의 약품들이 생겨났는데도 이러한 질병들을 퇴치하지 못하고 있다. 마치 하늘이 계획적으로 인류와 싸움을 하는 것처럼 "도(道)가 한 척 높으면 마(魔)가 일 장이나 높다"는 기세와 같다. 오늘날 병원에서는 진찰받는 것도 어렵고 진료비도 매우 비싸며 좋은 의사를 찾는 것은 더욱 어렵다고 한다.

나는 불경을 보고 난 후 사람이 병에 걸리는 진정한 원인을 비로소 이해하게 되었으며, 그 후 실생활 속에서 수차례 검증하여 알게 되었다. 간단히 말하면 '탐(貪)·진(瞋)·치(癡)'가 병의 원인이라고 할 수 있으며, 구체적으로 말하면 '열 가지 악업(十惡)'이 각종 질병의 발원지인 것이다.

'병이 입으로부터 들어온다'는 말의 뜻은 본래 먹지 말아야 할 것을 먹어서, 말하지 말아야 할 말을 해서, 혹은 저지르지 말아야 할 짓을 해서 병이 생긴다는 것을 가리킨다. 뒷장에서 나는 살생과 식육으로 인해 병에 걸린 인과 이야기를 하여 여러 배우는 이들과 함께 참고로 삼으려고 한다.

# 금빛 털을 가진 수탉

장(章)씨라는 농민이 폐암에 걸렸다. 병원에서도 치료를 하지 못하였고 백약이 소용없었다. 급기야 병원에서 가족들에게 뒷일을 준비하라고 하였다.

그의 친척 중 한 사람이 장씨의 아내를 데리고 우리 집으로 왔다. 내가 집에서 불교를 연구하고 있는 것을 알았던 그는 불법의 도움을 구하고자 하였다. 때마침 공교롭게도 묘법 노스님이 우리 집에 머무실 때였다. 그들은 노스님께 자비의 구원을 해 주십사 간청하였다.

묘법 노스님이 물었다.

"병자는 살생의 업이 매우 중하군요. 더욱이 닭을 죽인 업이 가장 많습니다. 맞습니까?"

장씨 처가 대답하기를,

"네. 제 남편은 요리하는 것을 좋아하여 마을의 경조사 때 사람들이 남편을 요리사로 초빙하곤 하였습니다. 남편은 다른 사람이 닭을 잡는 것은 솜씨가 재빠르지 못하고 칼 놀리는 것이 서툴다 하여 모두 자기가 주관했습니다. 매번 경조사 때마다 닭 수십 마리를 잡고 나면 피가 개울을 벌겋게 물들이곤 하였습니다."

스님께서 또 묻기를,

"당신들은 다른 집의 큰 수탉 한 마리를 훔쳐 잡아먹은 일이 없는

지요? 이 수탉은 목 위 털이 금황색이고, 몸의 털은 갈홍색이며, 꼬리 부위의 털은 흑록색으로 빛이 번쩍번쩍 나는 닭입니다. 그 닭은 머리를 치켜들면 0.5미터 이상으로 크며, 매우 웅장하며 잘생겼지요."

장씨 처는 스님의 말씀을 듣고 대경실색하며 스님께 큰절을 올리면서,

"아이고, 큰스님! 닭을 잡아먹는 것이 그리도 큰 죄가 되는 줄 어찌 알았겠습니까? 흉년에 먹을 게 없어 매일 배는 고프고, 너무 힘들어서 하루는 이웃집 큰 수탉이 우리 집으로 날아왔길래 그 집에 사람이 없다는 것을 알고 몰래 잡아먹었습니다. 큰스님께서는 정말로 다 알고 계시군요. 악을 저지르면 악한 과보를 받는다더니, 다음부터 다시는 이런 짓을 하지 않겠습니다. 흉년을 넘길 때마다 저희들은 다른 집의 사료도 훔쳐 먹고 전답의 곡식도 훔쳐 먹곤 하였는데, 제가 이제 그 죄를 알겠습니다. 이것은 모두 제가 남편을 부추겨 저지른 것입니다. 제 수명을 감해 주세요. 제가 남편을 대신하여 죽게 하여 주십시오…."

그녀는 한편으로 무슨 말을 읊조리면서 한편으로 울고 하여 나도 감동하여 눈물이 나왔다. 생각지도 않게 이 부인의 깨우침은 매우 높았다. 이렇게 빨리 알아차리기는 정말로 힘들다. 그녀의 소박한 말씀씨며, 진실한 부부의 감정은 실제로 얻기 어려운 것이다. 나는 그녀를 부축해 일으켜 세워 묘법 노스님의 법문을 듣도록 하였다.

스님도 다소 감동하였는지 말씀하시는 음성이 약간 떨렸다.

"방금 울면서 하소연한 것이 진정한 참회입니다. 돌아가서 당신

남편에게도 참회하도록 하고 이후로는 절대로 살생을 하지 않도록 하세요. 절에 가서 『지장경(地藏經)』을 구해 죽은 닭을 위하여 마흔아홉 번 독송하고 그들에게 회향하세요. 당신 남편이 직접 『지장경』을 독송하는 것이 가장 좋습니다. 당신들이 훔쳐 잡아먹은 이웃집의 그 수탉은 닭 중의 왕입니다. 그 닭을 잡아먹고 나서 당신 남편이 두통을 앓지 않았습니까?"

장씨 처는 잠시 생각하더니 말하기를,

"맞습니다, 맞아요. 정말로 그때부터 남편은 두통을 앓기 시작하였어요. 한 이틀 좋아졌다가 다시 아팠다가 하였는데, 무슨 약을 먹어도 효험이 없었습니다."

"그 닭은 죽은 뒤 계속 당신 남편의 머리 위에 앉아 두 발로 머리를 할퀴고 어떤 때는 부리로 뇌를 쪼니 어찌 아프지 않았겠습니까? 이 닭을 위하여 절에 가서 위패를 세우고 『지장경』 일곱 번을 독송하고 스님들에게 청하여 (그 닭을) 천도(薦度)해 주면 그 닭은 천상에 태어나 봉황이 될 것입니다."

"스님, 우리는 글자를 많이 알지 못하여 독송하기 어려운데 어찌해야 합니까?"

"경을 독송하는 것은 당신 남편의 목숨을 구하는 일이며, 당신에게도 큰 이익이 있습니다. 모르는 글자는 사전을 찾고 다른 사람에게 묻고 하여 깨우치세요. 사실 본인이 경을 읽지 못하면 돈을 들여 다른 사람을 청해 독경(讀經)할 수도 있습니다. 그러나 자기가 독경하는 것보다는 못합니다. 독경의 공덕은 모두 자기 것이 됩니다. 또한 천도 기간에 주의할 것은 비린내가 나는 모든 육식과 생선을 먹지 말고, 마늘, 파, 부추 등 오신채를 다 금하고, 술과 담배도 끊는 것이 가장 좋습니다. 왜냐하면 비린내가 나는 입으로 경을 읽으면 천인(天人)과 귀신들이 와서 듣지 않으니 중생들이 이익을 얻을 수 없습니다. 또한 불법에 대한 불경(不敬)이기도 하니 무슨 공덕이 있겠습니까? 닭이 만약 천도되지 못하여 떠나지 않으면 당신 남편의 병도 좋아지지 않을 것입니다. 만약 계(戒)를 지키면서 독경하면 불보살(佛菩薩)께서 반드시 당신들을 가호할 것입니다."

장씨 처가 또 묻기를,

"제 남편은 현재 이미 병이 위중하여 언제 죽을지 모르는데 독경이 때가 늦은 것은 아닙니까?"

묘법 스님께서 답하시기를,

"당신 남편이 만약 그렇게 많은 닭을 죽이지 않았더라면 수명이 본래 다하지 않을 건데 살생을 많이 하여 수명을 감한 것입니다. 그러나 방금 당신이 진심으로 참회를 하였기 때문에 이미 돌이킬 수 있는 여지가 마련되었습니다. 진정한 참회는 능히 죄업을 소멸시킬 수 있으니, 당신 남편이 만약에 진심으로 참회하여 독경, 염불을 열심히 한다면 반드시 위험한 상태에서 벗어날 것이니 명심하십시오."

장씨의 처는 병원으로 돌아간 후 뜻밖에도 남편이 기적처럼 침상에 앉아 있는 것을 보게 되었다. 어찌 된 일인지 남편에게 물어보니, 방금 갑자기 많은 가래를 토하고 나니 가슴이 답답한 게 없어졌다는 것이다. 이것은 병이 심해진 뒤 처음으로 자기가 토한 가래였다.

아내는 매우 흥분되어 묘법 노스님을 만난 일을 조용히 남편에게 말하니 남편도 몹시 놀라워하며 기뻐하였다. 그 다음 날 바로 퇴원하여 집으로 돌아갈 것을 결정하고 "어쨌든 병원에서는 고칠 방법이 없을 테니 집으로 가겠다!"고 병원에 알리고 퇴원했다.

폐암으로 오래 지나지 않아 죽을 거라던 병자가 기적같이 살아나 자기 집 대문에서 자전거를 수리하니 마을의 많은 사람들이 어찌된 일인가 하고 묻곤 하였다. 그 후 비가 와서 그의 집에 비가 새자 지붕에 올라가 수리하는 것을 보고는 모두들 놀라며 의아하게 생각하였다.

# 공장에 있는 것은 우리 집에 다 있어요!

어느 날 오후, 50여 세의 공장 기술자처럼 보이는 분이 노거사와 함께 묘법 노스님을 뵈러 왔다. 그는 마치 서로 안 지 오래된 것 같이 문을 들어서면서 하하 웃으며 두 손을 마주 잡고 인사하며, 스님께 삼배를 하고 나서 앉으라는 말이 떨어지기도 전에 자리에 앉는 모습을 보니 호쾌한 사람이라는 것을 알 수 있었다.

스님께서 그에게 묻기를,

"허리가 아파서 왔군요?"

그는 약간 놀라워하며 "스님께서는 정말 신통하십니다. 제가 말씀드리기 전에 아시니."라고 말하면서 몸을 일으켜 등 뒤의 옷을 걷어 올려 스님에게 보이면서 "스님, 제 허리를 보십시오."라고 말했다.

그는 기계로 특수 제작된 약 15센티 넓이의 허리 보호대를 차고 있었다. 그는 앉으면서 "제가 이 물건을 차고 다닌 것도 벌써 10년이 되었습니다. 병원에서는 허리의 근육이 손상되어 약을 먹고 주사를 맞아도 아무런 효과가 없으니 단지 이 보호대에 의지할 수밖에 없다고 말합니다. 그렇지 않으면 허리를 바로 펴지도 못합니다. 봄, 겨울에는 다소 나아지나 여름이 되면 그 고통이 이루 말할 수 없습니다. 모두 제가 젊었을 때 일을 너무 무리하게 해서 생긴 것입니다. 저분의 말을 들으니 스님은 살아 계신 보살이라고 들었습니다. 제발 저를 구해 주십시오. 스님께서 제 허리를 고쳐 주신다면 저는 매일 스님께 향을 피우고 절을 100배씩 하겠습니다."라는 말을 마치고 스님께 또 엎드렸다.

묘법 노스님은 웃으면서 말씀하셨다.

"나는 보살이 아니며 병을 치료할 줄도 모릅니다. 당신의 병이 낫고 낫지 않고는 당신 자신에게 달려 있습니다. 왜냐하면 방울을 건 사람이 방울을 떼어내야 한다고 하듯이 자기가 저지른 일에 대해서는 자기가 해결해야 하기 때문입니다. 먼저 당신에게 묻겠습니다. 내가 당신에게 술, 담배, 도둑질을 끊고 육식마저 금하라고 한다면 할 수 있겠습니까?"

"제 병이 나을 수만 있다면 무엇을 금하라고 하든 모두 할 수 있습니다. 그러나 저는 훔친 일이 없는데 도둑질이라뇨!"

"허리가 아픈 느낌 외에 무거운 느낌이 들지 않습니까?"

"맞아요. 마치 허리를 무거운 물건이 누르는 것 같습니다."

"혹시 공장의 쇠, 철사, 나사, 못 등을 집으로 가져간 적이 없습니까? 모두 조립하는 것이군요."

그는 갑자기 멍해졌다. 잠시 후 머리를 끄떡이면서 말하기를,

"그런 일이 있습니다. 저는 공장의 기계 조립공입니다. 물가에 있는 누대에 제일 먼저 달빛이 비친다는 말이 있듯이 요즘 국가 물건에 손을 대지 않는 사람이 어디 있습니까? 그것을 훔치는 것이라고 말할 수 있습니까? 공장장도 집으로 가져간 물건이 적지 않습니다."

"국가의 재산을 집으로 가져가는 것이 도둑질 아니고 무엇입니

까? 당신은 정당하게 가져간 것입니까? 당신은 아무런 보수 없이 공장 밖에 가서 일합니까?"

노스님의 준엄한 질문에 그 기술자는 놀라 눈을 크게 뜨고 스님을 바라보면서 할 말을 잊은 듯했다.

"그뿐만 아니라 펜치, 나사, 칼, 스패너 등등… 당신은 또 공장의 백철을 사용하여 자기 집의 연기 통, 삼태기를 만들었으며, 와이어로 화로 통, 화로용 젓가락, 갈고리, 그밖에…."

그는 갑자기 스님의 말을 끊으면서,

"스님, 그만하십시오. 공장에 있는 것은 모두 우리 집에 있습니다. 스님은 어떻게 그렇게 자세히 아십니까?"

"바로 그것들이 당신을 눌러 허리를 바로 세우지 못하는 것입니다."

그 기술자를 보니 방금 들어올 때의 호방함은 어느새 없어졌다. 나는 갑자기 우리 집 서재가 마치 공안국의 취조실 같다는 느낌이 들었다. 그는 마치 바람 빠진 공과 같이 풀이 죽어 있었다. 그는 작은 소리로 말하였다.

"제가 가져간 물건은 결단코 다 저희 집에서 사용한 것은 아닙니다. 또한 그걸 팔아 돈으로 바꾼 것도 아닙니다. 거의 다 친척, 친구, 이웃들에게 나누어 주었습니다. 임금이 많지 않아 그런 것을 가져가지 않으면 괜히 손해를 보는 기분이 듭니다. 저는 펜치공으로서 솜씨가 약간 있다 보니 창고 보관원과 내통하여 서로 돕고 하였는데, 이것은 공장 안에서 서로 이해하고 말할 필요가 없는 일입니다. 근본적으로 이것이 도둑질이라는 것을 미처 생각지 못했습니다. 오늘 스님의 꾸지람을 들으니 마치 청천벽력과도 같아 매우 놀랐습니다.

정말로 하늘엔 눈이 있는가 봅니다. 제가 가져간 물건을 스님은 어떻게 모두 다 알고 계십니까? 그 물건들이 또 어찌 모두 제 허리를 누르는 겁니까? 정말로 인과응보(因果應報)라고 할 수 있습니다. 저는 최근 더욱 병이 중해지는 것을 느꼈는데 아마도 공장에서 가져가는 물건이 더욱 많아져서 그렇게 된 게 아닌가 생각되는군요. 오늘 저는 '하늘을 속일 수 없다'는 말이 진실하다는 것을 깨달았습니다. 저는 지금 스님 앞에서 맹세합니다. 오늘부터 담배 피우고, 술 마시며, 고기 먹는 것을 끊겠습니다. 또한 나라의 조그만 물건도 탐내지 않겠습니다.

저는 지금까지 제가 한 말에 책임을 져 왔습니다. 내일부터 불상을 모시겠습니다. 스님, 무슨 불서(佛書)를 사서 보는 것이 좋겠습니까? 왜 좀 더 일찍 불교를 믿지 않았는지 후회가 됩니다. 그랬으면 나쁜 짓을 그렇게 많이 하지 않았을 텐데 말입니다."

나는 그분의 뉘우침이 이렇게 빠를 줄 몰랐다. 그분의 참회에 가까운 말을 듣고 내 마음은 법의 기쁨으로 충만했다. 노스님께서도 기뻐하시는 것 같았다.

내가 말했다.

"제가 당신에게 불교 서적 몇 권을 보내 줄 테니 먼저 보시고, 절에 가서 부탁할 수도 있습니다."

그는 감사하다고 말한 후 다시 물었다.

"제가 이전에 공장에서 가져온 물건은 어떻게 하는 게 좋을까요? 돌려줄 수 없다면 돈으로 환산하여 갚으면 되겠습니까?"

스님께서 말하였다.

"당신이 그렇게 하려면 힘이 들 겁니다. 일단 마음속으로 참회하면 죄의 원인도 소멸됩니다. 공장에 빚을 갚는 것에 대해서는 공장을 위하여 공헌할 방법을 생각하여 보상할 수도 있습니다. 동시에 당신 주변의 친척, 친구들에게 직접 겪은 경험담을 이야기하여 그들로 하여금 다시는 국가의 재산을 탐하지 않게 하십시오. 과오를 알면 반드시 고치고 행하면 되는 것이니, 공을 세워 속죄할 수 있습니다."

떠날 때 그는 불서를 두 손으로 받들면서 정중하게 노스님에게 말하기를,

"스님, 두고 보십시오. 제가 변하지 않으면 스님에게 죄를 짓는 것입니다."

보름 후 그가 다시 왔다. 문을 들어서자마자 우리 집 불상 앞에 가서 예배한 후 그는 웃옷을 올려 허리를 보여 주었다. 허리 보호대는 보이지 않았다. 내가 묻기도 전에 그가 말했다.

"지난번에 집에 돌아갔을 때부터 병세가 많이 좋아진 걸 느꼈습니다. 제가 스님에게 약속한 일은 모두 그대로 행하고 있습니다. 우선 술 장식대를 개조하여 불상 모시는 대와 경서 장식장으로 만들어 관음보살상을 모셔 왔습니다.

지금까지 날마다 경서를 보았습니다. 불경 속의 법문들이 매우 좋다는 것을 알았지요. 저는 지금 마음이 너그럽고 기가 순조로우며 병도 좋아졌습니다. 요즘 우리 집은 하루하루가 즐겁고 행복합니다. 정말로 묘법 노스님께 감사드립니다.”

이 말을 듣고 정말 잘된 일이라는 생각이 들었다. 이분이야말로 진정 '도살장 칼을 놓자 선 자리에서 성불한 것'이라는 말의 실제 사례라 할 수 있다.

# 어둠 공포증

하루는 마흔이 넘은 여신도 한 분이 그녀의 남편과 함께 묘법 스님을 뵈러 왔다. 그녀가 말하기를 자신은 어릴 때부터 날이 어두워지면 무서워지며, 등불을 켜지 않은 방에는 감히 들어가질 못한다고 하였다. 그래서 날이 어두워지기 전에 집안 모든 방의 등불을 켠다고 한다. 날이 어두워진 뒤엔 방의 등불조차도 켤 용기가 나질 않기 때문이라고 하였다. 또한 어떤 물건이 침상이나 가구 아래로 떨어지거나 하면 컴컴한 곳으로 손을 넣어 집질 못한다고 한다. 왜냐하면 어두운 곳을 보면 모골이 송연해지고 무섭기 때문이란다.

어려서부터 지금까지 여러 곳의·병원에 가서 많은 전문가들에게 진찰을 받아 보았지만 모두 돈만 쓰게 되고 병의 원인조차도 듣지 못하였으니, 치료할 방법이 없어 매우 고민스럽다고 하였다.

스님께서 말하기를 그녀는 전생에 남자였으며, 집이 가난하여 등을 켤 기름조차 살 수 없었다. 그가 사는 마을 입구에 착한 사람이 살고 있었는데, 달빛이 없는 저녁에는 등불을 문밖에 걸어두고 밤길을 다니는 사람들에게 길을 비춰 주어 행인들이 길을 잘 다닐 수 있도록 하였다. 동시에 캄캄한 밤에 길을 가는 사람들에게 마을이 있다는 것을 알려 주는 표시이기도 하였다.

그런데 그녀의 전생인 남자는 가난하여 등을 켤 수 없게 되자, 훔칠 마음을 일으켜 항상 심야에 마을 입구에 살고 있는 사람이 행인들을 위해 밝혀둔 등의 기름을 훔쳐 가곤 하였다. 그래서 등불이 꺼지게 되었고, 밤에 다니는 사람들은 공포심이 생기고 방향을 잘 구별하기가 어려웠다. 이러한 원인으로 과보가 생긴 것이니, 금생에 그녀는 어둠을 무서워하는 '어둠 공포증'에 걸리게 된 것이다.

　　이 여신도는 노스님의 말씀을 듣고 난 후 깊이 믿어 의심치 않았으며 단지 전생에 심은 원인이라 현재 치료할 수 없을지를 걱정하였다. 스님께서 그녀에게 이르기를, 이러한 인과는 숨김없이 다 말하고 나면 곧 끝난다면서 이것은 당신이 금생에 불경을 읽고 염불한 감응이라고 하였다. 마치 종기가 생기면 그 종기가 커져 익기를 기다려서 꽉 눌러 터뜨리면 곧 낫는 것과 같다고 하셨다. 묘법 노스님은 그녀에게 당부하기를 『양황보참(梁皇寶懺)』• 일곱 번을 참회하라고 하였다. 그 여신도는 진심으로 감동하여 돌아갔다.

---

●
양황보참(梁皇寶懺) : 양 무제가 아직 옹주(雍州)의 칙사로 있을 때 성품이 독하고 질투가 심했던 부인 치(郗)씨는 이미 죽었다. 훗날 무제가 되었을 때 부인이 구렁이가 되어 후궁에 들어와서 꿈에 정을 통하려 했다. 이에 무제는 자비도량참법 열 권을 짓고 스님들을 청하여 예참케 하였다. 이에 부인이 천인(天人)으로 화하여 하늘로 올라가면서 공중에서 무제에게 사례하였다고 한다. 이 참법을 후세에 전해 '양황참', '양황보참'이라 하였다.

# 음식을 함부로 버린 과보

모 신문사 여기자가 여러 차례 병으로 고통받는 사람을 위한 묘법 노스님의 해탈법문을 듣고 병의 원인을 물어 왔다. 하루는 그녀가 스님께 자기는 위장병을 앓은 지 수년이 되었는데 치료를 받아도 효과를 보지 못했다면서 이것도 전세(前世)에 무슨 나쁜 일을 저질러서인지 가르침을 청해 왔다.

스님께서 여기자에게 물었다.

"만두를 먹으면서 매번 만두피를 뜯어 버리지는 않는지?"

여기자는 놀라면서 말했다.

"오, 스님. 정말로 그렇습니다. 저는 어릴 때부터 만두피를 좋아하지 않았습니다. 이것도 죄가 됩니까?"

스님은 웃으면서 말씀하셨습니다.

"만두피를 자기의 위 속에 버렸군요. 오래되면 발효가 되어 아프지 않겠습니까? 음식을 아낄 줄 모르고 함부로 버리면 그 죄가 막대하다는 것을 알아야 합니다. 식량과 채소의 사명은 인간에게 식용으로 먹게 하는 것입니다. 그런데 당신은 먹기 싫다고 그것을 버렸습니다. 오늘날 이 세계는 아직도 배불리 먹지 못하는 사람이 많이 있으며, 심지어는 굶어 죽기까지 합니다. 당신은 마땅히 부끄러움을 느껴야 합니다. 게다가 가난한 여러 나라에서는 지금도 쓰레기통에서 먹을 것을 주워 먹는 사람들이 많습니다. 발전되어 풍요롭다는 국가도 예외는 아닙니다. 이들 모두 전생에 양식을 낭비하고 음식물을 파괴했기 때문에 이런 과보를 받는 것입니다. 전생에 버린 것을 금생에 다시 주워 먹는 것이죠. 경각심을 가져야 합니다.”

이에 여기자는 부끄러워하면서 물었다.

“그러면 저는 어떻게 해야 합니까, 스님?”

“참회하세요. 앞으로는 절대로 음식물을 낭비하지 마세요. 그러면 당신의 병은 점점 좋아질 것입니다.”

여기자가 또 물었다.

“저도 『양황보참』을 하면 좋습니까?”

“매우 좋습니다.”

스님은 만족스럽게 웃었다.

# 사소한 물건의 낭비

"아미타불! 스님, 우리는 멀리 해외에서 중국에 관광 온 불교도입니다. 제 옆에 있는 아가씨는 중국어를 잘 못하니 제가 대신하여 여쭙겠습니다. 그녀는 위장병이 있는데 약으로 치료해도 효과가 없다고 합니다. 그녀는 음식을 낭비한 적도 없다고 하는데, 무슨 까닭인지 스님께서 지도해 주십시오."

묘법 노스님은 자상하게 그녀를 보면서 말씀하셨다.

"평소 음식을 낭비하지 않는 습관을 갖고 계시니 매우 좋습니다. 그런데 종이를 많이 낭비하는군요. 글을 쓸 때 단지 몇 마디의 말이 마음에 들지 않는다든지, 혹은 한 글자라도 비뚤게 써지면 바로 그 종이를 구겨서 휴지통에 처박아 넣는군요.

또한 식사할 때 보통 사람보다 위생 종이를 특별히 많이 사용하는군요. 한 끼의 식사에 한두 장이면 충분한데 입술도 닦고 혹은 손도 닦고 하면서 휴지를 많이 낭비하는 습관이 있지요? 물건은 저마다 제 가치를 충분히 다 해야 하지만, 낭비하면 안 됩니다. 만약 잘못을 알고 이런 나쁜 습관을 고치기만 하면 위장병은 회복될 것입니다."

여신도는 거듭 머리를 끄떡였다.

# 이쑤시개의 교훈

"스님, 제가 불교에 귀의한 지도 30여 년이 되었습니다. 아직까지 어떤 물건도 낭비한 적이 없으며, 인과에 어긋나는 일은 하지 않았습니다. 그러나 최근 2년간 늘상 제 위를 바늘로 찌르는 듯한 통증이 느껴집니다. 병원에 가서 검사를 해 봐도 제 위장은 젊은 사람 위장같이 좋다고만 합니다. 무슨 업을 지어 이런지 모르겠습니다. 스님께서 한번 봐주십시오."

묘법 노스님은 웃으면서 말하기를 "오늘 내가 위장병 전문 진료소를 열었는데 장사가 꽤 잘되는군." 하자 모두들 크게 웃었다.

스님께서 이어서 말하기를,

"당신은 최근 몇 년 동안 밥을 먹고 난 후 이쑤시개로 이빨을 깨끗이 하고 있군요. 그리고 외부 음식점에 자주 가지요?"

"그렇습니다."

"식사 후 이를 쑤시고 나갈 때 이쑤시개 통에서 몇 개의 이쑤시개를 가지고 나오지요?"

노거사는 놀란 표정으로 말했다.

"저와 집사람은 매번 바깥 식당에서 식사를 하면서 많은 돈을 쓰는데 몇 개의 이쑤시개를 사용하는 것도 죄가 됩니까?"

"그렇습니다. 이쑤시개는 무료로 손님에게 제공되어 식사 시 사용토록 하는 것이지요. 당신이 아무리 한 번 식사에 많은 돈을 쓴다 해도 이쑤시개를 마음대로 가지고 가서 사용할 수는 없습니다. 당신이 종업원에게 알리고 가져가는 것이 아니고서는, 알리지 않고 가지고 가면 비록 훔치는 것은 아닐지라도 그것은 탐심(貪心)입니다. 비록 이런 탐심이 아주 미미한 것이며 누가 봐도 당신을 탓하지는 않을 것입니다. 하지만 당신은 보리심을 발한 거사이기 때문에 보살행을 수행하는 사람들은 '주지 않는 것은 취하지 말아야 하며, 한 포기 풀, 한 그루 나무라도 탐해서 얻으면 안 된다'는 도리를 명백히 깨달아야 합니다. 지금 이해가 됩니까?"

이때 노거사는 법희(法喜)가 충만하여 매우 기뻐하면서 "이제 알겠습니다, 스님!" 하고 합장하였다.

묘법 노스님은 이어서 말씀하였다.

"보살행을 수행하는 사람 입장에서는 마음을 쓰고 생각을 움직이는 것이 매우 중요합니다. 왜냐하면 몇 개의 이쑤시개를 가져가도 위장이 불편하기 때문입니다. 사실상 이것은 당신에 대한 불보살의 가호이며 미리 잘못을 예방하여 당신이 금생에 바른 깨달음을 이룰 수 있도록 돕는 것입니다. 소위 말하기를 '허공에서 미세혹(微細惑)을 굴리며, 미진(微塵) 가운데서 대법륜(大法輪)을 굴린다'는 것입니다. 이 도리를 깨달으면 병도 곧 존재하지 않습니다."

# 노예주(奴隷主)의 과보

몇 년 전 나는 미국에 있는 친구를 방문하였다. 친구가 특별히 초청하여 그곳에서 유명한 디즈니랜드 관광을 하게 되었다. 입구에 들어서서 멀리 가지 않아 고전식의 호화 마차가 우리 앞에 멈춰 섰다. 나는 순백색의 체형이 건장하고 아름다운 한 마리의 큰 말에 매료되었다. 그 말은 광채가 나는 털과 설산의 영양과 같이 우뚝 선 말갈기를 가졌으며, 온몸에 금빛 찬란한 안장을 걸치고 있어 캘리포니아의 맑고 아름다운 햇빛 아래 범상치 않은 모습을 드러내고 있었다. 그는 고정 노선에 여행객을 태우고 한편으론 매혹적인 풍광을 유람하게 하고 한편으론 귀족의 멋을 누리게 하였다. 우리는 마차에 탈 생각은 없이 그냥 그 준마가 마차를 끌고 멀리 가는 모습을 보기만 하였다.

어느덧 날이 어두워지자 우리 일행은 집으로 돌아가기 위해 걸어 나오다가 입구에 다다르니 여전히 여행객을 실어나르는 그 말을 또 보게 되었다. 그러나 저녁 무렵의 그 말은 이미 아침의 그런 힘찬 모습은 볼 수 없었다. 머리를 늘어뜨리고 잔걸음으로 가고 있는데 매우 피곤한 모습이 역력하였다. 시계를 보니 아침부터 그때까지 최소 12시간이 흘렀으니 그럴 만하였다. 말의 고단한 모습을 보니 마음이 아팠다.

나도 모르게 저 말은 전생에 무슨 죄를 지었길래 저렇게 아름답게 생긴 것이 하루 종일 마차를 끄는가 하는 생각이 들었다. 그날 얼마나 많은 여행객이 그를 힘들게 했으며, 1년이면 얼마나 될까? 설마 그가 전생에 그렇게 많은 사람에게 빚을 졌다는 것인가?

나는 귀국 후 특별히 이 일에 대하여 묘법 노스님에게 가르침을 청하니 생각지도 않게 스님은 정말 멋진 법문을 해 주셨다.

"그 말은 과거 생에 백인 노예주였다네. 그의 농장에는 백여 명의 흑인 노예가 일하고 있었지. 노예들은 주인의 무자비한 착취와 능멸에 고통을 당하였다네. 노예주는 죽은 후 지옥에 떨어져 과보를 받게 되었으며, 과보가 다한 후 현재 축생에 떨어져 지금의 말이 되었다.

준수한 외모, 강건한 체형은 오히려 그를 돈 버는 도구로 만들어 노역의 고통을 실컷 받게 하였지. 비록 전생에 그에게 억압받은 노예는 단지 일백여 명이었지만 그는 잔인하게 흑인들을 학대하고 노역시켰기 때문에 이것은 노예에 대한 치욕을 범한 죄를 저질렀을 뿐만 아니라 더욱이 인간성에 대한 유린이며 전 인류에 대하여 죄를 지은 것이네.

따라서 지금 그는 사람들에게 부림을 받아 매를 맞아 가며 수레를 끌고 하면서 매일매일 쉬는 날이 없는 것이네. 이것은 그가 마땅히 받아야 할 과보라네. 그는 죄업이 매우 중하여 이후 얼마나 많은 세월 동안 소가 되고 말이 되어야 할지 모르네. 미래에 다시 인간이 되어도 빈궁하고 하천할 것이며 그 고통은 말할 수 없을 지경일 것이네."

나는 법문을 듣고 난 후 입맛이 싹 떨어지고 마음이 혼란스러웠다. 귀엽고 가여운 말이 그렇게 좋지 못한 과거를 가지고 있다는 게 몹시 안타까웠다. 나는 그 말을 위하여 『지장경』을 독송해 조속히 죄업을 청산하고 고해(苦海)에서 벗어나도록 도와주어야겠다고 생각하였다. 동시에 노예들이 제도되어 그들의 원한을 잠재우기 위해 염불을 해 주어야겠다고 생각하였다.

이때 줄곧 옆에서 법문을 듣고 있던 말레이시아 거사가 갑자기 물었다.

"스님, 저희가 홍콩에서 살 때 '원니'라 불리는 작은 개를 기른 적이 있었는데, 그는 어릴 때부터 저를 따라다녔습니다. 우리 전 가족이 불교에 귀의하여 채식을 하고 난 후 이 개 또한 영성(靈性)이 있어 얼마 지나지 않아 고기를 먹지 않았습니다. 그래서 저희 온 가족은 매우 기쁘게 생각하였습니다. 저희 가족이 말레이시아로 이사를 온 지 2년 만에 원니는 늙어서 죽었는데, 저희들은 매우 슬퍼하였으며, 어머니는 특별히 절에 그의 왕생 위패를 세우고 천도법회를 해 주기도 하였습니다. 원니가 현재 좋은 세계에 왕생을 했는지 모르겠습니다. 스님께서 한번 관찰해 주십시오."

잠시 침묵이 흐른 후 스님께서 답하기를,

"그 개는 생전에 당신 집에서 경을 듣고 채식을 하였으며, 또 죽은 후 당신들이 천도를 하였기 때문에 이미 인간으로 태어났습니다. 현재 말레이시아에서 살고 있으며 17세의 예쁜 여자아이입니다."

묘법 노스님의 말을 듣고 난 후 그 거사는 잠시 사색에 잠긴 듯하더니 갑자기 놀라며 소리쳤다.

"원니가 죽은 지 마침 17년이 되었습니다. 스님, 정말 대단하십니다. 저에게 알려 주십시오. 그 여자애는 지금 어디에 살고 있으며 이름은 무엇인지요? 저는 정말로 그녀를 만나고 싶습니다."

스님과 그 자리에 있던 사람들은 모두 웃었다. 내가 거사에게 묻기를,

"만약 당신이 그녀를 찾아간다면 어떻게 말할 것입니까? 그녀에게 말하기를 너는 우리 집에서 기르던 개라고 할 것입니까? 그러면 그녀가 당신을 때리지 않으면 이상할 겁니다."

그 거사도 쑥스러운 듯이 웃었다. 스님께서 자상하게 말하기를,

"인연이 있으면 천리라도 만나게 될 것입니다. 아마 그녀가 당신들을 만날 날이 있을 것입니다. 예전과 같이, 아울러 당신들에게 몇 배로 보답할 것입니다. 속담에 백 년을 수행하여 한배로 물을 건넌다고 하였습니다. 따라서 우리는 오늘날의 동료, 이웃, 친구, 친척, 심지어 원수를 포함하여 모든 사람들이 다생 이래의 인연 있는 사람입니다. 그러니 우리는 널리 선연(善緣)을 맺고 악연(惡緣)을 풀어야 비로소 천지간에 오래도록 화기(和氣)를 간직하며 길상(吉祥)스러움을 보유할 수 있습니다…."

스님은 이와 같이 자비스러우며 기회를 보아 가르침을 내려 주시는 데 능하시다. 이번의 법문에서도 얻은 이익이 적지 않았다.

# 돌아가신 아버지가 제도를 구하다

모 병원의 황씨라는 의사가 갑자기 이상한 병을 앓게 되었다. 날이 어두워지면 두 눈이 초점을 잃고 멍하니 바라보면서 말도 하지 않고 잠도 자지 않으며, 주먹으로 치고 발로 차고 하다가 날이 새면 다시 정상으로 돌아오곤 하였다. 여섯 분의 전문가에게 진찰을 받아 보았으나 모두 속수무책이었다. 그의 아내가 당시 유행하던 기공(氣功) 치료를 받아 보게 하려고 하였으나 황 의사가 믿지 않아 아예 가지 않았다.

그 후 황 의사의 아내는 열성적인 이 선생을 만났는데, 이 선생이 우리 집에서 묘법 노스님을 뵌 적이 있었기 때문에 황씨 아내에게, 묘법 노스님에게 그녀의 남편을 보여 볼 것을 제의하였다.

그녀는 기공조차도 믿지 않는 남편이 스님을 뵈러 갈 리가 없다고 하였다. 황 의사는 그 모든 것을 미신이라고 생각한 것이다. 그러나 아내는 집으로 돌아와 시험 삼아 남편에게 스님 이야기를 하였는데, 생각지도 않게 황 의사가 두 눈을 부릅뜨고 급하게 묻기를 "당신, 무슨 스님이라고 했지?"라고 하였다. 아내가 묘법 스님이라고 하자, 그는 한시도 기다릴 수 없다는 듯이 이 선생이라는 분께 연락하여 노스님을 만나 뵙겠다고 이야기하라고 하였다.

며칠 후 나와 이 선생은 황 의사 부부를 모시고 차를 타고 오대산으로 가서 노스님을 찾아뵙게 되었다. 내가 사전에 스님께 전화를 했기 때문에 스님은 미리 준비하고 계셨다.

"당신 부친은 돌아가셨습니까?"

황 의사의 아내가 대신 대답하였다.

"돌아가신 지 2년 정도 되었습니다."

스님이 물었다.

"남편에게 두 분의 형님이 있지요? 그리고 시아버님이 당신 남편을 가장 좋아하셨죠!"

이윽고 날이 어두워지자 황 의사는 두 눈이 멍하니 되면서 줄곧 말을 하지 않았다. 그래서 아내가 대답하였다.

"스님 말씀대로입니다. 시댁은 농촌이었는데, 이이가 군대에서 전역할 때 도시로 와서 살게 되었지요. 어릴 때부터 시아버님은 남편을 가장 좋아했습니다."

"시아버님이 생전에 살생의 업이 비교적 중하여 돌아가신 뒤 악도(惡道)에 떨어져 고생하고 있습니다. 아들에게 불연(佛緣)이 있어 자기를 구해 줄 수 있음을 알고 일찍부터 꿈을 통하여 구원을 요청하였으나 그는 도리어 믿지 않았습니다. 고해를 벗어나기 위하여 부득이 몸에 붙는 방법을 택해 그를 핍박하여 불문(佛門)에 도움을 구하는 것입니다. 보십시오. 그의 지금 눈빛은 비교적 정상이지요?"라고 스님은 느리지도 빠르지도 않게 말하였다.

모두 황 의사를 다시 보니 그의 얼굴에는 홍조가 퍼져 있으며 두 눈은 더 이상 멍해지지 않았다.

스님께서 말씀하시기를,

"먼저 불전에 가서 예불하고 기다리세요. 내일 지장전에 천도 위패를 세우고 스님들의 독경의 힘을 빌려 도우면 그의 부친은 이고득락(離苦得樂)할 것입니다."

갑자기 황 의사는 묘법 노스님 앞에 꿇어앉아 부끄러워하면서 결연히 말하기를,

"스승으로 모시겠습니다. 저를 받아 주십시오."

그의 아내는 그 말을 듣고 초조해하며 어떻게 하는 것이 좋을지 몰랐다. 스님은 미소를 지으며 "좋습니다. 당신은 불문의 재가 제자가 되었습니다."라고 말씀하셨다.

내가 황씨 아내에게 재가 제자가 무엇인지 설명하자 그녀는 그제서야 한숨을 돌렸다. 그녀는 혹시 남편이 출가하려고 하는 것은 아닌지 생각한 것이다. 스님과 작별을 고한 후 우리는 가지고 온 공양품을 불전에 올리고 함께 예불을 드렸다. 그들은 절 밖 초대소에서 하룻밤을 잤는데, 반년 이상을 고생한 황 의사는 마침내 편안한 잠을 자게 되었다.

현재 황 의사는 재가 수행자가 되었다. 다른 사람들이 그를 칭찬할 때마다 말이 적은 그는 얼굴을 붉히면서 한결같이 말하기를 "나는 이번에 화(禍)로써 복을 얻은 것입니다."라고 하였다.

# 특이한 병의 원인

60여 세 된 여신도 한 분이 묘법 노스님에게 묻기를, 자기는 수십 년 동안 가슴이 답답한 것을 느껴 왔는데 많은 병원에 가서 진찰을 해 보아도 병의 원인을 알 수가 없었으며, 중약, 양약 등 적지 않게 먹었지만 아무런 효과도 보지 못해 지금은 아예 치료를 하지 않는다고 하였다.

스님의 불법 강의를 듣고 믿음이 깊어졌다고 하면서 스님에게 자기는 무슨 업을 지어 이런 병을 얻게 되었는지 봐 달라고 부탁하였다.

묘법 스님께서 물었다.

"예전에 농촌에 살았습니까?"

"저는 원래 농촌 출신입니다. 군대를 전역한 남편을 따라 도시로 오게 되었습니다."

"농촌에 살 때 혹시 부엌 부뚜막 위 처마 밑의 제비 집을 막대기로 쿡쿡 찌른 적이 없습니까?"

"그래요. 그런 일이 있습니다. 제비 집이 솥 위에 있어 자주 똥을 싸고 해서 막대기로 쿡쿡 찔러 없앴습니다."

"그 후 어떻게 되었습니까?"

"제비가 돌아온 후 자기 집이 없어진 걸 발견하고 괴로운 듯이 부엌 위를 오르락내리락하였으며 집 앞에서 울어대다가 얼마 지나 어디로 갔는지 모르겠습니다."

묘법 노스님께서 법문하였다.

"당신은 다른 방법으로 제비들에게 집을 옮기도록 할 수도 있었는데, 갑자기 사납게 제비가 거처할 곳을 없애 버렸습니다. 불교는 모든 중생이 평등하다는 사상을 선언하였으며, 지금 사회에서도 인간과 자연의 조화로운 상생을 제창하고 있지 않습니까? 제비들에게 해를 끼친 것이 바로 당신의 가슴이 답답한 병의 원인입니다."

그 여신도는 마치 꿈에서 깨어난 듯이 고개를 끄떡이며 그렇다고 수긍하였다. 스님께서 또 물었다.

"당신은 근검절약하며 재물을 아낄 줄 아는군요. 길을 갈 때 만약 다른 사람이 버린 깡통 혹은 기타 폐품들을 발견하면 모두 주워 모아 파는군요. 그렇지요?"

여신도가 반문하기를,

"훔친 것도 아니고 빼앗은 것도 아니며 폐품을 주워 파는 것도 죄가 됩니까?"

"나는 당신에게 죄가 된다고 말하지 않았습니다. 다만 당신의 가정 형편을 살펴보면 생활이 부유한 편입니다. 그런 폐품들은 생활이 진짜로 곤란한 사람들이 주워 가게 해야 합니다. 생활이 곤란하지도 않으면서 그런 조그마한 재물을 주워 가는 것은 바로 탐심입니다. 불교를 배우는 사람은 자(慈)·비(悲)·희(喜)·사(捨)를 한시라도 잊어서는 안 됩니다. 당신은 내가 말하는 도리를 인정합니까?"

여신도는 부끄러운 듯이 말하기를,

"스님의 말씀이 옳습니다. 저는 단지 그런 물건은 기왕 다른 사람이 버린 것이고, 또 팔아서 돈을 만들 수 있기에 줍지 않으면 버리는 것이라고 생각하여 깊이 고려하지 않았습니다. 다음부터는 다시는 줍지 않겠습니다."

묘법 스님은 웃으면서,

"당신이 범한 과실은 비록 작지만 당신의 청정한 수행을 장애하여 기로(氣路)가 원활하게 통하지 못한 것입니다. 지금의 느낌은 어떻습니까?"

여신도는 잠시 체험하더니 기쁜 기색으로 말하기를,

"아이고, 정말 좋아졌습니다. 온몸이 가볍습니다. 숨을 쉬는 것도 정말 가뿐합니다."

# 고기를 먹으면 왕생할 수 없다

50여 세 된 부녀자 한 분은 염불한 지 여러 해가 되었으나 당뇨병을 앓고 있었다. 묘법 스님은 그녀에게 살생의 업이 중하여 그 병을 얻게 된 것이라고 일러 주었다. 그녀는 어릴 때부터 담이 작아 조그마한 벌레 하나도 죽이지 못한다고 하면서 어찌된 일이냐고 물었다.

스님이 그녀에게 "자주 바닷가에 가서 살아 있는 바다 게를 먹지는 않는지" 하고 되물었을 때 그녀는 놀라 멍해져서 연달아 그런 일이 있다고 하였다. 그녀의 딸이 일본에 파견되어 가 생활한 지 몇 년이 되어 매년 일본에 가서 한 달 정도 살다가 오곤 했는데, 딸은 고기를 먹지 않기 때문에 매주 차를 몰고 바닷가에 가서 그녀에게 바다 회를 사 주었다고 하였다. 하지만 종업원이 들고 온 바다 고기들은 모두 익힌 것이고 자기가 죽인 것은 아니라고 하였다. 묘법 노스님이 이들 바다 게는 손님이 먹으려고 주문을 하기 때문에 비로소 주방장에 의하여 솥에 삶아져 죽게 된 것이니, 그 죽은 동물은 손님을 기억하려 한다고 일러 주었다.

또한 그녀에게 이르기를 먹었던 동물은 주문할 때 곧 죽는 것이며 냉동된 것, 혹은 이미 요리로 만들어진 음식도 모두 살생의 업을 저지르는 셈이라고 하였다. 왜냐하면 만약 먹는 사람이 적으면 죽이는 것도 자연히 적어지기 때문이다. 결국은 동물의 고기를 먹는 것은 바로 살생을 하는 것과 같은 것이라고 말하였다.

스님이 그녀를 보니 여전히 마음속에 의혹이 존재하는 것을 알아차리시고 진일보하여 법문해 주셨다.

"어떤 사람이 많은 생명을 죽였고 심지어 살생하는 일에 종사하고 있어도 그는 현재 여전히 매우 건강하며, 어떤 사람은 단지 한 번 어떤 동물을 죽이고 혹은 한 번 고기를 먹었을 뿐인데도 병에 걸리게 되는 경우가 있습니다. 이것은 개개인이 전생과 금생에서 누적된 업력(業力)과 복보(福報)가 서로 다르기 때문입니다. 어떤 사람은 매일 한 병의 술을 마시더라도 단기간 내에 아무런 병에 걸리지 않는 반면 어떤 사람은 한 잔의 백주(白酒)도 마시지 못하며 마시면 곧 취합니다. 이것은 각 개인의 주량이 같지 않기 때문입니다.

그러나 좋지 않은 기호(嗜好)가 사람에게 초래하는 해로움은 단지 빠르고 늦을 뿐입니다. 구복(口腹)의 욕망을 채우기 위하여 함부로 동물을 잡아 기름 솥에 넣는 등 온갖 방법으로 요리하여 이런 비린내 나는 '맛있는 요리'가 비록 게걸스러운 식욕을 채우게 하지만 한편으로는 원한의 화근을 초래하게 하는 것입니다. 즉 '병은 입으로부터 들어온다'는 것입니다."

노스님이 그녀에게 묻기를,

"당신 집에 동으로 만든 향로가 있습니까?"

"있습니다. 있습니다."

매우 놀라는 기색을 드러내면서 그녀는 두 눈을 스님에게 주시하였다.

"당신은 그것을 어디에 놓아두었습니까?"

"아마 베란다에 두었을 것입니다."

"당신은 돌아가서 빨리 그 향로를 찾아 깨끗하게 닦으십시오. 무릇 공양구는 사용하지 않으면 타당하게 처리해야 합니다. 보관을 잘하든지 혹은 다른 사람에게 보내든지 해야 할 것이며, 함부로 방치하는 것은 불경(不敬)에 해당하는 것입니다.

당신에게 일러준 두 가지 일에 대해 만약 잘못을 알고 참회할 수 있으면 당신의 병은 천천히 좋아질 것이며, 만약 진정으로 회복되기를 원한다면 육식을 금하고 채식을 하기만 하면 됩니다. 중생의 고기를 먹으면서 염불하면 탐욕이 제거되지 않으며, 나쁜 기운이 소멸되지 않아 부처님의 명호(佛號)와 마음이 상응할 수 없으니, 백 년을 염불해도 극락세계에 왕생할 수 없습니다."

# 잘못 가르친 죄

태원(太原)시의 한 젊은 부부가 아들을 낳았는데, 이미 2살이 되었는데도 걸을 줄을 모르며, 말하는 것도 발음이 명확하지 못하였다. 의사는 이 아이가 가벼운 뇌성 마비를 앓고 있다고 진단하였다. 부부는 매우 초조한 나머지 나에게 부탁하여 묘법 노스님께 가르침을 청해 왔다.

노스님께서 말씀하셨다.

"이 아이의 전생은 지방에서 명성 있는, 글을 가르치는 선생으로서 시서(詩書)를 많이 읽었다. 그곳의 적지 않은 사람이 불법에 대해 홍미를 느껴 그 선생에게 생사관(生死觀)과 육도윤회(六道輪廻)의 문제에 대하여 가르침을 청하였다. 그는 사람들에게 말하기를 불교가 가르치는 것은 모두 허망한 것들이며, 공자님 말을 인용하여 '생(生)을 알지 못하는데 어찌 죽음을 알겠는가?' 하면서 자기의 관점을 주장하였다.

이렇게 하여 적지 않은 사람들에게 불법을 배우는 길을 가지 못하게 막았으며, 불법을 배울 기회를 잃게 하였다. 그 선생은 깊이 알지도 못하면서 독단적으로 다른 사람의 지혜 계발을 막았기 때문에 죽은 후 여러 생 동안 돼지로 태어났다.

한편 이 아이의 부모는 돼지고기를 매우 좋아하였으며, 더욱이 돼지머리고기를 맛있게 먹곤 하였다. 그들은 전생에 훈장이었던 이 돼지가 도살된 후 삶은 돼지머리를 사 와서 먹게 되었다. 악연은 성숙되

오대산 노스님의 인과 이야기

060

어 그들이 낳은 이 아이가 바로 전생에 훈장이었던 돼지가 생을 바꾸어 태어난 것이다.

이것은 글 가르치는 훈장이 마땅히 받아야 할 과보인 동시에 아이 부모가 돼지머리고기를 즐겨 먹은 과보이기도 한 것이다. 이 업보를 바꾸려면 그들은 고기 먹는 죄업을 참회해야 하며 아울러 채식으로 바꾸어야 한다.

그리고 글을 가르치던 훈장을 대신하여 참회해야 하며 『지장보살본원경』을 독송하면서 그 아이(전생의 훈장)가 잘못 인도했던 많은 사람들에게 회향해야 할 것이다. 또한 돼지를 위하여 『지장경』을 독송해 천도해야 할 것이다. 그들이 병원 치료, 단련과 함께 이대로 따라하기만 한다면 아이는 점점 좋아져 몸이 정상으로 돌아올 것이며 장래 생활도 스스로 할 수 있을 것이다."

내가 노스님의 가르침을 사실 그대로 전달해 주자 아이의 부친은 당시 아이의 할아버지가 고기 회사에서 일했으며, 하부 기관에 도살장이 있었다고 말하였다. 그 집은 신선한 돼지고기를 매우 좋아하였으며 또한 그와 아내가 가장 즐겨 먹는 것이 바로 돼지머리고기라고 하였다. 현재의 과보가 자기 아이의 몸에 닥친 것은 정말로 자작자수(自作自受)이며, 애당초 그렇게 하지 말았어야 했는데 하고 후회하였다.

아이의 모친은 눈물을 흘리면서 스님의 분부대로 틀림없이 실천하여 반드시 아이의 병을 고치겠다고 말하였다. 그들이 끈기를 가지고 지속하여 번뇌가 보리(菩提)로 변하기를 기원하였다.

# 임신을 하면 『지장경』을 독송하라

내가 하이보를 안 지 삼사 년 되었다. 그녀는 얌전하고 아름다우며 또 매우 총명한 여대생으로 동북 지역 출신이다.

그녀의 어머니는 매우 오래전부터 불교를 신봉한 노보살이다. 금년 초 임신한 지 7개월된 하이보는 나에게 아이가 뱃속에서 가만히 있지 않고 매우 심하게 움직인다고 털어놓으면서 해결 방법이 없겠느냐고 물어 왔다.

나는 그녀에게 매일 『지장경』을 독송하되 연속 7일을 독송하면 아기의 숙세 업의 빚이 소멸될 수 있을 것이며 또한 모자지간의 전세 악연이 평온한 상태로 돌아갈 것이라고 일러 주었다. 이렇게 하면 '아기를 낳을 때도 고통 없이 순산할 것이고, 아기가 출생한 후에도 안락하여 기르기 쉬울 것이며, 작은 병이 있어도 쉽게 회복될 것이다. 만약 채식을 할 수 있다면 그 효과는 더욱 좋을 것'이라고도 말해 주었다.

하이보가 나에게 계란을 먹어도 좋으냐고 물었다. 나는 현재 시장에서 파는 계란은 모두 양계장의 계란으로 부화될 수 없는 무정란이기 때문에 잠시 먹어도 된다고 하였다.

2개월 후 하이보는 전화를 걸어 나에게 고맙다고 말했다. 그녀는 아기를 낳았고, 방금 병원에서 집으로 돌아왔으며 모든 것이 순조롭고 평안하다고 의기양양하게 말하였다. 내가 그녀에게 『지장경』 일곱 편을 독송하라고 하였을 때, 그녀는 마음속으로 마흔아홉 편을 독송해야겠다고 발원하였단다. 공교롭게도 마지막 일 편을 독송한 후 병원에 입원하게 되었으며, 아이는 그 다음 날 출생하게 되었다. 출산할 때 의사가 그녀에게 힘을 주라고 하자 그녀는 관세음보살을 염했다고 하였다. 마음속으로 염하자마자 의사가 "머리가 보인다"고 말하였다. 의사가 통통한 애라고 하자 그녀는 기뻐서 눈물이 나왔단다.

내가 그녀에게 퇴원 후 가능한 한 적게 말하고 푹 쉬라고 하자 그녀는 자기는 원기가 매우 좋으며 괜찮다고 하였다. 아울러 자기가 나흘 동안 입원해 있을 때 자기만 순산하였을 뿐 다른 산모들은 모두 제왕절개 수술로 출산했다고 하였다. 산모들이 제왕절개 수술을 할 필요가 없는데도 병원에서는 수입을 늘리기 위하여 수술을 권하는 경우가 많다고 한다. 원래 자기도 수술로 애를 낳았으면 몸 상하고 돈 들고 했을 텐데 이것도 업력의 소치가 아닌가.

열흘 후 하이보는 다시 전화를 걸어왔다. 애를 안고 집으로 돌아온 지 며칠이 지나도 조금도 울지 않으며 사흘 후에는 웃기도 하였단다. 그런데 지금 일주일을 내내 울었다고 한다. 우유를 먹여도, 아무리 달래도 듣지 않고 울기만 하니, 아기 체온을 체크해 보아도 열은 나지 않는데 도무지 어찌된 일인지 모르겠다고 하였다.

나는 그녀에게 혹시 먹지 말아야 할 것을 먹은 건 아닌지 물어보았다. 그녀의 말이 시어머니가 고향에서 오셨는데, 산모가 고기도 안 먹는다고 화를 내면서 그녀에게 붕어탕을 먹으라고 하였단다. 그녀가 젖도 잘 나오니 먹을 필요가 없다고 말하였는데도 시어머니는 젖이 맑아야 하니 반드시 산붕어탕을 먹어서 보신해야 된다고 하면서 억지로 먹였다고 한다. 또한 다음 날은 시어머니가 현장에서 잡아 파는 암탉을 사와 고아 먹이겠다고 하시는데, 자기는 조금도 먹을 생각이 없으나 시어머니가 화를 낼까 두려워 어찌해야 될지 모르겠다고 물어 왔다.

나는 그녀에게 이르기를, "아기가 우는 까닭은 당신이 아기에게 마흔아홉 편의 『지장경』을 독송해 주어 이미 업이 소멸되었으며, 혜근(慧根)이 증장되어 당신의 비린내 나는 젖을 받아들이길 원하지 않기 때문입니다. 당신이 붕어탕을 먹지 않으면 아기는 반드시 울지 않을 것이니 시험해 보세요."라고 하였다. 그녀는 시어머니가 내일 닭을 고아오실 텐데 붕어탕을 먹지 않는 것은 힘들다고 하였다. 나는 그녀에게 "절대로 살아 있는 닭을 죽이면 안 되며, 당신이 한 걸음 물러나 닭과 고기를 먹되 삼정육(三淨肉)을 먹어야 합니다."라고 말하였다.

그리고 매일 이러한 물고기와 닭을 위하여 왕생주(往生呪)•를 몇 번 독송하여 그들을 천도시켜 주어야 한다고 하였다. 이것은 어쩔 수 없는 방법이며 이렇게 하면 이들 생명이 당신에 대한 원한심을 감소시킬 수 있을 것이라고 하였다. 그녀와 시어머니가 정말로 뜻을 합쳤어

•
왕생주(往生呪) : '아미타불근본득생정토다라니주'를 말한다.

도 아기는 한동안 여전히 젖을 먹을 때 울었으며, 단지 우유를 먹은 후 편안히 잠을 잘 수 있었다. 하이보는 "보아하니 애기가 엄마의 고충을 이해하는가 봅니다." 하고 조금은 농담하듯이 말하였다.

며칠 후 하이보의 친정어머니가 동북 지방에서 급히 왔다. 그런데 아기가 외할머니를 보면 웃는데 친할머니가 안기만 하면 울기 시작하고, 그래서 다시 외할머니가 안으면 곧 좋아진다고 하였다. 그녀의 시어머니는 무슨 영문인지 모르겠다고 하신단다.

며칠 지나지 않아 하이보가 동북 지방에서 전화를 걸어왔다. 자기 어머니가 그녀로 하여금 다시는 비린내 나는 음식을 먹길 원하지 않으니, 주방이 넓지 못하다는 핑계로 그녀와 외손자를 데리고 동북으로 와 요양을 하게 하였단다. 지금 아기를 보니 활기차고 귀여운 게 나날이 튼튼해져 가족들은 매우 즐거워한다고 하였다.

# 태아가 『지장경』 듣기를 좋아하다

이웃 사람 한 분이 찾아와 자기 딸이 임신 8개월째인데, 줄곧 입덧이 너무 심하다고 하소연하였다. 요즘 들어서는 태아가 시시때때로 뱃속에서 때리고 차고 하는 느낌으로 고통이 이만저만 아니란다. 어떤 사람이 딸에게 염불을 하면 고통이 줄어들 것이라 하였다는데, 자기들은 회족(回族)으로 이슬람교를 신봉하기 때문에 감히 염불을 하지 못한다고 하였다. 나는 그녀에게 다음과 같이 이야기해 주었다.

"불교, 천주교, 기독교, 이슬람교, 그리고 중국의 도교, 유교 등은 바른 종교로서 모두 인애(仁愛)를 주창하고 사람들에게 선을 행할 것을 권하는 것이며, 그들이 종교라고 이름하지만 사실은 모두 인류의 정신세계에 대하여 탐색하며 계몽하는 학교인 것입니다. 단지 지식을 가르치는 깊이와 넓이가 다를 뿐입니다.

불교가 가르치는 것은 우주와 인생의 보편적 진리입니다. 모든 바른 종교를 인정하고 포용하니 마치 종합대학과 같은 것입니다. 석가모니 부처님은 바로 이 대학의 교장인 셈이지요. 공자는 학생들에게 사람되는 가장 기본적인 소양, 즉 인(仁)·의(義)·예(禮)·지(智)·신(信)을 가르쳤습니다. 노자는 우리에게 사람됨의 바탕 위에 신체를 건강히 하고 인체의 잠재적 능력을 계발하여 천인합일(天人合一)의 경지를 구해 화목하고 아름다움이 충만한 생을 살도록 하신 것입니다. 마호메트

와 예수는 여러 종족, 국가, 백성의 정신적 인도자로서 서로 사랑하여 싸움 없는 인류사회를 건설코자 하신 것입니다. 불교적인 입장에서 보면 이 모두가 다 불보살의 화신이라고 할 수 있습니다. 그들은 모든 중생을 위하여 그 당시, 그 사회의 실정에 맞게 적합한 가르침을 펼친 것입니다. 즉 '각종 몸으로 각각의 중생을 제도한다'는 것이지요. 이것은 또한 사람의 근기에 따라 가르침을 주는 것과 같은 것입니다. 따라서 당신 딸이 의혹과 곤란에 봉착하여 선생님에게 가르침을 구하는 것은 모하메트도 반드시 기뻐하며 지지할 것입니다. 왜냐하면 숭고한 스승은 모두 그의 학생이 진보하기를 바라기 때문입니다."

나의 해석을 듣고 그녀는 걱정이 해소되었다며 기뻐했다. 나는 또 그녀에게 말하였다.

"불교의 도리에 따라 이야기하자면, 당신 딸의 뱃속 태아는 악연으로 인하여 생긴 것이며, 빚을 받으러 온 것입니다. 아마도 살생하여 고기를 먹은 업일 가능성이 많습니다. 딸에게 지금부터 고기를 먹지 말게 하고 태아를 위하여 『지장경』을 독송하게 해 보십시오. 딸이 공경심으로 독송하면 반드시 효과가 있을 것입니다. 만약 『지장경』 일곱 번을 독송하여 태아에게 회향해 준다면 그들 간의 원한 관계는 소멸될 것입니다. 만약 효과가 없다면 다시 고기를 먹어도 좋습니다. 만약 내가 틀린 말을 하여 마호메트 교주에게 죄가 된다면 당신 딸의 독경은 효과가 없을뿐더러 저도 벌을 받게 될 것이며, 도리어 알라신이 당신 딸에게 가피를 줄 것입니다."

말을 마치고 나는 그녀에게 간체자로 된『지장보살본원경』한 권을 주었다. 다음 날 해질 무렵 또 동네에서 그녀와 마주쳤다. 기뻐서 나에게 감사하다고 말하며 어제 집에 돌아가 내 말을 딸에게 전했더니 딸은 바로 믿으면서 즉시 손을 씻고 탁자를 깨끗이 하여 경을 읽기 시작하였다고 한다. 정말 놀라운 것은 경을 읽기 시작한 그때부터 지금까지 태아는 줄곧 조용하며, 딸도 마침내 편안한 잠을 자게 되었단다. 이것은 최근 몇 달 이래 처음 있는 일이라고 한다.

　　딸은『지장경』을 한 편 다 읽고 지금까지 한 번도 고기를 먹지 않았다고 한다. 그녀가 말하기를 불법은 진실로 매우 영험이 있으며, 만약 일찍 가르침을 청했더라면 어찌 몇 개월을 고생했겠느냐고 하였다.

　　얼마 지나지 않아 그녀의 딸은 편안하게 귀여운 아들을 낳았으며 낳을 때 거의 아무런 고통도 없었다. 산욕기에 들어서 매일『지장경』을 한 편 독송하였으며, 이제는 제법 빨리 읽어 내려간다. 그 후 그녀는 또 나에게 말하기를, 이전에는 딸이 고기를 좋아했는데 이상한 것은 지금은 고기 냄새를 맡으면 구역질이 난다고 하며, 이것은 부처님이 못 먹게 하는 것이 아닌가 하고 물었다.

　　나는 그녀에게 "불보살은 스승과 같이 우리에게 가르칠 책임이 있으며, 배우고 안 배우고는, 혹은 배운 지식을 행하고 행하지 않는 것은 학생 자신의 일입니다. 스승이 문 안으로 데리고 들어올 수 있으나 수행은 개개인에게 달려 있습니다. 고기를 먹고 안 먹고는 자기의 일입니다. 고기 냄새에 구역질이 나는 것은 그동안 독경하여 심신(心身)

이 정화되었기 때문이며, 자신이 본래 가지고 있는 불성(佛性)이 드러나기 때문으로 다시는 더러운 중생의 고기를 받아들이지 않을 것이며, 단지 각종 채소와 콩 제품을 많이 먹으면 몸은 반드시 이전보다 더 건강해질 것입니다. 믿어지지 않으면 병원에 가서 고기를 먹지 않는 환자가 몇이나 되는지 보십시오."라고 말해 주었다.

# 눈병과 금산사의 수몰

1997년 7월경 대만 모 대학의 교수로 있는 주(朱) 여사가 남편과 함께 오대산으로 참배하러 왔었다. 우연한 기회에 그들은 묘법 노스님의 높은 수행 이야기를 듣고 특별히 가르침을 청하고자 시간을 약속한 것이다.

주 여사는 대략 서른둘, 혹은 서른셋 정도의 나이이며, 중간 정도의 몸매, 얼굴이 단정하고 피부가 희고 깨끗하며, 금테 안경을 쓰고 있어 여학자의 우아한 풍모가 느껴졌다.

주 여사가 말하기를, "제 두 눈은 어릴 때부터 좋지 않아서 언제나 따끔따끔한 느낌을 받았으며 때때로 약간의 통증을 느꼈어요. 두 눈을 치료하기 위해 부모님이 얼마나 마음을 졸였는지 모릅니다. 정확한 액수를 알 수 없는 많은 돈을 썼으나 치료 효과가 없었지요. 나중에 저는 미국에 가서 공부하는 동안에도 사방에서 치료해 보았으나 여전히 치료할 방법이 없었습니다."라고 하였다.

주 여사는 노스님에게 자기 눈의 정황을 이야기한 후 스님께 여쭈었다. 스님은 두 눈을 가볍게 감더니 잠시 후 나조차도 믿기 어려운 재미있는 이야기를 하였다. 스님께서 물었다.

"당신들은 전설 중 백(白) 낭자가 금산사를 수몰시킨 고사를 알고 있습니까?"

우리는 대답하였다.

"알고 있습니다. 어릴 때 이와 관련된 연극을 본 적이 있으며 이후 영화를 본 적도 있습니다."

스님이 말하였다.

"사람들은 모두 그것을 단지 꾸민 신화나 전설로 알고 있으나 역사상에서 진짜로 그런 일이 있었습니다. 어떤 동물은 긴 세월의 수행을 통하여 소위 말하는 '신통'을 부릴 수 있습니다. 이것은 결코 희귀한 일이 아닙니다. 백사(白蛇)가 백 낭자로 화현하였는데, 이것은 그녀가 수련 과정 중 음욕을 끊지 못하여 길을 잘못 들어 인간 세상의 남녀 환락에 집착하였기 때문입니다. 그러나 대자연의 법칙은 이러한 인간과 축생의 음란한 행위를 허락하지 않습니다.

가령 문명이 고도로 진보하여 관념이 신속히 변화된 오늘날에도 사회 윤리가 허용하지 않는 것입니다. 『백사전』속의 법해(法海) 화상께서 백사가 그렇게 하지 못하도록 저지한 것은 대자비심의 발로입니다. 만약 백사가 이러한 윤리를 문란시키는 행위를 즉시 멈추지 않으면 심각한 후회를 하게 될 것이며, 장차 여러 해의 도업을 허물게 될 뿐 아니라 지옥에 떨어지게 되기 때문입니다.

백사를 뇌봉탑 아래 가둔 것은 실제로는 그녀로 하여금 폐관 수행을 하여 음욕심을 제거하는 것을 돕기 위한 것입니다. 『백사전』이 불법을 해치고 스님을 비방하기 위하여 이야기 속에서는 자비스런 법해 화상을 악마로 만들고 불보살을 그렇게 합리적이지 못하게 묘사하여 인간의 아름다운 애정을 갈라 놓았으며, 요괴(妖怪)를 과장해서 인간미가 풍부한 것처럼 묘사해 오히려 인간과 축생의 근본적인 구별을 등한시하였습니다.

작자는 이와 같이 정(正)과 사(邪)를 전도시켜 대중을 잘못 이끌고 불교를 비방하였으니, 이것은 인과를 위배한 것이죠. 시비곡직(是非曲直)을 눈 밝은 사람이라면 한눈에 알 수 있을 것입니다.

내가 왜 이런 고사를 이야기하는가? 왜냐하면 주 여사의 눈병이 이 고사와 관련 있으며, 또한 그녀가 염불하여 불법을 보호한 덕행의 감응입니다.

금산사 수몰 이야기는 백사, 청사(靑蛇)가 법해 노스님의 권고를 듣지 않고 오히려 그와 대결하여 삿된 주문으로 수신(水神)을 충동질해 바람을 일으키고 파도를 일으켜 금산사를 수몰시킨 일입니다. 당시 수신은 상황을 잘 알지도 못하면서 악인을 도와 나쁜 일을 한 것으로서 절을 수몰시켜 호법천신의 노여움을 사게 되었던 것입니다. 천신은 번개로 수신을 때렸으며 불덩어리가 수신을 치려는 순간 재빠른 수신은 신속히 물속으로 들어가 목숨을 건졌으나, 두 눈은 이미 번개에 손상을 입어 그 고통을 참기 어려웠습니다. 수신의 부하들은 흰 비단으로 수신의 두 눈을 감싸고 급히 수신을 다른 산의 작은 절로 호송하였으며, 그 절에 거주하는 스님께 도움을 청하게 되었습니다.

그 스님은 병을 잘 치료하였는데, 수신의 두 눈을 감싼 비단을 벗겼을 때 수년간 수행한 스님은 수신의 미모에 반하여 갑자기 사랑의 마음이 일어났습니다. 일념의 차이로 그동안 노력한 수행의 공력은 일순간에 소멸되었으며, 수신의 상처도 고치지 못하였습니다.

이 고사 가운데의 수신은 바로 현재의 주 여사이며, 이것이 바로 주 여사 당신이 금생에 눈병을 앓게 된 전세의 인연입니다. 당신의 남편은 바로 수신을 보고 마음이 동한 스님입니다. 그는 당신을 매우 좋아하며 당신을 잘 보살피지 않습니까?"

묘법 스님의 이번 이야기는 모두를 흥분시켜 일제히 그들 부부를 쳐다보았다. 줄곧 스님의 이야기를 열심히 듣고 있던 주 여사는 이상한 감동에 북받쳤으며, 다시금 자기의 남편을 자세히 바라보면서 그녀는 깊은 감정으로 웃으면서 말하였다.

"맞습니다. 그는 언제나 저를 아이같이 잘 보살펴 줍니다."

그녀의 남편은 다소 계면쩍은 듯이 입을 오므리고 미소 지으며 머리를 숙이고 말이 없었다.

스님은 이어서 주 여사에게 말하였다.

"기다리세요. 당신 부부는 대웅전에 가서 숙세의 업을 참회해야 합니다. 금산사를 수몰시킨 것이 비록 수신의 본의는 아니었을지라도 부지불식간에 나쁜 무리를 도왔으므로 그 죄업이 작지 않습니다. 금후 『양황보참』으로 참회하고, 항상 『지장보살본원경』을 독송하면 눈병이 반드시 좋아질 것입니다."

스님은 또 주 여사 남편을 보면서 말하였다.

"본래 당신은 근기가 괜찮은 노수행자였으나 매번 과거 생에서 음심을 놓지 못하여 깨달음을 눈앞에 두고 막판에 실수로 그르치곤 하였습니다. 금생에 두 분은 전생의 인연을 다시 이어 부부가 되었으니, 더욱 함께 발심하여 이생에서 반드시 계·정·혜를 닦아 무상보리(無上菩提)를 증득해야 합니다. 당신은 내가 말하는 이야기를 그다지 믿지 않을 가능성이 있습니다만, 돌아가서 내가 말한 대로 진심으로 참회하기만 하면 효과가 있을 것입니다.”

일주일 후 주 여사 부부는 또다시 묘법 스님을 친견하러 왔다. 그녀의 두 눈이 반짝이며 안광이 충실하고 눈 흰자위의 혈흔이 소멸되었으며, 기색이 빛나고 있음을 볼 수 있었다. 그녀가 말하였다.

“스님께서 이야기하신 고사에 대하여 저희들은 마음속에 의혹이 있었으나 진실한 이야기로 여기고 참회하기로 결정하였습니다. 생각지도 않게 불전(佛前)에서 참회할 때 한 줄기 시원한 느낌이 두 눈으로 스며들었습니다. 어릴 때부터 지금까지 눈에 그런 편안한 느낌이 없었는데 확실히 부처님의 가피를 받았으며, 스님께서 말씀하신 이야기를 진실한 것으로 굳게 믿게 되었습니다. 제 남편도 깊이 감동하여 저희 두 사람은 그날 저녁 호텔에서 『지장경』을 독송하면서 죄업을 참회하였습니다. 다음 날 아침 눈을 떴을 때 두 눈의 따끔따끔한 통증이 없어져 매우 기뻤습니다. 그래서 저희들은 매일 『지장경』을 독송하며 아울러 더욱 경건하게 죄업을 참회하고 있습니다.”

현재 그녀의 눈은 완전히 좋아졌으며 대만에 돌아갈 시간이 되어 특별히 스님께 감사하다고 인사하며 떠나갔다. 그녀는 대만에 돌아가면 매일 시간을 내어 『양황보참』 예배를 할 것이라고 다짐하면서 또 한 가지 어려운 문제를 스님께 여쭈었다.

"만약 다른 사람들이 눈을 어떻게 치료했느냐고 물으면 어떻게 대답해야 할까요? 어느 병원에 가서 치료했다고 할 수도 없고, 또 사실대로 내가 전생에 『백사전』에 나오는, 큰물을 일으켜 금산사를 수몰시킨 수신이라고도 할 수 없습니다. 만약 그와 같이 말하면 그들은 저를 정신병자라고 여길 게 아니겠습니까?"

이 말을 하자 자리에 있던 사람들이 모두 웃었다. 스님께서 말씀하시기를,

"매우 간단합니다. 오대산에서 예불하고 독경하여 치료했다고 하면 됩니다."

스님께서 이야기한 이 고사를 들으면서 당시에 나도 한 점의 의혹이 없었던 것은 아니다. 왜냐하면 비록 내가 스님을 완전히 믿지만 어릴 때부터 어른들에게 들어온 『백사전』은 단지 전설이라고 생각하였으며, 어떻게 진짜로 이런 일이 일어날 수 있겠는가 여겨 왔기 때문이다. 그리고 지금 또 수신이 환생하여 내 눈앞에 있으니…. 그러나 며칠 후에 나타난 결과를 보고 나의 의혹은 소멸되지 않을 수 없었다. 주 여사의 눈병은 정말로 회복된 것이다.

당시 이 일을 알고 있는 사람은 많아야 육칠 명에 불과하다. 다만 주 여사가 이 책을 보고 화를 내지 않기를 바란다. 비록 내가 가명으로 이 일을 이야기하지만 결국 그녀의 동의를 구하지 않은 상황에서 그녀

의 흥미로운 비밀을 드러낸 것이기 때문이다. 만약 이 고사로 인하여 수행자들이 불법과 인과에 대하여 진일보된 인식을 하게 된다면 이 공덕은 응당 모두 그들 부부의 것이다. 그들 부부가 조속히 수행의 성과를 증득하기를 축원한다.

여기에서 나는 문학 수준이 높은 대덕, 거사 분이 불교의 관점에서『백사전』을 다시 새롭게 재구성할 때 이 수신의 환생 이야기를 덧붙이기를 희망한다. 만약 어느 누가 백사, 청사, 허선(許仙)의 내력을 이해하고 싶으면 묘법 스님께 도움을 청해도 무방할 것이다. 이를 텔레비전 연속극, 대만에서 촬영한 옥림(玉琳) 국사의 이야기를 묘사한 〈재세정연(再世情緣)〉과 같이 촬영한다면 보기도 좋고 사람들에게 교육적이며, 동시에 법해 노스님에 대한 잘못된 인식도 바로잡게 될 것이고 무량한 공덕을 쌓는 일이 될 것이다. 법해 스님의 내력에 대하여 그는 도대체 누구이며 어느 불보살의 환생인지 이후 기회가 있으면 다시 이야기하기로 하자.

# 『서유기』와『봉신방』

그 후 나는 스님에게 말씀드릴 기회가 있었다.

"스님, 이전에 이야기하신 『백사전』의 고사를 듣고 매우 일리가 있다고 생각하였습니다. 법해 노스님에 대한 왜곡과 희화화는 바로 불법에 대한 공격이며, 허선과 백 낭자, 인간과 축생과의 사랑에 대한 동정과 찬미는 사실상 말법시대의 전도된 행위인 것입니다. 우리 불제자는 서적과 각종 전달 매체를 통하여 전도된 것을 다시 바로 잡아야 할 책임이 있습니다. 저는 현재 몇 가지의 문제로 가르침을 청하고자 합니다.

『서유기』는 역대 대중들이 읽기 좋아하는 역사적인 명저이며, 텔레비전 연속극으로 제작된 후 더욱 대중들의 환영을 받았습니다. 그러나 저는 어릴 때부터 이 연속극을 보면서 당승(唐僧)이 매우 무능하다고 생각했으며, 관음보살이 어떻게 손오공의 스승이 될 수 있는지, 어떻게 당승으로 하여금 권선징악으로 손오공을 특별히 다스리는지 궁금했습니다.

당승은 아무런 재주도 없이 제자에게 어떻게 무엇을 가르칠 수 있습니까? 이 고사는 불교의 관점에서 어떻게 이해해야 합니까?"

묘법 노스님께서 대답하셨다.

"내 생각에 불법을 이해하는 사람은 『서유기』를 마땅히 이렇게 이해해야 할 것이라 생각하네. 당승이 원래 이야기하고자 하는 것은 자기만 구제하기 위하여 수행하는 소승불교로는 무상보리를 이룰 수 없다는 것을 깨우침이네. 따라서 관세음보살이 노스님으로 화현하여 당승에게 서방으로 가 불조(佛祖)를 참배하고 대승경전을 구하라고 지시하였던 것이지. 서천(西天)으로 경을 구하러 가는 길은 사실상 바로 당승이 자기도 구하고 다른 사람도 제도하는 수행의 길이라네. 수행의 길은 결코 평탄한 길이 아니며 고난과 장애가 첩첩한 길이지.

당승을 따르는 세 명의 추종자는 사실상 중생의 탐욕, 성냄, 어리석음, 이 세 가지 악습의 구체적인 체현이라고 할 수 있다네. 저팔계(豬八戒)는 탐욕이 중한 사람을 대표하며, 재물을 탐하고, 색을 탐하고, 명예를 탐하고, 이익을 탐하고, 음식을 탐하고, 수면을 탐하는 등… 따라서 그를 '팔계'라고 이름한 것이네.

그리고 단지 계를 지키면 탐욕을 소멸시킬 수 있으며, 계를 지키면 지혜를 얻을 수 있는 것이지. 따라서 '오능(悟能)'이라 이름하였다네. 손오공은 그런 재주를 가지고 능력은 있으나 성격이 급한 사람을 대표하여 '오공(悟空)'이라 이름하였다네. 바로 이러한 사람들에게 일체 무상과 만법개공(萬法皆空)의 도리를 알도록 일러 주었지.

사오정(沙悟淨)은 성품이 정직하고 무던한 '착실한 사람'을 가리키는데 불법을 깨닫지 못하였기 때문에 중생을 죽이고 고기를 먹는 죄업을 저지르게 되었지. 그는 일찍이 유사하(流沙河)에서 사람을 잡아먹으며 살았다네. '오정(悟淨)'이라 이름한 것은 그에게 깨끗한 행을 닦아 삼계를 벗어나려면 자비의 마음으로 살생하지 말아야 한다는 것을 나타내는 것이라네.

그리고 스승인 당승은 사대(四大)가 모두 공함을 알고 재(財), 색(色), 명(名), 리(利)에 이끌리지 않으며, 생사존망의 시기에 죽음도 두려워하지 않으며 차라리 서방극락세계에 왕생을 원하며 사바세계에 태어나기를 원하지 않았다네. 그는 손오공이 불살생계(不殺生戒)를 파(破)하고 가르침을 듣지 않았을 때 테를 씌우는 주문을 외어 그를 벌하였다네. 이는 계율로써 그를 구속해 그로 하여금 잘못을 고쳐 바른길로 돌아오게 하는 것을 의미한다네.

당승이 구름을 타고 하늘을 날 줄 모르며, 변화를 부릴 줄도 모르고, 단지 일심으로 염불하는 것만 아는 것은 수행의 목표가 신통을 가지려는 것이 아님을 나타내는 것이라네. 신통이 대단한 손오공도 요괴의 신통이 그보다 더 나았을 때 속수무책이지 않던가? 그러나 삿됨은 바름을 이기지 못한다네. 일심으로 염불하는 당승의 생명이 위험할 때 관세음보살이 나타나 위험에서 벗어나게 해 주며 전화위복으로 변하는 것을 보지 않았는가? 손오공은 순식간에 십만 팔천 리를 내달리지만 오히려 부처님의 손바닥을 벗어날 수 없었어. 만약 부처님이 대승 경전을 당승에게 주려고 한다면 그것은 매우 쉬운 일이 아닌가? 혹은 손오공에게 가서 가져오게 하면 힘을 더는 것이 아닌가?

그러므로 이 『서유기』는 우리에게 수행의 험난함을 일러주면서 모든 불법 수행의 단체에서 각양각색의 사람이 불도를 구하고 있는데,

불교의 단체는 바로 대 용광로로서 전부를 받아들이는 것이라네. 불법은 지극히 강한 것으로 아무리 견고한 것도 다 부술 수 있으며, 또한 불법은 지극히 부드러운 것으로 순조롭지 않은 것이 없다네. 다만 모두가 수행의 정념(正念)을 가지고 있기만 하면 대업을 함께 이룰 수 있다네.

따라서 천신만고의 고행을 겪고 난 후 스승과 세 명의 제자는 마침내 불조를 참배하게 되었지. 그러나 장경각에 가서 경서를 가지려고 할 때 또 장애를 만나게 된다네. 이것은 사실상 성불하기 전에는 무명(無明)이 있음을 말하고자 하는 것이며 또한 무명을 버려야만 비로소 성불할 수 있음을 말하는 것이라네. 돌아오는 도중에 모든 불경을 모두 물속에 버리고 최후에 단지 '나무아미타불' 여섯 자를 남기게 되는데, 부처님께서 『금강경』에서도 일찍이 법문하신 '만약 사람이 여래가 설한 법이 있다고 한다면 이것은 부처님을 비방하는 것이다'라고 하셨다네. 동시에 또한 말법의 후기에 이르러 『능엄경』으로부터 시작해 모든 경전의 문자는 점점 소멸되어 최후에 단지 '나무아미타불' 여섯 자만 남게 된다고 하셨다네.

사실 나의 이러한 해석은 잘못을 바로잡기 위해서 부득이한 일이라네. 왜냐하면 『서유기』와 『봉신방(封神榜)』은 본래 불교와 도교의 다툼에서 서로를 공격하기 위한 부산물이라네. 근세 선종의 태두이신 허운(虛雲) 노스님께서 일찍이 이 두 책의 내력을 말씀하신 적이 있지.

'당시 북경 백운사(白雲寺)에서 백운 화상이 『도덕경』을 강의하였는데, 많은 도사들이 운집하여 스님의 강의를 듣고는 장춘관(長春觀)의 도사들이 장춘관으로 돌아가기를 원하지 않게 되었다. 그리하여 소송이 붙게 되어 조정에서 화해시키기 위해 장춘관은 '장춘사'라고 이름을 바꾸고 백운사는 '백운관'으로 이름을 바꾸라고 하였다. 도사들은 이에 불복하여 『서유기』를 지어 불교를 비방하였다. 『서유기』를 보는 사람은 이러한 역사적 배경을 이해해야 그 진실한 내용을 알 수 있을 것이다.'

가장 심한 것은 소설 가운데 당승이 경을 가지고 돌아오면서 통천하(通天河)에 이르러 모든 불경이 물에 젖은 후 문자가 모두 없어지고 단지 '나무아미타불' 여섯 자를 남긴 것이라네. 이것은 현장 법사가 번역한 불경 전부가 거짓이라는 것을 암시하는 것이네. 애석한 것은 세상 사람들이 『서유기』를 잘못 믿어 사실(史實)로 기록된 『서유기』의 진실이 묻혔다는 것이지.

『서유기』에 맞춰 창작된 소설 『봉신방』은 스님이 도사를 욕하는 것이네. 이러한 관점에서 그것을 보면 곳곳에서 도사를 욕하는 것을 알 수 있지. 비유하면 도사가 선도(仙道)를 수행할 때 반드시 겁수(劫數)가 있어야 하며 칼날을 맞아야 한다는 것 등이라네.

이 두 소설을 보고 만약 그것이 불교와 도교의 서로 다투는 관계를 이해하지 못한다면 가짜를 진짜로 잘못 알게 될 것이네. 따라서 책을 볼 때 시비를 밝히고 사정(邪正)을 가려내야 한다네."

이상이 묘법 노스님의 『서유기』에 대한 해석이다. 노스님은 또한 우리에게 『능엄경』을 숙독할 것을 권하였는데, 『능엄경』을 보면 법안 (法眼)을 갖출 수 있으며 대덕 고승의 저작을 많이 보면 자기의 지혜를 계발할 수 있을 것이라 하였다.

# 업장소멸게(業障消滅偈)

선과 악은 때가 되면 과보가 있으며
삼세인과는 하나도 빠뜨리지 않네.
전생의 원수가 금생에 모이고
현세에 나타나는 고액(苦厄)은 전세에 지은 것이네.
원한을 서로 갚으면 어느 때 끝나며
한 생각 깨달으면 업이 모두 소멸하네.
원수를 덕으로 갚는 것이 불교이며
극락에 왕생하면 도업(道業)을 마치리.

악연이 재생하고 정연(情緣)이 재생한 이야기는 우리 주변에 많이 있다. 우리 자신을 포함하여 처자, 부모, 형제들이 언제 은원(恩怨)이 서로 모이지 않은 것이 있었는가? 동료와 이웃도 은원이 서로 모인 것이다.

부처님께서 말씀하시기를 인생에는 여덟 가지의 고통이 있다고 하였다. 생, 노, 병, 사, 구해도 얻지 못하는 것, 사랑하는 사람과 이별하는 것, 원수와 서로 만나는 것, 오온(五蘊)이 치성하는 고(苦) 등이다.

사람마다 다 이런 여덟 가지 고통을 가지고 있으며, 말로 다 할 수 없을 정도로 많다. 당신이 어디에 있든지를 막론하고 우리의 번뇌는 끝이 없다. 부처님께서 우리에게 가르치시기를 "섭심(攝心)을 계로 삼고, 계로 인하여 정(定)이 생기며, 정으로 인하여 혜(慧)가 생긴다. 이것을 세 가지 무루학(無漏學)이라 한다."고 하셨다.

단지 마음을 한곳에 모아 산란치 않게 하고, 계를 받아 지키는 섭심수계(攝心受戒)하는 것이야말로 번뇌를 제거하는 최상의 양약이다.

# 한 집안의 정신병과 공포소설

전 여사의 동생 전걸(田杰)은 미국에 가서 영주권을 취득한 후 그곳의 화교와 결혼하였다. 그는 처음엔 비교적 행복했으나 나중에 무슨 까닭인지 몰라도, 친한 동료가 전자 무기로 원거리에서 자신을 해치려 한다고 생각하는 등의 의심으로 견딜 수 없는 두통을 초래하였다.

그래서 그는 출근도 못하고 집에 머물게 되었다. 그러나 여전히 그 동료가 전자 기계로 그를 공격하고 있다는 망상에 시달렸다. 그는 만약 자기가 이전에 기공을 연마하고 무술을 하지 않았더라면 벌써 해를 입어 죽었을 것이라고 말하였다.

다른 사람이 "동료가 무엇 때문에 너를 해치려고 하느냐?"고 물으니 그는 그 친구가 자기를 질투하여 그렇게 한다고 대답하였다. 그리고 실제로 그의 컴퓨터 기술은 그 동료의 도움을 받은 것이다. 그는 마음이 조마조마하고 불안하여 방의 벽에 모두 은박지를 붙였으며 이는 전자파의 해를 막기 위해서라고 하였다. 아울러 들어갈 수 있는 큰 구멍이 있는 쇠 상자를 만들어 잠잘 때는 그 안에 들어가 뚜껑까지 덮고 잠을 잤다. 며칠 동안 좋아지지 않고 여전히 전자파 장애를 막을 수 없다고 느껴서 금속판을 머리를 씌우고 벽 모서리 혹은 침대 밑에 숨고 하면서 수시로 극도의 공포에 시달려 정신이 거의 파괴되었다. 의사는 그가 망상형 정신병을 앓고 있다고 하면서 약을 주었으나 그는 기어코 먹지 않으면서 자기는 병이 없다고 말하였다.

전 여사는 동생의 병이 더 심해지면 그 결과는 상상할 수 없을 것이라고 두려워하였다. 왜냐하면 그녀의 당숙과 사촌 동생 하나도 일찍이 같은 망상형 정신병에 걸렸는데, 당숙은 이미 자살하였고, 사촌 동생은 비록 살아 있으나 여러 해를 정신병원에 입원해 있어 살아 있어도 죽은 것이나 다름없다는 사실을 알고 있었기 때문이다.

지금 같은 병이 또 자기의 동생에게 발병하였으니 주사를 맞고 약을 먹어 해결할 수 있는 병이 아니었다. 그녀는 묘법 노스님에게 찾아와 도대체 누구의 잘못인지 알 수 없다고 가르침을 구하였다. 왜 부모, 형제 양대에 걸쳐 세 사람이 모두 같은 병을 앓는지, 장래 다음 세대로 유전되는 것은 아닌지 물었다.

스님이 전 여사에게 말하였다.

"당신 조부 중에 귀신 공포소설을 써서 소일하는 것을 좋아하는 문인이 한 분 계셨군요. 그가 쓴 소설을 보고 사람들이 놀라 가슴이 뛰고 이런저런 공포를 유발하여 밤에 잠을 못 잤습니다. 어떤 청소년은 이 소설을 본 후 내심 공포의 그림자가 남기도 하였으며, 어떤 이는 어둠을 무서워하여 밤에 길을 다니지 못하였고, 어떤 사람은 심지어 특수한 환경 속에서 환청, 환각으로 인해 병이 들어 죽기도 하였습니다. 이러한 원인으로 이와 같은 결과가 있게 되었습니다.

이 소설이 세상에 유통되면서 독자들에게 해를 끼치게 되고 결국에는 자기의 후손들에게까지 해를 입히게 된 것입니다. 사람들이 읽기 좋아하는 소설일수록 더욱 오래 유통됩니다. 좋은 책은 사람들에게 지식과 즐거움을 가져다주며 심지어는 사람들을 진보시켜 효친(孝親)하고 스승을 공경하며 대중에 봉사하고 법을 지키게 합니다.

예를 들면 공자님은 일생을 빈한하게 사셨지만 오상(五常 : 仁, 義, 禮, 智, 信)의 교육에 주력하였습니다. 비록 당시에는 정권의 지지가 없었으나 후대로 내려오면서 존중받게 되어 중화의 자손들이 대대로 유가(儒家)문화의 자양을 받게 하였습니다. 공(孔)씨 집안은 지금까지 칠십 몇 대로 내려오면서 대대로 사람들의 존경을 받았으니 이것은 선을 쌓으면 선한 과보를 받는다고 하는 것입니다.

반대로 공포, 색정, 음란, 도적질을 묘사한 소설, 희극, 텔레비전 연속극, 영화 등은 당대의 사회에 해악을 끼칠 뿐만 아니라 후대에까지도 해를 끼칩니다. 우리는 다음의 일들을 돌이켜 볼 수 있습니다. 매스컴들이 방영하는 자살, 살해 혹은 교통사고 등을 다룬 극의 제작자, 연출자, 심지어 배우 모두 어떤 작품이 세상에 출품되면, 신문지상에서 그들이 그런 유사한 사건, 사고들을 당한 것을 보게 되는데, 인과응보가 추호도 어긋남이 없는 것을 알 수 있습니다.

따라서 글을 쓰는 사람은 반드시 인과를 이해해야 하며 단지 돈을 벌기 위하여, 일시적인 쾌락을 탐하기 위하여 자손에게 끝없는 후환을 남겨서는 안 됩니다. 설령 수많은 쾌락이 있어도 무상(無常)이 도래하면 모든 것을 가져가 버리며, 자손의 후대에 해로움을 남기게 됨을 알아야 합니다. 남을 해롭게 하면 바로 자기를 해롭게 하는 것과 같습니다. 전 여사에게 묻겠습니다. 당신의 조상 중에 공포소설을 쓴 사람이 없었습니까?"

"저희 집의 배경은 비교적 복잡합니다. 제가 어릴 때 할아버지에 대해 들은 기억이 별로 없습니다. 첫째는 서로 멀리 떨어져서 만나기 힘들었으며, 둘째는 정치적인 원인으로 그렇습니다. 조상들의 사정에 관해서는 아는 게 더욱 적으며, 단지 장성한 후 가끔 어머니가 말씀하시는 것을 들었습니다.

제가 아는 것은 제 부친은 학자 집안의 대가족 출신으로 조부와 증조부 모두 청나라 때 학사(學士)였으며, 영국의 셰익스피어 또는 외국의 대작가들의 소설을 중문으로 최초 번역한 분이 바로 우리 집안의 고모였습니다. 어느 분이 공포소설을 쓴 적 있는가에 대해서는 잘 모르며, 단지 대대로 글을 숭상한 집안인지라 그것은 매우 가능성이 있는 일입니다.

스님께서 방금 말씀하신 도리를 깊이 믿습니다. 그렇지 않으면 어떻게 우리 집안에서 연속하여 세 명의 정신 이상자가 나올 수 있겠습니까? 저는 지금 매우 두렵습니다. 그런 귀신 공포소설이 언제 세상에서 소멸될 것인지 누가 알겠습니까? 이러한 매우 두려운 병이 대대로 유전되지는 않겠는지요? 스님, 제 동생을 구제할 무슨 방법이 없겠습니까? 이런 유전병을 멈추게 할 방법은 없습니까? 제발 부탁드립니다, 스님!"

스님은 미소를 지으며 대답하였다.

"당신은 두려워할 필요가 없습니다. 기왕 그런 일을 다 털어놓았으니, 만약 해결할 방법이 없다면 어찌 당신 집안에서 한꺼번에 정신병을 초래했겠습니까? 방금 내가 이야기한 것은 큰 인과이며 구체적으로 이런 병이 든 개인에 대해서는 그의 전세에 반드시 같은 악인(惡因)을 저질렀을 것입니다.

예를 들면 사람을 놀라게 하여 병을 일으켜 죽게 해 금생에 이 가정에 태어나 당신 가족의 큰 인과응보 속으로 융합되어 들어온 것입니다. 왜냐하면 당신이 불법을 만나 믿고 아울러 자기 힘닿는 대로 불교를 호지(護持)하였기 때문에 당신 가족을 위하여 복을 쌓고 불연을 맺게 하는 것입니다. 또한 당신 동생은 회복될 희망이 있습니다. 당신은 아직 채식을 하지 않지요?"

"그렇습니다, 스님!"

"그러면 돌아간 후 발심하여 채식할 수 있겠습니까?"

"문제없습니다, 스님!"

"좋습니다. 당신은 절에 가서 법회를 열어 공포소설을 보고 놀라거나 해를 입은 모든 사람들을 위해 천도하시고 아울러 이런 소설을 쓴 적이 있는 조상들을 대신하여 참회하세요. 그런 뒤에 집에서 『능엄경』열 부를 연속하여 독경하면서 법계 중생에게 회향하시고, 이 공덕으로 조상님의 죄업을 소멸시키세요. 그러면 이후로는 가족 중에 다시는 그런 병을 앓는 사람이 없을 것입니다.

그밖에 매일 불전(佛殿)에 청정수 한 잔을 올리고 당신 동생에게 매일「관세음보살보문품」일 편을 정성스럽게 독경하게 하며「대비주(大悲呪)」를 세 번 독송한 후 그 물을 마시게 하면 동생의 병이 점점 호전될 것입니다. 지금도 세상에는 여전히 (그분의) 공포소설이 소량 남아 있는데, 불력(佛力)의 가지(加持)하에 장차 어떤 연고로 인하여 없어지게 될 것이며, 병의 원인도 끊어져 동생의 병은 확실히 완치될 것입니다.”

전 여사는 묘법 스님의 지적 사항을 공경스럽게 기록하였다. 전 여사는 이미 미국으로 돌아갔다. 그녀 동생의 병이 호전되었는지 아직 잘 모른다. 왜냐하면 내가 만난 고사 속에는 아직 이런 방면의 인과 사례가 없어서 동학들이 먼저 볼 수 있도록 하기 위함이다. 동시에 이러한 글을 통하여 대중들이 지혜를 계발해 그 공덕을 전 여사 동생에게 회향하여 하루빨리 회복되기를 희망하기 때문이다.

# 모친을 굶겨 죽인 불효자들의 말로

아들딸이 불효하니 손자들도 무정하고
잔인하게 노모를 굶겨 죽이니
인간의 정은 어디에 있는가.
하늘은 은혜를 배반한 자 용서하지 않으리.

나의 이웃이 그들 고향에서 발생한 두 가지 일을 나에게 이야기하면서 '이것이 불교에서 말하는 인과응보가 아닌가?'라고 물었다.

길림성 어느 현(縣) 시골 마을에 일가 여덟 명이 길지 않은 시간 동안 인간 비극을 연출하였다. 이것은 이웃 마을 사람들도 모두 알고 있는 사건이다. 비록 그들이 무엇이 불법인지 이해하지 못하지만 모두 이것을 일러 인과응보라고 한다는 것은 알고 있었다.

이 집안의 부모는 수십 년 세월 동안 황토밭에서 고생스럽게 일하며 세 명의 아들과 세 명의 딸, 모두 여섯 명의 자녀를 키웠다. 아울러 아들들은 각자 아내를 맞이하여 집을 짓고, 딸들은 예물을 들고 시집을 갔다. 이것은 그렇게 쉬운 일은 아니지만 흔히 보는 일이기도 하다. 생활의 압박 속에서 허리가 굽은 늙은 아버지가 마지막으로 막내딸을 시집보낸 후 자기는 피로가 누적되어 병에 걸려 영원히 일어나지 못하였다. 마을 사람들은 모두 탄식하며 그의 운명이 고생스러웠다고 말하였으나 그의 아내는 오히려 그보다도 더 못하였다.

그 집의 늙은 아버지가 돌아가신 후 한 달도 채 못 되어 어머니는 뇌일혈로 인해 침상에 눕게 된 후 반신불수의 병을 얻게 되었다. 비록 자기는 왼손으로 밥을 먹기도 하고 화장실에도 갈 수 있었지만 반드시 돌보는 사람이 있어 부축해 주어야 했다.

이들 육 남매는 그녀의 자식도 아닌 셈이었다. 모두 열두 명의 자녀들(아들, 며느리, 딸, 사위 등)은 일평생 고생한 모친을 어떻게 대우했는가?

처음에 그 자녀들은 두 사람이 한 조가 되어 돌아가면서 어머니를 돌보아 그런대로 지낼 만하였다. 그런데 시간이 흐르자 노모를 모시고 있던 셋째 아들과 며느리는 점점 귀찮아하게 되었다. 사람들이 많이 와서 번거로워 싫다는 등 이러쿵저러쿵 불평하다가 나중에는 빗대어 욕하기 시작했다. 급기야 동서와 큰 시누, 작은 시누들과 싸우기 시작하더니 나중에는 아예 사람들이 와서 간호도 못 하게 하고 노모에게 밥도 보내지 않았다. 처음에는 그들이 밥 먹을 때 노모에게 약간의 먹을 것과 마실 것을 보냈으나 나중에는 시어머니가 식사 후 화장실에 자주 가는 것을 발견하고 셋째 며느리는 악심을 품고 밥과 물을 줄이고 어떤 때에는 그것조차도 보내지 않게 되었다. 그래서 다른 자녀들과 셋째 며느리는 불화하여 열흘, 보름이 지나도 한 번도 돌보러 오지 않게 되었다.

한번은 셋째 딸이 와서 노모를 보고는 기력이 매우 약해졌음을 발견하고 모친이 하는 말을 자세히 듣게 되었다.

"배고파, …배고파, …."

그래서 딸은 오빠 집에 들어가 먹을 것을 찾아 모친에게 주려고 하자 올케가 크게 화를 내면서 노모 방에 뛰어 들어가 고함을 치는 것이었다.

"방금 밥 두 그릇을 먹고 나서 어떻게 또 먹을 것을 달라고 합니까? 만약 너무 많이 먹어서 죽으면 어떻게 할 것입니까? 당신 딸이 우리 보고 불효했다고 할 게 아닙니까!"

결국에는 셋째 딸이 우겨서 모친에게 몇 입의 밥을 먹여 드렸다. 밥을 먹일 때 딸이 올케언니가 방에 없는 틈을 타 어머니의 배를 만져 보니 배가 홀쭉한 것을 보고는 올케언니의 말이 거짓임을 알게 되었다. 그래서 다음 날 그 딸은 어머니에게 여섯 개의 계란을 가지고 갔는데, 노모는 그야말로 게 눈 감추듯 한입에 다 먹어 버렸다.

잠시 후 다소 힘이 나는 듯 그녀는 셋째 딸에게 작은 소리로 말하기를, "너희들이 안 오면 쟤들은 물과 밥조차도 주지 않으니 나를 굶겨 죽일 작정인 모양이야."라고 하였다. 또 며칠 지나서 둘째 딸이 큰 새우를 두 마리 가지고 와서 노모에게 먹이는데 뒤에 들어온 셋째 아들이 보고는 새우를 담은 그릇을 땅에 던졌다. 발로 새우를 밟아 더럽게 하고는 분노하여 둘째 여동생을 욕하며 노모에게 새우를 먹이지 못하게 하였다. 그의 말인즉, "뇌일혈 환자에게는 몸을 보하는 음식을 먹이면 안 돼. 몸을 보하여 피가 많아지면 다시 뇌일혈을 일으킬 수 있으므로 죽으면 네가 책임질 거냐."고 하면서 욕을 해댔다. 아울러 만약 너희들 중 누가 노모를 돌보려면 너희 집으로 보낼 테니 간섭하지 말라고 하였다.

그들의 집안 사정은 일찍부터 마을에 전해져 소문이 분분하였다. 많은 사람들은 큰아들에게 전하고 다른 자녀에게도 전하여 빨리 노모를 모시고 가서 돌보라고 권하였으나 끝내 한 사람의 자녀도 호응하는 이가 없었다. 얼마 지나지 않아 셋째 아들 집에서 노모를 부르며 울며 고함치는 소리가 들리더니 한평생 고생만 하신 노모는 병마와 기갈, 나아가 그것보다도 더 잔혹한 천하의 불효자들에 의하여 끝내 생을 마감하고 말았다.

매섭게 추운 한풍이 휙휙 소리를 내며 지나가는 게 마치 하늘을 진동시키고 땅을 놀라게 하는 슬픔이 상복(喪服)을 걸친 한 무리의 불효자식, 손자들을 따라 묘지로 향하고 있었다. 지전을 태우자 노한 한풍에 의하여 공중으로 솟구쳤다.

모친 사망 후 불행은 마치 길이 난 것 같이 이 가정에 잇따라 찾아왔다. 한 달 후 큰아들이 뇌혈전으로 입원하게 되었다. 응급 조치로 비록 죽음은 면했으나 반신불수가 되었으며 나중에는 몸을 웅크리고 다리를 질질 끌면서 거리에 나타났다.

큰아들이 퇴원한 지 한 달쯤 지났을 때 둘째 아들과 큰사위가 전후 며칠 사이로 병원에 입원하게 되었으니, 진단 결과 모두 뇌혈전이었다. 20일 후 그 두 사람이 아직 퇴원도 하지 않은 상태에서 둘째 딸도 같은 병으로 진(鎭 : 중국의 행정 단위)의 병원에 입원하게 되었다. 둘째 딸이 퇴원한 다음 날 셋째 며느리에게도 과보가 찾아왔다. 이번에는 뇌혈전이 아니라 위천공(胃穿孔)이었다. 셋째 며느리가 아직 주사 바늘을 찌른 채 누워 있는데 셋째 사위가 자전거를 타다가 경운기와 부딪쳐 2미터 정도 날아가 떨어졌다. 병원에 도착하였을 때 숨은 있었으나 온몸이 골절상을 입어 밖으로 양쪽 무릎이 가루가 되어 몇 개월 동안을 서지도 못하였다.

노모의 죽음 후 1년이 채 안 되는 시간에 자녀들과 그들의 배우자들이 연이어 고향 진의 병원에 입원하게 되었으며, 각자가 퇴원할 때에는 인민폐 일만 원 이상의 큰돈을 쓰게 되었다. 이렇게 되자 농담으로 이렇게 말하는 사람도 있었다.

"진의 병원을 돈 많은 사람들이 전세를 내었군. 의사, 간호사들이 지금까지 그런 큰 보너스를 타간 적이 없었는데, 매월 모두 일백 원 이상을 수령해 갔으니. 이렇게 비싼 입원 환자 모두가 한 집안 사람들이라며?"

그러는 동안 소문은 주변 마을로 멀리 퍼져 논밭에서, 식당에서, 찻집에서 이야깃거리가 되었다. 비록 그 지방에 불교를 믿는 사람은 매우 적을지라도 그 이야기를 입에 담는 사람들마다 모두 "그래도 싸지. 죽일 놈들. 이게 인과응보지!"라고 한 마디씩 하였다.

아직 그 집안 이야기는 다 끝나지 않았다. 위에서 말한 반신불수의 큰아들은 어느 날 큰길에서 손발 운동을 할 때 갑자기 다리에 힘이 없어져 막 길을 지나가던 자동차에 머리가 부닥쳐 식물인간이 돼 지금까지 집에 누워 있다고 한다.

얼마 후 둘째 아들은 간염을 얻어 1년여 동안을 고생하다가 죽었으며, 그 후 큰며느리도 뇌혈전을 얻어 사망하였다. 그 후 또 무슨 일이 발생하였는지는 알 수가 없단다.

나의 이웃 사람 말에 의하면 손자, 손녀, 외손자, 외손녀들도 거의 모두 할머니의 보살핌 속에서 자랐는데, 할머니가 병들어 있는 동안 할머니를 병문안한 손자, 손녀가 하나도 없었으니 사람들로 하여금 정말 탄식하게 하였다. 다만 선지식(善知識)이 그들에게 불법을 가르쳐 미래의 운명을 바꾸게 되기를 바랄 뿐이다. 그렇지 않으면 자연의 이치가 분명하니 그들의 결말은 상상할 수 없을 정도로 고통스럽게 될 것이기 때문이다.

불효자가 고의로 병든 노모를 굶겨 죽인 것은 비록 이웃이 고발하지 않고 관청에서 조사하지 않아 법의 제재를 받지는 않았다. 하지만 하늘의 그물이 비록 성근 것 같아도 악인은 결코 빠뜨리지 않는 법이니 이들 불효 자녀는 한 사람 한 사람 연이어 악보(惡報)를 받게 된 것이다. 이것은 정말로 세상만사와 만물이 모두 법을 설하는 셈이다. 선인(善人)은 선인의 법을, 악인(惡人)은 악인의 법을, 사람은 사람의 법을, 축생은 축생의 법을 설하고 있다.

이 일을 바로 이해한다면 의식주행 모두 부처님께서 설하신 법을 실천할 수 있다. 경(經)은 바로 길이다. 어떻게 가든 당신 자신에게 달려 있는 것이다. 내가 이런 생활 속에서의 인과보응, 현세에 나타난 실제 이야기를 쓰는 이유는 바로 부모에게 불효하는 역자(逆子)들이 하루빨리 잘못을 고쳐 착한 사람이 될 것을 경고하기 위해서이다. 그렇지 않으면 악한 과보가 닥쳤을 때 후회해도 늦다.

# 인과응보는 대자연의 법칙

기문동(紀文東)이라는 40살 남짓된 한 남자가 몸에 상복을 걸치고 눈에는 뜨거운 눈물을 흘리며 방금 땅에 묻힌 이웃에 사는 장(張)씨 아주머니의 무덤 앞에 꿇어앉아 오랫동안 떠나려고 하지 않았다.

몸집이 우람하고 풍채가 당당한 이 대장부는 불우한 어린 시절을 보냈다. 만약 장씨 아주머니의 보살핌과 도움이 없었더라면 아마도 일찍이 인간세상을 떠났을 것이다. 친척도 아니면서 친척보다 나았던 장씨 아주머니, 지금 그녀가 돌아가셨으니 그에게 남은 것은 회고하기 싫은 지난 일뿐이었다.

문동의 부모는 문동이 5살 때 1년도 채 되지 않은 시간 동안 연달아 돌아가셨다. 문동의 아버지는 임종 전에 눈물을 머금고 자기가 신임하는 큰형님, 큰형수에게 문동의 뒷일을 부탁하면서 세 칸짜리 기와집과 한 마리 소 그리고 삼백 원의 저금과 문동 엄마의 예물 장식 등 모든 재산을 문동을 대신하여 관리하도록 건네주었다. 큰형님과 형수는 굳게 맹세하며 하늘을 가리켜 서약하면서 "네 아이가 바로 우리 아이 아닌가. 네가 남긴 이렇게 많은 재산은 말할 필요도 없이 한 푼도 모자라지 않게 문동이 클 때까지 우리가 지켜줄게. 남도 돌봐야 할 텐데 하물며 우리는 본래 한 집안 한 형제가 아닌가!"라고 말하였다.

문동의 아버지는 이 말을 들은 후 약간의 미소를 지으며 편안하게 두 눈을 감았다. 당시 현장에 있던 마을의 간부와 이웃들도 모두 감동하여 울었다. 그러나 장례를 치른 후 며칠이 되지 않아 이웃의 장씨 아주머니는 문동이 매를 맞으며 우는 소리를 들었다. 그리고 며칠을 사이에 두고 문동의 큰아버지와 큰어머니가 애를 꾸짖으며 때리는 소리를 심심찮게 들을 수 있었는데, 마음씨 좋은 장씨 아주머니는 그들을 달래려고 여러 차례 건너갔으나 모든 게 변함이 없었다. 나중에 그녀는 아이가 놀러 나오는 게 매우 드물다는 것을 느꼈으며, 가끔 아이가 문 앞에 서 있는 것을 보았지만 아이의 웃는 모습은 볼 수 없었다.

장씨 아주머니가 물어도 아이는 놀라 두려워하는 표정으로 감히 말하지 못하였다. 아주머니는 또 아이가 무척 수척해졌을 뿐 아니라 몸과 얼굴에 상처가 있는 것을 발견하였다. 이런 것을 볼 때마다 선량한 장씨 아주머니는 눈물을 흘리곤 하였으며, 이런 사정을 마을 친척들도 서서히 알게 되었다.

촌 간부가 그들 부부에게 질문하였을 때에도 그들은 모르는 척 아이가 말을 듣지 않는다고 하였다. 그들이 말하기를, 아이 아버지의 부탁을 받았기 때문에 당연히 아이를 가르칠 권리가 있으며, 또 그를 해치는 것이 아니기 때문에 당신들이 제삼자의 입장에서 걱정한다고 애 교육이 되겠느냐고 말하기도 하였다. 그들이 아이를 학대한다는 물증을 잡을 수 없었기 때문에 주위 사람들은 누구도 그들을 간섭할 권리가 없었다. 모두들 비록 수군거리며 그들을 욕하였지만 (문동을) 도와주려고 해도 힘이 미치지 못하였다.

해가 가면서 아이는 점점 장성하였다. 장씨 아주머니는 그들 부부가 없을 때를 이용하여 아이에게 자주 먹을 것을 갖다 주곤 하였다. 비록 한 개의 옥수수 찐빵과 반 토막의 고구마지만 그녀는 아이가 큰 입으로 맛있게 먹는 것을 보면서 안도의 미소를 짓기도 하였다.

아이가 장성함에 따라 키가 컸는데도 몸에 걸친 것은 여전히 일이 년 전 짧고 작은 다 떨어진 바지였다. 봄, 여름, 가을, 세 계절은 그런대로 지낼 만하나 겨울이 되면 얼마나 추울지 안쓰러워 장씨 아주머니는 낡고 헤진 옷을 입고 있는 문동을 볼 때마다 눈물이 났다. 장씨 아주머니는 자기 집 아이가 입었던 무명옷과 면바지를 찾아 깨끗이 빨고 헤진 곳을 기워 밤을 새워 만든 후 억지로 웃으면서 문동의 큰아버지 댁에 보내면서 이 면 옷을 자기 집 아이는 보기 안 좋다고 싫어하니 당신네 문동에게 입히라고 말하면서 손수 문동에게 옷을 걸쳐 주었다.

아이가 장성하기 전 장 노인은 모두 세 벌의 면 옷을 수선하여 주었고, 때때로 먹을 것과 마실 것을 보냈으며, 어떤 때에는 그에게 약간의 용돈을 호주머니에 넣어 주기도 하였다.

이와 같은 생활 환경 속에서 문동은 마침내 장성하여 인재가 되었다. 자동차를 운전하고 트랙터를 끌면서 수리도 잘하였다. 그를 따르는 아가씨가 많았다. 혼담이 오고 가면서 그는 마침내 아주머니에게 자기가 단독의 가정을 꾸릴 일을 이야기하였다. 비록 그의 큰아버지네는 원하지 않을지라도 동네 청년들과 친척들의 여론에 밀려 그의 큰아버지는 감히 동의하지 않을 수 없었다.

그러나 그들은 집의 경제 사정이 어려움을 핑계로 단지 세 칸의 부서지고 오래된 기와집을 문동에게 돌려주었는데, 집안의 가재도구들을 이미 옮겨 놓은 빈집이었다. 그들 부부는 20여 년의 세월 속에서 여섯 명의 아이를 낳아 두 명의 아들에게 새집을 장만하여 분가시켰다.

문동은 이에 대하여 한마디의 원망도 하지 않았으며 오히려 마을 사람들이 그를 대신하여 불평하면서 소송을 걸라고 말하자 그가 말하기를 "큰아버지가 저를 키우는 것도 쉽지 않은 일입니다. 만약 그들이 저를 받아 주지 않았더라면 어찌 오늘의 제가 있을 수 있었겠습니까? 물건과 돈은 제가 벌면 되는 것입니다. 좋은 남자는 논밭을 다투지 않고, 좋은 여자는 시집갈 때 입는 옷을 다투지 않는다고 하지 않습니까? 만약 기술을 배우지 않고 바른 생활(직업)에 힘쓰지 않으면, 아무리 많은 재산도 보존하지 못하는 법입니다. 제가 반드시 기술을 잘 배워 우리 마을을 위해 일하면 우리 마을 사람들의 면목을 서게 하는 것이며, 큰아버지, 큰어머니의 양육의 은혜를 갚는 일일 것입니다."라고 하자 마을 사람들은 문동의 말에 고개를 끄덕였다.

현재 문동은 향진기업의 공장장으로, 그의 아들은 도시에서 대학에 다니고 있으며 일가족 모두 행복이 충만한 생활을 누리고 있다. 그러나 한편으로 신의를 저버린 문동의 큰아버지 집을 보자. 그는 모두 2남 4녀를 낳았는데, 큰딸은 29세 때 신장 결석을 앓아 죽었으며, 작은딸은 29세 때 같은 병에 걸려 죽었다. 두 부부는 몹시 놀라고 얼이 빠져 이후 또 무슨 일이 발생할 것인가 주야로 노심초사하고 있다.

여섯 명의 자녀 중 셋이 죽고 얼마 안 있어 작은아들이 무리를 지어 싸움을 하고 강도 짓을 하여 10년 징역형을 살게 되었으며, 그는 이미 감옥소의 단골손님이 된 지 오래되었다. 그가 법정에서 선고받던 당일 노모, 즉 문동의 큰어머니는 갑자기 뇌일혈이 발생하여 침상에 누워 지내는 신세가 되었으며, 자기 아들로부터 백안시와 책망을 다받게 되었다.

왜냐하면 그녀는 대소변을 가리지 못하여 항상 옷이 오줌에 젖어 있어도 어떤 때는 하루 종일 거들떠보는 사람이 없었으니, 이러한 삶을 3년여 살다가 처량하게 생을 마쳤다. 큰어머니가 죽기 전에 큰아버지는 노인성 치매에 걸려 고생하게 되었다. 아내가 죽은 지 반년 후 큰아버지는 길을 걷다가 넘어져 머리를 다쳐 그 이후로 다시는 일어나지 못하였다.

이웃 사람이 나에게 그녀들 고향의 두 가지 이야기를 한 후 이게 인과응보가 아닌지 물었다. 내 대답을 기다리기도 전에 스스로 말하기를, "우리 고향 사람들 모두 이것은 하늘이 그들에게 내리는 징벌이라고 말하더군요."라고 하였다.

나는 그들에게 "곡식을 심는 것과 같이 어떤 종자를 심으면 그 열매를 거두는 게 대자연의 법칙입니다. 부처님께서 인간에게 법을 설하시기 전에 인과율(因果律)은 대자연에 적용되고 있었으며, 단지 우리 범부가 이해하지 못하고 있으니 이 고해에서 벗어날 수 없는 것입니다. 제불보살이 자비로 다시 원력에 따라 인간 세상에 와서 우주의 섭리를 말씀하시고 아울러 우리로 하여금 고통의 바다를 벗어나는 방법을 일러 주셨으니, 반드시 이번 인간의 몸을 얻었을 때 여법하게 수행하여 조속히 보리를 증득하는 게 바로 우리가 가야 할 바른길입니다."라고 말해 주었다.

# 친구 영혼의 빙의(憑依)와 히스테리

베이징시 모 중학교 학생 사오십여 명이 단체로 어느 산에 놀러 갔었다. 산 위에 두 개의 큰 바위가 있었다. 그 바위의 사이가 약 1미터 정도 되는 틈이 있었는데, 그 틈 위에서 아래를 내려다보면 대략 높이가 10미터 정도 되었다. 비교적 담이 큰 한 여학생이 뛰어 건너는 것을 인솔한 선생님이 발견한 후 사고를 방지하기 위하여 제지하였다. 선생님이 그곳을 떠난 후 장난기 많은 몇 명의 남학생들이 뛰어 건너는 시합을 하게 되었다. A라는 학생이 건너기 전 갑자기 머리를 돌려 그와 가장 친한 동급생 B를 보고 웃으면서 말하기를 "만약 내가 떨어져 죽는다면 너는 우리 집에 소식을 알려라." 하고 나서 몸을 훌쩍 날렸다.

아마 그때 말하는 데 정신이 분산되었는가 보다. 앞발이 건너편에 떨어지기 전 뒷발이 공중에 있을 때 어떻게 된 건지 모르지만 앞발이 안정되게 떨어지지 않고 힘을 잃어 엉덩이가 틈 사이로 빠져들었다. 동급생들이 그를 보고 놀라서 구하려 할 때 그는 이미 머리를 바위에 부딪쳐 선혈이 낭자하였으며 구제하기에는 이미 늦었다.

며칠 후 A군의 장례식이 끝난 후 그의 가족이 비통한 심정으로 주차장으로 갈 때 장례식에 참석한 사람들 중 B군이 돌연 A군 부친 옆에서 그의 어깨를 두드리며 말하기를 "아빠, 나에게 담배 한 대 줘!"라고 말하는데 놀랍게도 A군의 음성이 아닌가. A군의 부친은 너무 놀라 어찌할 바를 몰랐다. B군이 다시 담배를 요구할 때 현장에 있던 사람들도 휘둥그레졌다. 왜냐하면 B군은 아직 담배를 피울 줄 몰랐으며 A군은 살아 있을 때 집에서 몰래 담배를 피웠기 때문이다. B군을 다시 보니 비록 얼굴에 웃음을 띠고 있었으나 두 눈이 멍하니 보기만 해도 겁이 날 정도였다. 그날 동급생들이 그를 억지로 집에 보내 주었다. 왜냐하면 B군은 A군의 집이 자기 집이라고 말하였기 때문이다.

그 후 B군의 부모는 그를 데리고 병원으로 찾아다니면서 의사에게 치료를 구했으나 의사는 이런 증상은 정신상 큰 충격을 받아 발생된 히스테리라고 말하였다. B군은 오히려 매일 학교에 가면서 자기는 병이 없다고 말하였다. 더욱 이상한 것은 그가 쓰는 글자도 A군의 필체와 똑같이 변한 것이다.

정말로 인연이라 하던가. 당시 묘법 노스님이 우리 집에 머물고 계셨다. 앞에서 이야기한 적이 있는 이 선생이라는 분이 B군과 그의 부모를 데리고 우리 집으로 온 것이다. B군이 대문을 들어설 때는 두 눈이 멍하여 혼이 몸을 떠난 모양이었다. 그의 부모가 위에서 이야기한 상황을 설명하자, 묘법 스님은 잠시 아무런 말씀이 없었다. 단지 그를 자비로운 눈으로 바라보면서 묵묵히 손으로 염주를 돌리시더니 잠시 후 비로소 B군을 관찰하면서 물었다.

"너 이름이 무엇이지?"

"저는 B군입니다."

"올해 몇 살이지?"

"14살입니다."

그의 부모는 놀라움의 미소를 지었다. 목소리가 본래 그의 아들 목소리로 돌아온 것이다. 그의 두 눈을 보니 생기를 회복하였다. 그들은 아들을 끌어당겨 스님께 인사하게 하였다. 스님은 마땅히 불보살에게 감사해야 한다고 말씀하시며 그들에게 우리 집의 불상 앞에서 절하게 하였다.

모두가 스님께 이게 어찌된 일인가 하고 물었을 때 스님께서 말씀하셨다.

"B군이 이런 증상을 얻게 된 까닭은 A군의 신식(神識 : 영혼)이 B군의 몸에 붙어 떠나기를 원치 않기 때문입니다. A군이 나에게 말하기를, '자기는 이제 14살이며, 아직 인간의 즐거움을 누리지 못해 이렇게 죽으면 너무 억울하다'고 하더군요. B군은 자기의 좋은 친구이며 그는 B군의 몸에 붙어 먹을 것, 마실 것, 피울 것 등을 실컷 하고 싶다고 합니다.

이런 원인을 알고 내가 그에게 '네가 의외로 일찍 죽게 된 것은 전생에 살생의 업이 중한 과보 때문이다. 네가 현재 이렇게 친구 몸에 붙는 것은 새 악업을 짓는 것으로 너를 악도에 떨어지게 할 것이다. 내가 너에게 나무아미타불 염불을 가르쳐줄 테니, 염불하면 좋은 곳으로 천도될 수 있다. 왜 하필 친구 몸에 붙어 친구를 해치고 너 자신도 그르치게 할 것인가?'라고 말하니 A군은 깨달아 후회하며 염불하면서 떠나갔습니다. 그는 이후 다시 인간으로 환생하여 올 것이며, 내생에는 불법을 만날 기회가 있을 것입니다."

　　B군의 부모는 스님의 말씀을 들은 후 매우 안심하였으며, 자기들도 채식하며 불법을 배우겠다고 하였다.

# 관의거사(管義居士)

길림(吉林)의 관의거사, 그는 불치의 병을 앓아 병원에서 집으로 돌아갈 날만을 기다리고 있었다. 그 후 선지식을 만나 교화를 받아 오계(五戒)를 수지하고 온 마음을 다해 염불 수행을 하여 기적같이 건강을 회복하게 되었다. 그래서 그는 더욱 열심히 염불 정진하게 되었다.

어느 날은 염불 정진 중 아미타불과 관세음보살이 홀연히 눈앞에 나타난 것을 보고 매우 기뻐하였다. 또 어떤 때에는 염불하는 사이에 홀연히 지옥에 가기도 하였다. 지옥에서 벌을 받고 있는 죄인들이 고통으로 울부짖으며 그에게 도움을 구하는 것을 보기도 하였다. 그때 그는 "나는 지금 당신들을 어떻게 구제해야 할지를 모르겠습니다."라고 말하였다.

이 관의거사 부부는 불경을 깊이 연구하고 염불하면서 오계를 지키며 매일 행주좌와(行住坐臥) 언제 어느 때에도 정념을 잃지 않았다. 이제 출가하여 부처님의 은혜에 보답해야겠다는 생각이 들었다. 그래서 사방으로 어느 절 어떤 스님을 스승으로 모시고 출가하는 게 좋은지 자문을 구하였다. 묘법 노스님께서 이런 사정을 들으신 후 한 수의 게송을 읊으셨다.

불법은 듣기 어렵지만 오늘 이미 들었고

눈 밝은 스님은 찾기 어려우나 경 속에서는
찾을 수 있네.
이 몸을 금생에 제도하지 못하면
어느 생에 이 몸을 제도할까.
재가 불자로서 네 가지 중계(重戒)를 엄히 지키고
육도만행을 몸소 행하니 자비희사는 보살행이며
모든 행에 머묾이 없음이 선(禪)이네.
청정한 아미타불이 마음 가운데 앉았으니
희로애락이 모두 범음(梵音)이네.
중생을 널리 교화하면 백의(白衣)를 입은 것이며
자기도 제도하고 남도 제도하면 불신(佛身)을
증득하리라.

관의거사는 이 게송을 받아 읽은 후 계속하여 경서에 정례하며 더욱
수행에 정진해 다시는 밖으로 반연을 구하지 않았다.

# 어느 불량배의 참회

1995년 어느 날 오대산 모 절의 접견실에서 대략 이십여 명이 묘법 스님의 가르침을 받고자 기다리고 있었다. 모두 돌아가면서 전국 각 지방의 사투리로 물었다. 스님께서는 충만한 지혜로 복잡한 문제를 간단히 처리하듯 각자에게 해결의 방안을 주셨다. 스님의 법문 한 말씀 한 말씀이 사람들을 무섭게 각성시켰으며 듣는 이로 하여금 제호로 관정하듯 법의 기쁨으로 충만하게 하였다.

"사부님, 저는 대만에서 대륙으로 병을 진찰하러 왔습니다. 3년 전에 병을 얻었는데, 처음에는 두통이 생기더니 그 다음에는 온몸이 아프기 시작하여 지금은 어느 부위가 아픈지 분간이 안 갈 정도입니다. 밥을 먹어도 맛이 없고, 잠을 자도 잠이 잘 안 오며, 사지가 힘이 없어 매우 고통스럽습니다. 하지만 대만의 큰 병원에서 진찰을 해도 병명이 무엇인지 알지를 못하며 단지 식물성 신경 기능의 교란이라고 합니다. 주사를 맞고 약을 먹어도 전혀 효과가 없고, 약을 많이 먹어 부작용만 더 생기니 치료할수록 더욱 악화되기만 합니다.

이번에 북경에 와서 진찰해 봐도 결과가 나오지 않으니 실망이 이만저만 아닙니다. 돌아가기 전에 오대산 문수보살을 참배하러 왔는데, 공교롭게도 제가 탄 버스에 같이 타신 나이 드신 선생 한 분이 사부님을 찬탄하시길래 뵈러 왔습니다. 사부님이 저를 치료해 주신다면 돈은 얼마든지 드리겠습니다."

　말을 마친 이 사람은 30살을 갓 넘긴 듯했다. 몸집이 매우 수척하며 안색이 어두운 회색빛으로 온몸에서 말할 수 없는 사기(邪氣)가 퍼져 나왔다. 방에 있는 사람마다 그를 보고 눈살을 찌푸렸다. 스님은 음성은 높지 않았으나 매우 엄숙하게 말문을 열었다.

　"당신은 나의 제자도 아니니 나를 사부라고 부르지 마세요. 나는 의사가 아니니 병을 진찰할 줄 모르며, 더욱이 당신의 돈을 원하지 않으니 당신은 다른 고명한 분을 찾아가십시오."

　스님께서 이처럼 손님을 쫓아내니 같이 앉아 있던 사람들 모두 매우 놀랐다. 스님은 지금까지 이렇게 손님을 대한 적이 한 번도 없었기 때문이다. 이 대만 사람은 난처해하였다. 얼굴이 붉어진 채 그는 약간 화가 난 듯이 말하였다.

　"당신들 불가(佛家)에서는 자비를 중시하지 않습니까? 다른 사람들의 병은 봐 주시면서 왜 저는 안 봐 주십니까? 저보고 가라고 하시는데 저는 당신의 기분을 상하게 한 적이 없습니다."

　그러자 스님은 갑자기 표정을 엄하게 하면서 말하였다.

　"당신은 길러 주신 부모님도 때리고 욕하는데, 어찌 내 기분 상하는 것을 겁내겠습니까?"

　이 말에 그 사람은 갑자기 바람 빠진 공처럼 힘없이 의자에 앉았다. 그는 놀라 두려워하면서 얼굴색이 창백해지고 벙어리가 된 것처럼 말을 하지 못하였다. 접견실의 모든 사람들은 시선을 그 사람에게로 집중하였으며 방 안은 쥐 죽은 듯이 고요하였다.

1분 정도 흐른 후 그는 겸손하게 묻기를,

"당신은 어떻게 저의 일을 아십니까? 이곳에서 저를 아는 사람은 한 분도 없습니다."

"다른 사람이 나에게 알려 줄 필요 없이 당신의 가슴에 명료하게 '불효자식'이라는 네 자가 쓰여 있군요."

그는 놀라 멍해져서 무의식중에 고개를 숙여 자기 가슴을 살펴보았다. 방안의 다른 사람들도 그의 가슴을 쳐다보았으나 아무런 글자도 보이지 않았다. 돌연 그는 일어서더니 앞으로 나아가 스님의 발아래 꿇어 엎드려 절하면서 떨리는 목소리로 스님께 자기를 구해 줄 것을 간청하였다.

그는 말하였다.

"저는 어릴 때부터 불량 소년으로 닭을 훔치고, 개를 잡고, 싸움질 하고 욕하는 등 나쁜 짓이란 나쁜 짓은 다 하고 다녔습니다. 부모가 아무리 말려도 듣지 않았습니다. 그 후 학교에서 퇴학당하고 사회에 유랑하면서 깡패 조직에 들어가 장사하는 사람들을 괴롭혀 돈을 뜯어내고, 외지인에게 강도 짓을 하고 계집애들을 괴롭히는 등 나쁜 짓만 하고 다녔습니다. 장성한 뒤로는 부친의 훈계를 두려워하지 않고 부친이 저를 때리려고 하면 주먹과 발길질로 늙은 아버지를 넘어뜨리고 말리는 모친을 욕하며 밀쳐 넘어뜨리기도 하였습니다. 또한 다시 한 번 더 나를 막는다면 집에 불을 지르겠다고 협박하기도 했습니다. 부친은 화병으로 드러누웠으며, 모친은 저를 보면 무서워서 대하기를 겁내었습니다. 얼마 지나지 않아 두 분 노부모님은 잇달아 세상을 떠났으며, 다시는 저를 꾸짖고 이끌어 줄 사람이 없게 되었습니다. …"

　그는 꿇어앉아 자신의 지나온 이력을 이야기하면서 부모님이 돌아가신 대목에 이르자 대성통곡을 하였다. 그렇게 조복하기 어려운 완고한 자가 의외로 스님의 위덕에 감화되어 항복한 것이다. 나는 마음속으로 감탄하면서 '보아하니 좋은 사람, 나쁜 사람은 정말로 자기 몸에 나타나는구나.', '스님은 정말로 모든 것을 통찰할 수 있는 혜안을 가지셨구나.' 하고 생각하였다.

　"좋아요, 일어나세요." 하고 스님이 그에게 말하였다.

　"기왕 당신이 나를 사부라고 부르니 내 말을 듣고 행할 수 있겠습니까?"

　그는 기쁜 듯이 말하였다.

　"할 수 있습니다. 할 수 있습니다. 능히 행할 수 있습니다. 저는 반드시 과거의 잘못을 고쳐 다시 새로운 사람이 되겠습니다."

　"좋습니다. 나는 당신을 제자로 받아들이겠습니다."

　그는 기뻐서 다시 머리를 조아리며 절하였다. 그 자리에 있던 사람들도 모두 일어나 합장하며 이렇게 감동적인 모습을 만나게 된 것을 기뻐하였다.

　묘법 스님은 젊은 비구 스님에게 말하기를, "그를 대웅전으로 데리고 가 예배하고 참회하는 방법을 가르쳐 주고, 절 일천 배를 하게 할

113

것이며, 다 마치면 다시 이곳으로 모시고 오게."라고 하셨다.

2시간 후 접견은 끝났다. 그 대만 사람이 다시 스님께 왔을 때는 마음이 한결 상쾌해진 듯 이미 표정이 밝은 것이 전혀 다른 사람 같았다. 그는 불전에서 이미 불교에 귀의하여 개과천선하겠다고 발원하였다. 아울러 발원 후 지금까지 느껴보지 못했던 상쾌함을 느꼈으며, 마치 병이 이미 좋아진 것 같다고 말하였다. 눈앞에서 발생한 이 모든 것을 보고 그 자리에 있던 사람들은 찬탄하여 마지않았다.

부처님께서 말씀하셨다.

"모든 중생은 모두 불성을 가지고 있으며 다 부처가 될 수 있다. 단지 망상, 집착으로 인하여 증득하지 못하기 때문이다."

"고해가 끝이 없으나 마음을 돌리면 바로 피안이다."

"도살하는 칼을 놓으면 바로 선 자리에서 성불한다."

눈앞에서 이전의 불량 청년이 패역 불효한 천벌을 받고 악한 과보가 현전하여 치료하기 힘든 병이 몸을 덮쳤으나, 다행히 눈 밝은 스승을 만나 교화를 받고 철저히 회개할 줄 아니, 실제로 불경에서 말한 바를 검증한 셈이다. 부처님은 진정한 대의왕(大醫王)이며, 불법은 팔만사천 가지의 병을 고칠 수 있는 것이다. 실천은 진리를 검증하는 유일한 표준으로 나는 다시 불법의 무궁한 매력을 체험하게 되었다.

"불법은 세간에 있으며, 세간의 깨달음을 떠나지 않는다."라는 말씀처럼 우리가 일상생활 중에서 조금도 소홀히 하지 않고 불법을 실천궁행(實踐躬行)하면 기적 같은 일이 수시로 일어날 것이다.

# 축농증의 원인

1996년 여름, 대만에서 온 부유한 부인은 축농증을 앓은 지 몇십 년이나 되었으나 낫지 않아 특별히 오대산에 와서 묘법 노스님에게 병의 원인을 지적해 달라고 청하였다.

스님이 그녀에게 물었다.

"당신이 결혼할 당시 시댁의 가정 형편이 그다지 좋지 않았군요."

"그렇습니다."

"결혼 후 자녀가 늘어남에 따라 당신 집의 형편은 더욱 나빠져 생활이 매우 고생스러웠군요. 가끔 몇 마리의 고기를 사 오면 당신은 요리하여 자기도 먹기 아까워하면서 언제나 가장 좋은 살은 시어머니께 드리고, 고기의 머리, 꼬리 부분은 나누어 자녀에게 먹이고, 남은 고기 뼈는 버리기가 아까워 입으로 부셔 먹었군요. 나중에 집안 형편이 비록 나아졌어도 오래된 그 습관은 계속되었지요. 지금도 고기를 먹을 때 당신은 여전히 고기 뼈와 골수는 씹어 먹는군요. 맞습니까?"

"맞습니다, 스님! 습관 때문에 그런지 저는 고기 뼈가 가장 맛이 좋습니다. 그러나 제가 먹는 것은 삼정육(三淨肉)인데, 먹어도 되지 않습니까?"

"삼정육 먹는 것을 허락하는 것은 불교에 처음 입문하는 사람들에게 부득이하여 말하는 법입니다. 왜냐하면 고기 먹는 사람들에게 갑자기 육식을 금하게 하면 아마 많은 사람들이 행할 수 없을 것이기 때문입니다. 살생을 금하면서 삼정육을 먹게 하는 것은 단지 방편법입니다. 부단히 염불, 독경, 참선 정진을 함에 따라 자연히 고기 먹을 마음이 없어지게 됩니다. 본질적으로 고기를 먹는 것은 바로 살생하는 것과 같은 것입니다. 그러므로 고기 먹는 것을 하루빨리 끊어야 합니다."

"스님, 고기 뼈를 먹는 것도 죄가 됩니까?"

"살과 뼈 모두 동물 신체의 일부분입니다. 우리는 평소 '힘줄을 뽑아내고 껍질을 벗기다', '고혈을 짜내다'란 말을 하는데, 이러한 말은 사람의 성난 마음을 형용할 때 쓰는 말 아닙니까? 모든 동물은 죽을 때 죽음에 대한 공포를 갖기 마련이고, 자신을 죽이고 먹는 사람에 대한 원한심이 가득합니다. 중생의 신식(神識)은 모두 자기의 육체에 집착하여 당신이 먹는 살코기를 자기 자신으로 생각하기 때문에 그는 자기의 육체를 줄곧 떠날 줄을 모릅니다. 그를 칼로 자르고, 기름에 튀기고, 지지고, 볶고, 씹고 함에 따라 동물의 신식은 고통을 느끼게 됩니다.

따라서 고기 먹는 사람이 동물에 대하여 힘줄을 뽑고 껍질을 벗기거나, 골수를 짜내거나, 심지어 도살할 때 한칼에 죽이지 못하면 동물의 고통은 증가되어 먹는 사람에 대한 원한심이 더욱 증가하게 됩니다. 이러한 원인으로 당신 스스로 앓고 있는 병이 설상가상으로 더욱 악화됩니다. 그래서 불교를 믿는 사람이 고기를 먹으면 안 되는 것과 같이 동물의 내장 예를 들면 심장, 간, 창자, 폐, 뇌, 눈, 혀, 골수 등을 먹으면 안 됩니다. 이런 내장을 먹으면 그 당시에는 보양의 작용이 있겠지만 이런 보양품을 먹는 것이 많아짐에 따라 이들 동물과 맺게 되는 원결(冤結)도 더욱 깊어지게 되며, 오래됨에 따라 신체의 어떤 부위에 병을 일으키게 됩니다."

"스님, 정말 두렵습니다. 육식을 하지 않으면 저의 축농증은 좋아질 수 있겠습니까?"

"진정으로 참회하고 비린내 나는 음식을 일체 끊고 방생(放生) 등 선한 업을 많이 지으세요. 만약 매일 『지장경』 한 부를 독송하여 법계 중생에게 회향하면 반드시 감응이 있을 것입니다.

방생은 살아가기 쉬운 고기를 택하여 놓아 주어야 하며, 물고기를 키우는 연못에 방생해서는 안 되고 강이나 호수, 바다에 방생해야 그들이 확실하게 살아갈 수 있습니다. 참새, 비둘기 등 각종 조류를 방생해도 됩니다. 만약 집이 부유하다면 자라, 거북 등 각종 야생동물을 방생하면 더욱 큰 공덕이 있습니다. 그들 중 영성(靈性)이 큰 것은 심지어 금생에 당신의 은혜에 보답할 수 있을 것입니다. 이런 일은 언론 보도 등을 통해서도 가끔 볼 수 있는 일입니다. 좋습니다. 육식을 끊을 자신이 있습니까?"

"자신 있습니다. 돌아가면 반드시 스님 말씀대로 따르겠습니다."

골수를 짜내는 것이 병을 일으킬 수 있다는 이런 법문은 처음 듣는 것으로 그때 매우 인상적이었다. 그분의 축농증은 확실하게 좋아졌으며, 나중에 그녀는 특별히 오대산에 와서 감사의 예참을 하였다.

# 지계(持戒)하며 염불해야 이익을 얻을 수 있다

우리 집 아래층에 사는 동(董) 부인은 이사 온 지 1년밖에 안 된 새 이웃이다. 동 부인은 40세를 갓 넘긴 분으로 아주 명랑하고 소박한 사람이다. 그녀는 이미 십수 년 동안 설사병으로 고생하고 있었으며, 병원에서는 이질은 아니라고 한단다. 단지 배가 아프기만 하면 화장실에 가야 하는데, 매일 적게는 네댓 번, 많게는 열 번을 넘게 가야 한단다. 무슨 약을 먹어도 듣지 않으며 의사는 만성 장염이라고만 할 뿐이었다.

한번은 그녀가 우리 집으로 와서 무슨 방법이 없겠느냐고 물었다. 나는 반농담조로 말하기를 "제가 당신에게 약방문을 내어 줄 테니 당신은 단지 그대로 따르기만 하면 병이 나을 것이며, 저라는 의사는 한 푼의 돈도 받지 않습니다."라고 하였다.

동 부인은 정말 진지하게 말하였다.

"당신이 약방문을 지어 주세요. 제가 당신을 믿으니 아무리 비싼 약이라도 살 것이며, 아무리 쓴 약이라도 먹겠습니다."

내가 말하기를,

"제가 처방하는 약방문은 돈이 들지 않습니다. 제 생각에 당신은 조속히 육식을 끊어야 합니다. 당신의 위장은 비린내가 나는 음식을 받아들이지 않기 때문에 매일 설사를 하는 것입니다. 오늘부터 계란

외에는 일체의 비린내 나는 음식을 금하세요. 모든 고기와 마늘, 파, 부추 등도 먹어서는 안 됩니다.

　잠자기 전에 몸을 홀가분하게 하고 앉아 두 눈을 가볍게 감고 마음을 안정시키면서 '나무관세음보살'의 명호를 반 시간 정도 염불하세요. 당신이 성심으로 염불하기만 하면 아마 매우 빨리 효과를 볼 것입니다. 만약 한 달 동안 염불해도 효과가 없으면 제가 거짓말한 셈치고 예전대로 하셔도 됩니다. 어쨌든 당신에게 한 푼의 돈도 쓰게 하지 않을 것이고, 도리어 돈도 절약되고 할 것이니 시험 삼아 해 보실 생각은 없으십니까?"

　"전에 제 동료 한 분이 매월 초하루, 보름날 절에 가서 경을 독송하였습니다. 평소 집에서 매일 향을 피우며 정말 성심성의껏 염불하였습니다. 그러나 그녀의 병은 주사를 맞고 약을 먹어도 조금도 좋아지지 않았습니다. 그건 무엇 때문입니까?"

　"그녀는 채식을 합니까, 안 합니까?" 하고 나는 반문하였다.

　"그녀가 제게 말하기를 '부처님을 믿는 사람은 살생하면 안 되며 단지 삼정육은 먹을 수 있다'고 하더군요. 그녀는 무슨 고기든 모두 먹습니다."

　나는 또 물었다.

　"가령 어떤 사람이 담배를 너무 많이 피워 기관지병을 앓는다든지, 술을 너무 많이 마셔서 간이 안 좋을 경우, 담배를 끊지 않고 술을 끊지 않으면 주사 맞고 약을 먹는다고 해서 치료가 되겠습니까?"

"그건 불가능하죠."

"그와 같은 이치입니다. 중생의 고기를 먹어 얻은 병은 반드시 먼저 고기 먹는 것을 멈추고 독경, 염불을 해야 비로소 효과가 있습니다. 부모에게 불효하거나 혹은 기타 악행을 저질러 얻은 병도 반드시 먼저 악업을 끊고 참회심을 내어 부처님의 가피를 구해야 비로소 효과가 있을 것입니다.

불보살은 세상에서 가장 좋은 의사이며, 불법은 우주에서 가장 좋은 약방문입니다. 그러나 만약 환자가 약방문을 따르지 않는다면 병의 근원을 끊을 수 없으며, 아무리 좋은 의사와 약도 그를 구제할 수 없을 것입니다. 제 말이 일리가 있습니까?"

"당신이 말한 도리를 이해합니다. 오늘부터 저는 당신이 말한 대로 해 보겠습니다. 한 달 동안 육식을 금하고 염불하겠습니다. 만약 정말로 병이 좋아진다면 이후 다시는 고기를 먹지 않을 것이며, 당신 집에서 공부하고 매일 염불하겠습니다."

그 다음 날 저녁 동 부인은 만면에 웃음을 띠고 우리 집에 왔다.

"어제 집에 돌아온 뒤부터 배가 더 아프지 않았습니다. 저녁 먹을 때 고기를 한 점도 먹지 않았으며, 잠자기 전 눈을 감고 염불할 때 마음이 매우 안정되고, 전신에 열이 나는 것을 느꼈습니다. 저는 당시 이게 감응이 아닌가 하고 생각하였습니다. 마음속으로 염불할수록 더욱 기쁘고 다리가 조금 마비되는 것 같은 느낌이 들어 눈을 떠 보니 벌써 1시간이 지났더군요. 몸을 만져 보니 약간의 땀이 났으며 뜨거운 물에 목욕한 것 같이 몸이 가벼웠습니다.

염불하는 것이 이렇게 좋은 줄 몰랐습니다. 지금까지 설사가 나오지 않았으며, 이것은 십수 년 동안 여태까지 없었던 일입니다. 하지만 제가 하루종일 대변을 보지 않은 것은 좋지 않은 현상은 아닌지요?"

내가 그녀에게 말하였다.

"당신의 대장은 원래 정상이 아니라서 음식을 저장할 수 없었습니다. 지금 정상으로 돌아오려면 회복할 시간이 필요하니 내일 아마 다른 느낌이 있을 것입니다."

그 다음 날 과연 그녀는 정상으로 회복되었다. 지금 동 부인의 설사병은 좋아졌을 뿐만 아니라 여러 해 동안 지내오면서 일만 하면 허리와 어깨가 아팠던 병도 저절로 나았다. 현재 그녀는 매일 염불하고, 『지장보살본원경』 독송을 시작하였으며, 「대비주」도 가르쳐 달라고 요청하였다.

# 어린 쥐와 어지럼증

이웃에 사는 장(張) 노백은 기공 연마를 좋아하며 또한 기공으로 사람의 병을 치료하는 것을 좋아하였다. 그러나 그는 삼사 년 전부터 자신을 괴롭히고 있는 어지럼증을 고치지 못하고 있었다. 병원에서 약물 치료를 해도 효과를 보지 못하였다. 그의 말에 따르면 이 어지럼증은 언제나 술 두 병을 마신 것과 같다고 하였다.

인연이 있어 그는 묘법 노스님을 만나 뵙고 기공으로 자신의 병을 치료해 달라고 간청하였다. 스님이 웃으면서 말하기를,

"나는 기공으로 병을 치료할 줄은 모릅니다. 다만 사람이 병을 얻는 것은 언제나 그 원인이 있으니, 당신의 어지럼증의 원인은 알려줄 수 있지요. 병을 고치고 못 고치는 것은 당신 자신에게 달려 있습니다. 이것은 불교에서 말하는 '운명은 자기 스스로 만든다'는 도리입니다.

예를 들면 당신이 이치에 밝지 못하여 어떤 잘못을 저질러서 자신과 타인에게 번뇌와 고통을 끼쳤을 경우, 만약 당신이 만난 선지식이 당신에게 그 원인을 알려 주어 그런 이치를 알고 난 후 자기의 잘못을 알고 고친다면 번뇌와 고통은 자연히 없어지게 될 것입니다. 따라서 불교는 사람들에게 맹목적으로 불보살과 대덕 고승들을 믿으라고 하는 게 아니라 개개인 모두 지혜를 계발하여 스스로 자기의 운명을 고쳐나가게 하는 것입니다."

장씨 아저씨는 마음에 깨우침이 있는 듯 고개를 끄덕였다.

"당신의 어지럼증은 당신이 삼사 년 전에 쥐를 해친 적이 있기 때문에 초래된 것입니다. 그런 일이 있습니까?"

"네, 그런 일이 있습니다. 스님은 정말 신통하십니다."

그분은 예상 밖인 듯 놀라워하며 큰 소리로 대답하였다.

"3년 전 어느 날 물건을 쌓아둔 작은 방에서 방금 태어난 듯한 한 무리의 아마 예닐곱 마리 정도 되는 어린 쥐들을 발견하였습니다. 저는 담이 작아 쥐들을 어떻게 죽여야 할지 몰라 고민하다가 신발 상자에 넣어 힘껏 흔들었습니다. 한참 동안 흔든 후 쥐들이 죽은 줄 알고 쓰레기통에 던져 넣었습니다. 이게 저의 어지럼증과 관계가 있습니까?"

"그렇습니다. 그 쥐들은 그 당시 죽지 않았으며 단지 흔들려 매우 어지러웠을 따름입니다. 이와 같은 원인으로 당신이 어지럼증을 앓게 된 것입니다."

장 노백은 마치 중얼거리듯 말했다.

"스님 말씀이 정말 맞습니다. 저는 그 이후로 머리가 어지럽기 시작하였습니다. 그때 죽지 않았었군요. 만약 죽었더라면 저에게 목숨을 갚으라고 찾아올 게 아닙니까?"

"그렇습니다. 살생은 수명을 감소시키며 혹은 일생 중 횡화(橫禍)를 만날 수 있습니다. 동물이 피살되는 원인도 그들이 전생에 심은 살생의 원인 때문에 현생에서 그와 같은 과보가 있게 되는 것입니다. 우리가 그들을 살해하면 또다시 목숨의 빛을 지게 되며, 이와 같은 인과가 돌고 돌아 서로 원한을 갖고 보복함이 끝이 없습니다.

그러므로 우리 범부는 육도(六道) 속에서 '나왔다 들어갔다' 하면서 벗어날 기약이 없는 것입니다. 다만 불법을 이해하여 인과를 깊이 믿고 악을 멈추고 선을 행하면 생사의 고해에서 벗어날 수 있는 것입니다. 어떻습니까, 이후로도 살생하시겠습니까?"

장 노백이 듣고는 정신이 나간 듯 급히 대답하였다.

"앞으로 다시는 살생하지 않겠습니다."

이 말을 하고 나서 그는 한동안 멍하니 있다가 이어서 기쁘게 말하였다.

"스님, 제 머리가 갑자기 맑아졌습니다. 조금도 어지럽지 않습니다."

방 안 가득 앉아 있던 사람들이 모두 웃었다. 장 노백은 이어서 또 말하였다.

"하지만 쥐는 해로운 동물이며 사람의 재물에 손해를 끼치고 심지어 전염병을 옮기는 동물입니다. 만약 사람이 그것을 잡지 않으면 장래 큰 재화를 당할 수 있지 않겠습니까?"

"대자연은 본래 하나의 완전한 체계입니다. 큰 것으로는 우주, 작은 것으로는 미진, 각종 생명체를 포함하여 모두 자기 자신의 운행 법칙과 존재의 시간을 가지고 있습니다. 인간에게는 생로병사(生老病死)가 있으며 물질에는 성주괴공(成住壞空)이 있습니다. 산천, 바다, 꽃, 이슬 할 것 없이 단지 그것이 형성되면 일정 기간 머물다가 없어집니다.

그러나 이러한 괴멸과 생사는 자기 자신의 법칙을 가지고 있습니다. 만약 자연의 법칙을 무시하고 임의로 파괴하면 반드시 그에 따른 악한 과보를 초래하게 됩니다.

예를 들면 우리가 눈앞의 이익을 위하여 맹목적으로 산을 폭파해 돌을 취하면 산사태와 산림의 훼손을 초래하게 되며, 대량으로 지하수를 뽑아내면 지반의 침하를 불러오게 됩니다. 당신은 보지 못했습니까? 대규모의 삼림 남벌과 동물 포살로 이미 많은 동식물의 멸종 혹은 멸종 위기에 이른 것을. 한편 인류는 필사적으로 멸종 위기에 처한 동물을 보호하려고 하나 이미 취약해진 생태계를 회복하기 어렵습니다. 또 쥐, 뱀 등 인간들이 싫어하는 동물을 해로운 동물이라 하여 함부로 죽이면 그에 비례하여 그들은 생식 능력이 극도로 강해져 불균형적인 현상을 가져오게 됩니다. 사실 쥐의 천적은 뱀, 올빼미, 황색 여우 등 매우 많습니다. 이런 천적들을 사람들이 잡아먹든지 껍질을 벗겨 각종 장식품을 만듭니다. 따라서 소위 천재(天災)는 때때로 인간이 화를 자초하는 것입니다."

스님은 잠시 멈추었다가 또 말씀하셨다.

"내가 당신에게 쥐의 방비책을 일러줄 테니 한번 시험해 보세요. 우선 쥐도 새끼를 낳아 기르는 유정 동물이라는 것을 이해해야 합니다. 그들도 소, 말, 고양이, 개와 같이 인간의 말을 알아들을 수 있습니다. 당신이 불살생의 도리를 이해한 후 매일 쥐가 항상 드나드는 곳에 그들을 위하여 남은 밥 등 음식물을 준비하세요.

아울러 다음과 같이 묵념하세요. '내가 이전에는 불법을 이해하지 못하여 많은 쥐를 죽였으나 지금은 불살생의 도리를 알았으니 이제부터는 결코 다시는 살생하지 않겠습니다. 또한 죽인 모든 쥐들을 위하여 경을 읽고 그들을 천도해 줄 테니 쥐 너희들도 다시는 집안의 물건을 못 쓰게 하지 않기를 바란다.'라고 하세요. 당신이 성심성의껏 이렇게 하기만 해도 반드시 효과를 볼 것입니다. 심지어 쥐들이 이사를 가기도 할 것입니다."

스님의 법문은 우리의 귀를 새롭게 하였다. 나중에 이 방법을 시험해 보니 정말로 틀리지 않았다. 어떤 집에서는 개미 때문에 매우 애를 먹었는데 이런 방법을 써서 효과를 보았다고 한다. 믿어지지 않으시면 한번 해 보시길.

# 고기 머리에 못질한 과보

40여 세 된 키가 아주 큰 분이 묘법 스님께 여쭈었다.

"3년 전 자주 두통을 앓아 병원에 가서 검사한 결과 뇌 속에 종양이 하나 자라면서 신경을 압박하고 있는 것이 발견되었습니다. 그래서 머리에 구멍을 내어 종양을 수술하였습니다. 그러나 1년이 못 되어 재발되어 다시 수술을 받았습니다. 최근 병원에서 검사한 결과 처음에 종양이 생겼던 자리에 다시 종양이 자라는 것이 발견되었으나 의사는 재수술을 할 수 없다고 합니다. 만약 다시 수술을 한다면 생명이 위험하다는 것입니다. 저는 운명이라고 단념할 수밖에 없었습니다. 또 이 병이 매우 이상하다고 느껴져서 반드시 그 원인을 알고 싶습니다. 스님, 제 병의 원인은 도대체 무엇입니까?"

묘법 스님이 물었다.

"당신은 무슨 일을 합니까?"

"저는 회사 보안(경비) 부서에서 일합니다."

"이전에 당신은 바다에서 일한 적이 있지요? 일찍이 많은 물고기를 죽인 적이 있으며, 또한 매우 큰, 살아 있는 물고기를 나무 판 위에 놓고 못질을 하고는 비늘을 벗기고 배를 갈라 잡아먹었군요."

"네. 예전에 해군에서 복무했는데 3년간 수병으로 근무할 때 자주 바다에 나가 임무를 수행하곤 했습니다. 고기는 우리의 일상 요리였지요. 바로 현장에서 잡아먹곤 했습니다. 어느 날 물고기를 잡았는데, 1미터가 넘을 정도로 길었으며, 살아서 튀어 오르기 시작하면 감당할 수 없기 때문에 제가 큰 못으로 고기 머리에 못질을 해 놓고 요리를 시작했습니다. 스님은 어떻게 제 이런 지나온 이력을 아십니까? 정말 대단하십니다."

"당신이 이전에 살아 있는 고기 머리에 못질을 하였기 때문에 지금 이런 병에 걸려 머리에 구멍을 내 치료해야 하는 것입니다. 살아 있는 물고기가 배 위에서 못질을 당할 때 잠시 동안은 죽지 않으며, 또 산 채로 비늘을 벗기고 배를 가르는 등 그 고통은 이루 말할 수 없이 참혹한 것입니다. 보복하고 또 보복하고, 현재 아마도 당신 머리에 두세 개의 구멍을 낸 것이 바로 인과보응이 아니고 무엇이겠습니까?

죽는 것은 결코 두려워할 것이 못 됩니다. 실로 두려운 것은 병마에 사로잡혀 벗어나지 못하는 것이니, 살아 있어도 죽는 것만 같지 못하며, 좋은 임종을 맞이할 수 없습니다."

묘법 스님의 몇 마디 법문은 비록 느리고 가늘었지만 우레와 같이 꿈속에서 헤매는 사람들을 일깨웠다.

"스님은 신통이 광대하시니 반드시 저를 구해 주셔야 합니다."

"아미타불! 보살은 원인(原因)을 두려워하고 중생은 결과를 두려워합니다. 각각의 사람은 각자가 먹는 밥으로 배가 부르며, 각자의 생사는 각자가 마친다는 것을 알아야 합니다. 지금 큰 잘못을 저질렀으니 방울을 풀기 위해서는 방울을 맨 사람이 풀어야 합니다. 당신은 진심으로 참회하고 불살생계를 지키고, 채식을 하면서 염불을 많이 하면 구제될 여지가 있을 것입니다."

2년 후 나는 당시 이분을 모시고 왔던 거사를 만났는데, 그가 말하기를 키가 큰 그 사람은 돌아가는 즉시 예불을 시작하고 스님께서 일러 주신 대로 『지장보살본원경』을 독송하였으며, 절에 가서 그가 잡아먹었던 물고기를 위해 왕생 위패를 세우고 죽을 때까지 염불을 멈추지 않았다고 한다. 그 후 큰 고통은 받지 않았으나 단지 나이 50도 못 되어 죽은 것이 안타깝다고 말하였다고 하였다.

나도 매우 애석하게 느껴졌다. 염불이 비록 그분에게 병마의 고통에서 벗어나게 해 주었으나 살생의 업이 너무 중하여 단명한 것이다. 불력(佛力)이 아무리 크다고 하나 중생의 업력을 넘지 못한다. 성심으로 참회하면서 살생을 끊고 비린내가 나는 음식을 먹지 않는 것이 복을 쌓고 수명을 늘리는 데 큰 도움이 될 것이다.

# 돼지 족발과 발병

병에 걸리지 않으려면
마음을 청정하게 해야 하네.
모든 유정의 중생은 자기 생명을 아끼니
그 삶을 보호해 주어야 하네.


어떤 여신도 한 분이 묘법 스님께 가르침을 구하였다.

"저희 시어머니는 지금 대만에 계신데, 몸에는 아무런 병이 없으
나 단지 외출할 때마다 100미터도 못 가 양쪽 발이 쓰리며 아파 잠시
쉬었다가 가야 합니다. 대만과 미국의 몇몇 큰 병원에 가 보았으나 검
사를 해도 무슨 병인지 알 수 없어 스님께 가르침을 구합니다."

스님께서 물었다.

"당신의 시어머니는 돼지 족발을 매우 좋아하지 않습니까?"

"그렇습니다, 스님! 어떻게 아십니까? 시어머니는 매일 돼지 족발
을 드셔야 합니다. 그렇지 않으면 저녁에 잠을 못 잡니다."

그녀는 눈물을 흘렸고, 음성이 약간 높아졌다.

"시어머니께 앞으로는 돼지 족발을 드시지 말라고 일러 주세요.
만약 그분이 참회하고 매일 채식하며 염불하면 서서히 좋아질 것입니
다."

여신도는 또 물었다.

"왜 돼지 족발을 먹으면 안 됩니까?"

"그러한 원인이 그러한 결과를 초래합니다. 항상 고기 눈을 먹는 사람은 안질이 잘 걸릴 것이며, 닭고기의 목을 좋아하는 사람은 자기 목에 문제가 발생할 것이며, 돼지나 소의 창자를 좋아하는 사람은 위장병을 얻게 될 것입니다.

무슨 고기를 먹어 보신한다는 생각은 잘못된 것입니다. 남을 해쳐 자기를 이롭게 하는 것은 단지 일시적으로는 즐겁지만 마침내는 결국 자기를 해치는 것과 같아 이후 배로 갚아야 합니다."

# 계란 전병(煎餅)과 허리 디스크

1993년 어느 날 오후, 어떤 사람이 우리 집 초인종을 눌렀다. 문을 열고 보니 50세 정도 된 부인과 20여 세 된 여자 두 사람이 큰 자루를 들고 있었다. 그녀에게 누구를 찾느냐고 물으니 나를 찾는다고 하였다. 그러나 나는 그녀를 잘 알지 못하였다. 그녀는 마치 나를 잘 아는 듯했고, 고개를 돌려 여자애들을 들어오라고 손짓하였다. 그녀는 우리 집 접견실로 들어가더니 큰 자루를 내려놓으라고 하고는 부처님께 예배하였다. 예를 마친 후 그녀는 웃으면서 말하였다.

"1년 전 찾아뵌 적이 있습니다. 저는 전병 과자 가게를 운영하는 아무개입니다."라고 말하자 그제서야 생각이 났다.

"아, 그래요. 미안합니다. 제가 잠깐 기억이 나지 않았습니다. 빨리 앉으세요. 허리는 좋아졌습니까?"

"완전히 좋아졌습니다. 오늘 제 두 아이와 함께 쌀을 가지고 특별히 감사드리러 왔습니다. 저는 선생님께서 일체 선물을 받지 않는다는 것을 압니다만 오늘 이 쌀은 꼭 받아 주셔야 합니다. 노스님과 선생님 덕분에 오늘의 제가 있게 되었습니다."라고 말하면서 나에게 절을 하려고 하였다. 나는 급히 제지하였다. 나의 생각은 즉시 그 당시로 돌아갔다.

1년 전 나를 아는 거사 한 분이 그녀를 데리고 우리 집에 왔었다.

그녀의 남편은 디스크 때문에 병상에 누운 지 6년이 되었으나, 그녀의 정성 어린 보살핌에도 불구하고 마침내 일어나지 못하고 반년 전 세상을 떠났다고 하였다. 그 후 생각지도 않게 그녀도 디스크 병에 걸린 것이다. 남편이 심한 고생을 하고 그렇게 많은 돈을 썼어도 생명을 보전하지 못한 것을 생각하니, 그녀는 빨리 죽는 것만 못하다고 생각하였다. 또한 두 딸을 고생시키지 않으려고 병원에도 가지 않고, 약도 먹지 않았다.

딸은 모친의 그런 속마음을 알고 아무리 엄마에게 치료를 권해도 안 되자 어쩔 수 없어 관음원에 가서 부처님께 도와달라고 빌었다. 이러한 열성적인 신도를 보고, 이전에 그녀와 이웃에 산 적이 있는 거사가 그녀의 사정을 들어보니 매우 안쓰러워하며, 때마침 묘법 노스님이 우리 집에 계신 것을 알고는 그녀를 데리고 온 것이다.

스님은 그녀의 사정을 들은 후 묻기를 "당신은 계란과 관련 있는 장사를 하십니까?"라고 물으셨다.

그녀는 놀란 듯 말했다.

"저는 계란 전병 장사를 합니다. 가장 많이 팔릴 때는 열 몇 근의 계란을 소모합니다. 이것이 제 병과 무슨 관계가 있습니까? 이 속에 벌어서는 안 될 돈이 있습니까? 저는 노동을 해서 돈을 벌고 있습니다."

이분은 잠시 스님의 말뜻을 이해하지 못하였다. 나는 그녀가 계란 전병을 부쳐 판다는 것을 알아차렸다.

"현재 당신이 병을 얻은 원인을 찾고자 하니 내가 직설적으로 말하는 것을 탓하지 마십시오. 당신은 전문적으로 작은 계란을 큰 계란과 섞어 큰 계란 가격으로 고객에게 팔지 않았습니까?"

"모두들 그렇게 팔고 있습니다. 몇 푼의 돈을 벌기 위해서가 아니고 사실상 고객들도 모르는 바는 아닙니다. 다만 살 때 누구도 따지는 것이 쑥스러워 그렇게 하지 않습니다."

"불법의 관점에서 본다면 이것은 바로 재물을 탐하는 것이며 남을 속이는 행위입니다. 계란으로 당신은 돈을 법니다. 물이 바위를 뚫는다고 하듯이 작은 악이 모여 큰 악을 이룹니다. 이것이 바로 당신이 얻은 디스크 병의 원인입니다."

"그러면 제 남편은 이 일을 하지 않았는데 왜 디스크 병에 걸렸습니까?"

스님은 인내를 가지고 설명해 주었다.

"어떤 병을 얻는 것은 반드시 모두 한 가지 원인으로 발생하는 것은 아닙니다. 몸에 열이 나는 것으로 비유하면 각종 염증은 모두 열을 불러일으킵니다. 당신은 물을 것입니다. 계란을 파는 다른 사람들도 디스크 병에 걸려야 하지 않느냐고. 이것은 반드시 그런 것이 아닙니다. 신문지상에서 교통사고로 죽는 경우를 많이 봅니다만 어떤 사람은 자동차가 몸 위로 지나가고 혹은 사람이 자동차에 부딪쳐 몇 미터를 날아가 떨어졌어도 아무 데도 다친 곳이 없는 기적 같은 소식들도 본적이 있을 겁니다. 일부 사람들은 죽음 속에서 삶을 찾은 불가사의한 일이 있는데, 이것 모두 그 개인의 덕행과 관계가 있습니다. 덕행이 좋은 사람은 위험을 만나도 상서로움으로 변하고, 흉함을 만나도 길함으로 변합니다.

장사로 돈을 버는 것은 당연한 일입니다. 고인이 말하기를 '군자는 재물을 좋아하나 그것을 취하는 데 도(道)가 있다'고 합니다. 무게를 속이고 가짜를 파는 방법으로 돈을 모으는 것은 부도덕한 일이며 화근(禍根)을 키우는 것입니다. 지금은 크게 돈을 벌지만 장래 더 많은 대가를 치러야 할 것입니다. 이런 도리를 당신은 받아들일 수 있습니까?"

"스님, 알아차렸습니다. 앞으로 다시는 재물을 탐하지 않고 고객을 속이지 않겠습니다."

그녀는 글자를 모르기 때문에 스님은 그녀에게 참회와 '나무관세음보살' 염불을 하게 하고, 불상(佛像)을 집에 모시고 예불하고 염불할 것이며, 아울러 방생을 하면 병이 좋아질 것이라고 하였다. 돌아갈 때 그녀는 이미 허리가 많이 가벼워졌음을 느끼며 불법을 더욱 믿게 되었던 것이다.

그런데 정말 생각지도 않게 1년이 지난 뒤 병이 좋아진 그녀가 특별히 보답하러 온 것이다. 그녀는 내가 그녀의 쌀을 받으려 하지 않자 감격하여 말했다.

"저는 그날부터 매일 이전에 행한 부도덕한 일을 생각하며 참회하였습니다. 다음날 관세음보살상을 모시고 공양을 올렸으며 매일 향을 올리고 절하면서 많을 때는 삼백 배의 절을 하였는데, 허리에 통증이 없어졌을 뿐만 아니라 나날이 좋아졌습니다.

그러던 어느 날 갑자기 허리가 아파 일어서질 못했습니다. 애들이 병원에 가 보라고 권했지만 저는 '병원에 가 봐야 무슨 소용이 있느냐. 네 아빠도 죽지 않았더냐. 노스님의 말씀이 옳으며 나는 그분을 믿는다. 좋아져도 믿고 좋아지지 않아도 믿으며, 누구도 나를 다시는 죄 짓게 하지 못 할 거야'라고 말했습니다. 서지도 못하고 저는 관세음보살 명호를 외우면서 침대 위에서 절하였습니다. 이렇게 한 달을 계속 지속했습니다.

어느 날 저녁 꿈을 꾸었는데 꿈속에서 관세음보살님이 제 앞에 나타나시기에 재빨리 절을 했습니다. 관세음보살님은 저에게 '네가 매일 나의 이름을 부르는데 무슨 일이 있느냐?' 하며 물으셨습니다.

제가 말하기를, '저는 재물을 탐하여 허리 디스크에 걸렸습니다. 저의 병을 고쳐 주십시오. 병이 좋아지면 매일 예불하고 염불하겠습니다.'라고 하자, 관세음보살님이 손을 내려 저의 허리에 대고 말하시기를 '너는 본래 병이 없어. 병이 있다면 어찌 절을 할 수 있겠느냐?'라고 말을 마치자 보이지 않았습니다. 저는 기뻐서 큰 소리로 관세음보살 명호를 부르면서 침상에 일어나 앉았습니다.

두 딸이 놀라 깨어나서 급히 저에게로 와 위로하더군요. 그런데 또다시 놀라면서 소리쳤습니다. '엄마가 앉았네!' 저는 그때 비로소 제가 침상에 앉아 있는 것을 발견했습니다. 꿈속의 정경이 생각나면서 갑자기 허리 부위에 열이 나며 매우 편안했고, 그제서야 제 병이 정말로 좋아진 것을 느끼게 되었습니다. 그때 눈에서 눈물이 그칠 줄 모르고 흐르더군요.

저는 딸에게 꿈속의 일을 감동적으로 이야기했으나 딸들은 그다지 믿지 못하는 듯했습니다. 저는 딸에게 제가 방바닥에 설 수 있도록 부축해 달라고 하면서 시험 삼아 몇 걸음 걸어 보았습니다. 허리가 조금도 아프지 않았으며 단지 양쪽 다리에 힘이 없었습니다. 그것은 한 달 이상 누워 있었기 때문이라는 것을 알았습니다. 우리 모녀 셋은 흥분되어 그날 밤 눈을 붙이지 못했습니다.

병이 정말로 좋아졌으니 관세음보살님에 대한 제 마음은 감격으로 충만했습니다. 동시에 고향에 묻힌 남편이 생각나면서 그이도 만약 불법을 만날 수 있었으면 구제될 수 있지 않았겠느냐고, 그래서 고향에 돌아가 그의 무덤에 가서 제가 기사회생한 것에 대해 말했습니다.

친척들이 며칠 머물고 가라고 해서 며칠 있다가 왔습니다. 친척 집에 머물 때 길을 가면서 저는 방금 수확한 논에 적지 않은 벼 이삭을 발견하고는 마을 사람에게 이렇게 많은 벼 이삭을 왜 줍지 않느냐고 물으니, 그들은 지금은 많이 부유해져서 뙤약볕 아래에서 그런 것을 줍는 사람이 없다고 하였습니다. 아울러 제가 주우면 안 되느냐고 물으니 아무 상관 없다, 며칠 지나면 모두 불에 태울 것이라고 하였습니다.

저는 곡식이 불에 타 없어지는 것이 아까워 일주일 동안 벼 이삭을 주워 정미하니 약 일백 근의 쌀이 나왔습니다. 오늘 오십 근을 가져 왔는데 이건 당신에게 주는 선물이 아니고 당신에게 제 허리가 좋아졌다는 것을 알리기 위한 것입니다.

제가 얼마나 많이 허리를 굽혀야 이렇게 많은 쌀을 줍겠습니까! 이것은 불보살님이 저에게 두 번째의 생명을 주신 것이며, 저는 줄곧 딸들에게 제가 「관세음보살보문품」을 독송할 수 있도록 도와달라고 했습니다. 저희들은 당신에게 이 쌀을 드리게 되어 매우 기쁩니다."

나는 그 쌀을 절에 보냈다. 그녀에게 말하기를 불법을 통하여 병을 고쳤으니 내가 함부로 선물을 받을 수 없으며, 쌀은 불법을 지키는 출가인들에게 공양하는 것이 더욱 좋을 것이며, 게다가 묘법 노스님도 출가인이라고 말했다.

# 소탐대실(小貪大失)

스물일고여덟 살 된 여성 한 분은 귀가 들리지 않아 묘법 노스님에게 가르침을 청하였다. 그녀의 귀는 어떤 때엔 잘 들렸다가 어떤 때는 안 들리곤 하였다. 병원에서 검사를 해도 별 이상이 없다고 말하는데 잘 들리지 않으니 무슨 까닭인지 모르겠다고 하소연하였다.

스님이 그녀에게 물었다.

"당신은 무슨 일을 합니까? 어째서 귀 안에 동전이 가득 들어 막고 있나요?"

그녀는 잠시 무슨 뜻인지 몰라 대답을 하지 못하였다. 내가 해석하여 말하기를,

"본래 당신 돈이 아닌 것을 탐하여 자기 것으로 삼은 것입니다. 당신의 귀는 조그마한 돈을 횡령한 것이 원인이 되어 발생한 것이지요. 결코 귀 안에 진짜 동전이 들어 있다는 뜻이 아닙니다. 생각해 보세요. 혹시 그런 일이 없는지?"

주유소 수금원으로 근무한다는 그녀가 즉시 대답하기를, "매일 장부를 마감할 때 자주 가장 작은 단위인 분(分)의 동전이 나오는데 다 합쳐봐야 1, 2모(毛)밖에 안 되는 적은 돈에 불과합니다. 다 고객들이 돌려받기를 원하지 않는 것들이어서 출퇴근 버스를 탈 때 이 돈을 차비로 주곤 합니다만 그것을 횡령한 것으로 생각하지 않았습니다."라

고 했다.

내가 그녀에게 "그것은 횡령한 것으로 볼 수 없으나 탐심인 것입니다. 맞습니까?" 하고 물으니 그녀는 쑥스러운 듯이 고개를 끄떡였다.

스님께서 물었다.

"다음에도 그런 돈을 탐하겠습니까?"

그녀는 씩씩하게 대답하였다.

"이것은 바로 조그만 이득을 보려다가 큰 손해를 보는 것이라고 할 수 있군요. 다시는 탐하지 않을 것입니다."

"그럼 좋아질 것입니다."

스님의 말이 떨어지기도 전에 그녀는 놀라움을 표시하며 "제 귀가 지금 분명하게 잘 들립니다."라고 말했다.

스님께서 말씀하셨다.

"귓속의 동전이 이제 없어졌습니다. 그러나 속에 햄과 작은 채소가 아직 있으니, 이건 어떻게 된 것입니까?"

그녀는 놀라며 입을 크게 벌렸다.

"아이고 세상에! 스님은 어떻게 모든 것을 다 알고 계십니까? 말씀드리자면 어떤 때는 고객에게 거스름돈을 적게 주고, 혹은 계산이 틀렸을 때 고객에게 돈을 더 많이 받습니다. 그러면 저녁 결산 때는 돈이 조금 남습니다. 이 돈으로 저희들은 다음날 점심 때 햄을 사 먹든지 채소를 사곤 합니다. 이것도 저의 죄라고 볼 수 있습니까?"

"당신은 수금원이며 본래 장부를 틀리지 말아야 합니다. 하물며 돈이 남으면 마땅히 나라에 바쳐야지 개인적으로 쓰면 안 되는 것이지요. 그렇게 해야 할 책임이 당신에게 있지 않습니까?"

"스님 말씀이 맞습니다."

그녀는 연신 고개를 끄덕였다.

"사람들이 말하기를 하늘에는 눈이 있다고 하더니 정말로 눈이 있군요. 다시는 그런 짓을 하지 않을 것입니다."

"말에 책임을 져야 합니다."

"스님! 제 귀가 완전히 잘 들립니다!"

그녀는 갑자기 기뻐서 일어서며, "스님께서 저에게 기를 넣어 주신 것입니까?"라고 여쭈었다.

내가 스님 대신 답해 주었다.

"당신이 방금 참회하며 서원을 발한 힘이 일체의 외적 작용을 넘어섰습니다."

그녀는 기뻐하는 가운데 무슨 걱정이 있는 듯 말했다.

"저의 두 눈은 최근 몇 년 동안 늘 찌르는 듯이 아픕니다. 자세히 들여다보아도 아무 티끌이 없는데 눈 표면이 언제나 붉어지고 아픕니다. 이것도 무슨 잘못을 저질러서 과보를 받는 것은 아닌지요?"

스님이 말하였다.

"당신은 지금 반성을 하는 게 좋습니다. 당신 눈 안에 세탁용 가루 비누가 많이 들어 있군요."

"아이고! 이제야 알았습니다. 우리 회사는 석유 제품을 파니 기름 때를 자주 비누로 세탁해야 합니다. 그래서 매일 근무 시간 중 언제나 가루 비누로 손을 씻고, 우리 부서는 원래 업무가 바쁘지 않아서 여직원들은 한가할 때 자기의 근무복을 빱니다. 아예 자기 집의 세탁물을 회사로 가지고 와서 세탁하기도 하고, 심지어 어떤 때는 침대 커버, 커튼도 가져와서 세탁합니다. 이렇게 하면 퇴근 후 집안일을 할 시간을 절약하며 집안의 세탁 비누와 물도 절약할 수 있기 때문입니다."

"당신들이 그렇게 하는 것은 국가의 재산을 횡령하는 것이며, 또한 나라의 근무 시간을 빼앗는 것이니, 가져가서는 안 될 노임을 가져가는 것과 같습니다. 그렇지 않습니까?"

그녀는 고개를 끄덕이며 "저는 이런 게 죄가 되며 저 자신을 해칠 줄은 한 번도 생각해 본 적이 없습니다."라고 하였다. 그녀의 눈에 눈물이 맺혔다. 내가 참지 못하여 끼어들어 말했다.

"내가 불법을 알지 못했을 때도 당신과 같았습니다.『지장경』에서 말하기를 우리 이 세계의 사람들은 마음을 움직이고 생각을 하는 것이 업 아닌 것이 없고, 죄 아닌 것이 없다고 하였습니다. 욕계(欲界)의 중생은 적거나 많거나 모두 탐·진·치의 습성이 있습니다. 당신이 얻은 병은 탐심 때문이며, 불법을 모르고 이치에 밝지 못한 까닭입니다. 당신이 참회하니 병도 좋아지지 않았습니까?"

스님께서 자비심을 가지고 보충해 말씀하시기를,

"이제부터는 경서를 많이 읽어야 지혜가 늘어날 수 있으며, 근무

할 때는 열심히 일하여 지금까지 탐한 재물을 국가에 보상할 생각을
해야 합니다."

그녀가 돌아갈 때는 눈의 감각도 많이 좋아졌고, 마음도 불법에
대한 존경과 동경으로 충만하였다.

이 인과의 사례는 나에게도 많은 깨우침을 주었다. 내가 다른 사
람을 도와주는, 사실상 그들의 신상에서 발생하는 이런 일들이 모두
나 자신을 깊이 일깨웠다. 나도 나 자신의 과거를 비추어 보니 깊은 참
회의 마음을 내지 않을 수 없었다. 왜냐하면 내 나이는 그녀보다 훨씬
많아 나쁜 업을 지은 기간도 길었으며, 탐심도 그녀보다 커서 잘못을
저지른 것도 더욱 많았기 때문이다.

이 젊은 여성의 성격은 명랑하여 청순함을 잃지 않았으나 나는
성격이 급하고 어리석어 수행을 다잡아 하지 않으면 이후의 일을 생각
해도 알 수 있는 것이다. 이들 신변에서 일어난 이런 이야기들은 나를
끊임없이 정진할 수 있도록 이끌어 주었다. 시간은 나를 기다려 주지
않는다는 것을!

# 천포창(수두)의 원인

1994년 초, 강(江) 거사●가 전화를 걸어왔다. 그녀의 과거 동료였던 이여사의 남편이 '천포창'이라는 병에 걸려 온몸에 수포가 생기고 농이 흘러 아프고 가려워 참기 힘든데, 병원에 가서 치료하여도 효과가 없다고 말하였다.

본래 잘생긴 사람이 집에서 죽음을 기다리는 신세가 되었으니, 그녀는 이 여사가 안쓰러워 그들 부부를 모시고 묘법 스님을 뵙게 하고 싶은데, 이 여사 말이 남편의 이 병은 온몸이 곪아서 남의 집에 갈 수도 없으니 스님을 찾아뵙는 것도 포기할 수밖에 없다고 한단다.

그 다음 날 이 여사가 다시 전화를 걸어와 남편 몸의 부스럼이 하룻밤 사이에 아물어 딱지를 맺었는데, 이것은 병을 얻은 이래 지금까지 없었던 일이라고 하였다. 아마 하늘의 뜻인가, 그의 병이 좋아지려는 징조인가 하였다. 강 여사가 노스님이 계신지 물으면서 그들을 데려가도 좋으냐고 물었다.

그 다음 날 저녁 그들이 왔다. 이 여사의 남편을 잠시 살펴보니 키

●
중국에서는 여신도를 남자와 같이 '거사(居士)'라고 부른다. 혼돈을 고려하여 이 책에서는 여사 혹은 신도로 표기하였다. _역자 주

가 180 이상이며 신체가 균형이 잡히고 용모가 괜찮았다. 만약 병만 안 걸렸으면 잘생긴 사람이라 할 수 있었다. 문을 들어선 부부는 스님께 절하고 자비를 구하였다. 스님께서 물었다.

"당신은 절에 가서 관세음보살을 뵌 적이 있는지요?"

"있습니다. 반년 전에 제가 남편의 병이 낫지 않아 절에 가서 관세음보살님께 빌었습니다. 만약 남편의 병을 낫게 해 주신다면 우리 전 가족은 불교를 믿고 매일 불보살님께 절을 하겠다고요."

"당신 남편이 병을 얻은 것은 관세음보살이 병을 준 것이 아니며 그 스스로 일을 잘못하여 얻은 응보입니다. 단지 자기의 잘못을 알고 참회하여 다시는 범하지 않으면 병세가 좋아질 수 있습니다. 그가 이곳에 올 수 있었던 것은 확실히 당신이 관세음보살께 기도한 감응이고, 당신들의 선근이 깊으며 불법과 인연이 있다는 것을 일러 주는 것입니다.

게다가 여러 불보살은 결코 당신들의 예배를 탐하지 않으시니, 이후 정말로 병이 좋아지면 잘못을 고치는 것이 불보살의 바람입니다."

스님은 화제를 바꾸어 그녀의 남편에게 물었다.

"당신은 내가 방금 이야기한 것을 맞다고 생각합니까?"

"맞습니다. 맞습니다. 스님께서 하시는 말씀은 아주 맞습니다."

스님께서 말하였다.

"불법을 이해하기 전에는 모든 사람들이 잘못을 저지를 수 있으며 심지어 악한 짓도 저지릅니다. 당신이 만약 이전에 저지른 자기의 악한 일에 대하여 참회한다면 당신의 병은 좋아질 것입니다."

"이이는 의로움을 가장 중요시하며 남을 해치는 일은 지금까지 해 본 적이 없습니다. 하지만 남과 싸움을 하면서 욕을 한 일은 있습니다."

스님은 그와 단독으로 할 이야기가 있다고 하여 강 거사는 이 여사를 데리고 옆방으로 갔다. 스님은 다시 그에게 잘못이 없느냐고 물어도 여전히 태연스럽게 나쁜 짓을 한 적이 없다고 잡아떼면서 스님께서 말씀해 보시라고 하였다. 스님은 한탄하듯 말하였다.

"미혹에 집착하여 깨닫지 못하는구나. 당신 아내가 당신을 위하여 부처님께 빈 덕에 내가 한 가지 일을 묻겠습니다. 당신이 20살 정도 되었을 때 키가 당신보다 작으며, 오이형의 갸름한 얼굴로서 피부가 희고 깨끗한 두 갈래 긴 머리를 한 아가씨와 사귄 적이 없습니까? 그녀는 난초 바탕에 흰 꽃무늬 상의를 입었는데, 그건 당신이 사 준 것입니다. 이런 일이 없습니까?"

스님은 비록 느리고 가는 음성으로 말하였지만 위엄이 있었다. 그분을 보니 두려운 듯 스님을 바라보면서 말하였다.

"그녀는 저와 같이 인민공사의 생산대에 들어가 그 지방에 정착한 학생인데 스님이 어떻게 그녀를 아십니까?"

"당신은 그녀와 어떤 사이였습니까?"

"잠시 사귄 적이 있습니다."

"내가 보니 틀렸습니다. 당신은 그녀를 기만하고 수단과 방법을 가리지 않고 강제로 그녀의 순결을 빼앗았으며 최후에는 그녀를 버렸습니다. 맞습니까?"

스님이 엄하게 물었다.

그는 놀라 주춤하더니 스님 앞에 꿇어앉아 긴장된 목소리로 말하였다.

"스님, 제 아내가 알지 못하도록 해 주십시오. 저는 확실히 그 여자를 사랑한 적이 있습니다. 나중에…."

"그 후 당신에게 능욕을 당한 여자가 몇이 더 있으며 지금의 병을 얻기 전에 당신은 다른 남자의 부인과 사통하였습니다. 내 말이 맞습니까?"

노스님의 말투는 더욱 준엄해졌다.

이때 그분은 두 다리에 힘을 잃고 방바닥에 엎드려 계속 머리를 조아리며 입으로 중얼거렸다.

"제 잘못입니다. 제 잘못입니다. 다시는 그런 짓을 하지 않겠습니다."

나도 정말 놀랐다. 하늘의 그물망이 성긴 것 같아도 하나도 빠져나갈 수 없다는 것을! 비록 그가 행한 큰 악이 국법의 제재를 받지는 않았지만 눈앞의 그는 마치 사형 판결을 받은 것처럼 살이 떨렸으며 혼이 나간 것 같았다. 스님은 준엄한 법관과 같이 명령하듯 말하였다.

"먼저 일어나 앉으세요. 당신은 순수한 여자와 남의 부인을 농락하고 또한 부모를 기만하고 처자를 배반하였으니, 이건 큰 죄악을 저지른 것이라고 할 수 있습니다. 이 잘못을 고치지 않으면 머지않아 당신은 온몸이 문드러져 죽을 것이며, 죽은 후에는 반드시 지옥에 떨어질 것입니다."

그는 또다시 꿇어앉아 머리를 조아리며 눈물을 가득 머금고 이후로 다시는 나쁜 짓을 하지 않겠다고 언약하였다. 아울러 스님을 스승으로 모시고 철저히 개과천선하는 불교 신자가 될 테니 받아 주시기를 간절히 청하였다. 스님은 가볍게 고개를 끄떡이며 그에게 일어나라고 말하면서 나에게 강 여사와 이 여사를 불러오도록 한 후 오계, 십선(十善)과 참회 및 업장 소멸의 도리에 대하여 법문하셨다. 그들 부부는 스님의 설법을 경청한 후 해가 저문 후에야 돌아갔다.

그 후 강 여사가 말하기를 그분의 병은 스님을 뵌 후로 하루하루가 좋아져 얼마 지나지 않아 병이 나았다고 한다. 그분은 재단 기술이 좋아 복장 회사에서 기술 지도원으로 가게 되었으며, 최근 그들 부부는 매일 독경, 염불을 2시간 이상씩 하고 있으며 기쁨이 충만한 불자 가정이 되었다고 한다.

# 경을 많이 읽으면 지혜가 증장한다

어떤 여신도 한 분이 묘법 스님에게 가르침을 구하였다.

그녀는 심장병을 앓은 지 삼사 년이 되었으나 병원에 가 치료를 해도 어떤 때는 좋아지고, 어떤 때는 나빠지고 하였다. 자기는 이렇게 젊은데 심장병을 얻었으니 앞날이 암담하기 그지없단다. 나중에 어떤 신도의 소개로 스님의 설법을 듣고는 고기를 먹지 않고 살생하지 않으며 매일 염불하면 심장병이 회복될 것이라고 믿어 불문에 귀의하였다. 그러나 언제 그의 병이 좋아질지 알 수 없단다. 스님은 약간 웃으며 물었다.

"당신은 결코 채식을 하지 않았습니다."

"스님, 저는 채식을 하고 있습니다."

"내가 보기에 여전히 생선, 새우, 게 등을 먹으며 더욱이 큰 새우 먹는 것을 좋아하는군요. 자기도 좋아할 뿐 아니라 다른 사람에게도 소개하면서 어떤 음식점에 가면 새우 요리가 맛있다고 하지 않습니까?"

그 여신도는 스님의 말씀을 듣더니 눈물을 흘리면서, "아, 스님! 생선, 새우, 게도 고기에 들어갑니까? 저는 줄곧 채식하는 줄로 생각해 왔습니다." 하였다.

"생선, 새우, 게 등이 고기가 아니면 무엇입니까? 그것들이 채소입니까? 불교도가 비린내가 나는 음식(葷腥)을 금해야 하는데, 훈(葷)은 풀 초(艸) 변이 있으니 파, 마늘, 부추, 양파 등을 뜻하며, 이것들은 자극성이 강한 음식이고, 성(腥)은 고기 육(肉) 변으로 생명과 기혈(氣血)을 가지고 있는 동물을 가리킵니다. 물고기, 새우, 게는 비린 맛이 안 납니까? 당신이 이것들을 끊으면 병도 좋아질 것입니다."

"네, 스님! 지금부터 저는 다신 그런 고기들을 먹지 않겠습니다."

"불교도는 자기 스스로 살생하지 않고, 고기를 먹지 말고, 술과 담배를 끊어야 할 뿐만 아니라 다른 사람에게 권해서도 안 되며, 더욱이 이런 물건들을 파는 장사를 해서도 안 됩니다. 왜냐하면 담배, 술, 고기 등 이런 종류의 장사를 하여 남에게 먹고 사용하게 하는 것도 죄를 짓는 것입니다. 마치 아편을 피우지는 않지만 다른 사람에게 팔아서 피우게 하는 것과 같은 죄를 저지르는 것입니다. 그러니 참회를 많이 해야 합니다."

"스님, 이번에 저는 깨달은 바가 있습니다. 금후로는 저 자신도 채식을 할 것이며, 아울러 다른 사람에게 육식을 권하지도 않을 것입니다."

스님께서 말씀하셨다.

"부처님을 믿고 채식하는 것은 병을 치료하기 위함일 뿐 아니라 더욱 우주 인생의 대진리를 이해하고 실천하기 위함입니다. 『반야심경』, 『지장보살본원경』, 『육조단경』과 『양황보참』과 같은 책은 반드시 보아야 합니다. 또한 『대불정수능엄경』은 지혜를 여는 경으로서 이 경을 이해하면, 더욱이 그중의 '사종청정명해(四種淸淨明海)'와 '오십 가지의 음마(陰魔)', 이 두 부분의 내용을 이해하면 자기의 수행 수준을 찾을 수 있으며, 또한 모든 사람의 행위가 정법에 부합하는지 여부를 비춰 볼 수 있는 표준이 됩니다. 따라서 경서를 많이 읽으면 지혜가 증장된다고 말하는 것입니다."

노스님의 이번 법문은 법을 듣는 모든 사람들에게 새로운 깨우침을 얻게 하였다.

# 개미집과 머물 집

한 쌍의 부부가 열 몇 살 된 두 아들을 데리고 묘법 노스님을 뵈러 와서 믿기 어려운 일을 얘기하며 스님께 가르침을 구하였다.

그들은 3년 전 대만에서 미국으로 이민을 갔다. 먼저 임시로 어떤 집을 세내어 살다가 얼마 후 적합한 빌라를 사서 이사할 계획이었다. 그러나 가족 네 명의 의견이 언제나 통일되지 않았다. 남편이 마음에 들면 아내가 찬성하지 않고, 아내가 만족하면 남편이 좋아하지 않고, 다시 애들도 자기의 요구 사항을 내놓았다. 가까스로 네 명이 모두 만족스러워하면 집주인이 마음을 바꾸어 팔지 않으려 하였다.

지금 3년이 지났는데도 여전히 적합한 집을 찾지 못하고 있다. 정말 아무리 생각해도 이해가 되지 않는 것이다. 부부 두 사람 다 불교를 독실히 믿기 때문에 자신들의 복이 부족한 것으로 생각하고, 특별히 여름 휴가의 기회를 이용하여 오대산으로 와 묘법 노스님께 잘못된 점이 있으면 지적해 달라고 하였다.

스님은 미소를 지으며 두 아들에게 물었다.

"너희들은 개구쟁이로구나. 너희는 둘 다 개미집 파 내는 것을 좋아하지 않느냐?"

스님의 물음에 모두 다 웃었다. 아이들의 어머니가 말했다.

"쟤들은 어릴 때부터 개미집 파 내는 것을 좋아했어요. 개미집을 연구한다고 하면서 개미집은 정말로 정교하여 궁전이 있고 삼엄한 병영이 있으며, 또한 큰 식품 창고가 있다고 하며, 놀 때는 밥 먹는 것도 잊어버릴 때가 많았습니다."

"너희 둘이 자주 개미집을 파내어 그들이 힘들게 지은 집을 허물고 또 그들이 천신만고로 운반한 먹이를 못 쓰게 만들어 개미들의 안신지처(安身之處)를 없앴구나. 너희들이 현재 마음에 맞는 자기의 집에 안착하지 못하는 것은 그런 짓을 한 초기의 과보이며, 참회하여 그런 행위를 고치지 않으면 장래 너희들이 머무는 집도 의외로 훼손될 가능성이 있을 것이다. 비록 너희들이 돈이 많을지라도 장래 밥을 먹기 위해서 바쁘게 뛰어다닐 때를 피하기 어려울 것이야. 두 분께서는 부모가 되어서 불문에 귀의한 지 여러 해가 되었으면서 어떻게 애들이 그런 일을 해도 제지하지 않고 볼 수 있었습니까? 기르기만 하고 가르치지 않으면 그것은 부모의 과실이에요. 인과응보는 그림자가 몸을 따르듯 하니, 빨리 참회하고 독경하면서 그동안 해를 당한 수많은 개미들에게 회향하면, 아마 미래의 재난을 바꿀 수 있을 것입니다. 알겠어요?"

부모는 노스님의 질책을 받은 후 부끄러워하며 말하기를,

"스님, 이제야 잘못을 알았습니다. 비록 불문에 귀의한 지 여러 해가 되었지만, 단지 채식하고 염불하기만 하면 다 되는 줄 알고 애들의 장난을 큰일로 여기지 않았습니다. 저희들이 돌아가면 전 가족이 불전에서 참회하고 『양황보참』과 『대비참(大悲懺)』으로 절하면서 개미들에

게 회향하겠습니다. 그러면 되겠습니까?"

　"좋아, 좋아! 꼭 기억해야 돼! 부처님께서 말씀하신 '모든 중생은 불성이 있으며, 모두 부처가 될 수 있다'는 자비의 가르침을!"이라고 노스님께서 말씀하셨다.

# 나무들의 하소연

1994년, 나는 여전히 외딴집 단독 주택의 독채에 거주하고 있었다. 그해 가을, 우리 집에는 화초가 여전히 무성하였다. 대문을 들어서면 좌측 첫 방이 나의 서재 겸 응접실이었고, 창밖에 한 그루의 고무나무를 놓아두었으며, 창 안쪽에는 글씨를 새긴 대와 오른쪽 화분 서가 위에는 청수(清秀)한 문죽(文竹) 화분을 놓아두었다.

그날 오후 중학교에 다니는 아들이 수업이 없어 점심을 먹은 후 자기 방에 숙제하러 들어갔다. 그리고 나는 침실에서 경서를 보며 묘법 노스님을 기다리고 있었다. 4시 무렵 초인종이 울려 마중을 나가 스님과 시자를 서재로 모셨다. 16세 된 아들은 스님께 인사를 드린 후 계속 그의 숙제를 하였다. 자리에 앉으신 후 노스님께서는 "네 발에서 냄새가 많이 나지 않니?" 하고 아들에게 물었다.

아들은 얼굴을 붉히면서 "제 발은 열두세 살 때부터 냄새가 나기 시작하였는데 아무리 씻어도 소용이 없어요. 방금 아버지가 30여 분 전에 저에게 문을 열고 통풍을 하라고 해서 그렇게 했는데도 스님께서는 냄새를 맡으셨군요? 정말 죄송합니다. 제 방으로 가겠습니다."라고 하였다.

스님은 웃으면서 제지하며 말하기를 "내가 무슨 냄새를 맡은 게 아니란다. 방금 네가 나에게 인사할 때 너희 집 모든 나무의 정령들이

155

나에게로 달려와 정례하더구나. 또 방 안에 있는 이 문죽이 나에게 너의 잘못을 고자질하는데, 너는 오후 내내 작은 장난감을 가지고 놀면서 숙제도 많이 하지 않고, 무엇보다 너의 발 냄새가 너무 심해서 문죽이 그 냄새에 질식해 죽을 것 같다고 말하더구나."

스님의 말을 듣고 아들은 놀라 눈만 크게 뜬 채 말을 못했다. 얼굴이 붉어진 채 난처한 듯 나를 쳐다보았다. 내가 나무랄까 봐 두려워하는 모습이 역력했다. 나는 웃으며 스님께 말씀드렸다.

"얘는 초등학교 다닐 때부터 그랬습니다. 학교에서 부모 회의를 할 때 선생님이 말하기를, '그는 수업할 때 단정히 앉아 열심히 듣는 것 같으나 선생이 세 번 소리 내어 불러도 듣지 못한다'고 해서, 제가 아무리 가르쳐도 고치질 못합니다. 그나마 그것은 성적이 좋아 넘어갑니다만 이 발 냄새는 맞바람이 불면 더욱 지독하니, 무슨 방법이 없겠습니까?"

내가 위와 같이 말할 때 스님은 줄곧 가늘게 두 눈을 감고 계시다가 잠시 후 말씀하셨다.

"당신 집의 고무나무가 방금 문죽을 위로하며 말하기를, 문죽을 도와줄 수 있다고 하네. 나보고 자네에게 일러 주라고 하는데, 노랗게 물든 고무나무 잎 스무 근을 가공하여 아들에게 사용하게 하면 발 냄새가 좋아질 것이라고 하는군(고무나무의 피해를 없게 하기 위하여 상세한 제작 방법은 생략하니 이해 바란다)."

비록 『지장경』에서 수목(樹木), 화초(花草)도 모두 신(神)이 있다고

말하신 적이 있지만, 식물들이 대화할 수 있다는 것을 듣고 호기심이
일어났다.

"스님이 보신 고무나무와 문죽은 어떤 모습을 하고 스님과 대화
하였습니까?"

"고무나무는 녹색의 옛날 복장을 입은 성년의 형상이며, 문죽은
녹색 적삼을 입은 청수(淸秀)한 모습으로 머리에 공자 띠를 두른 소년
의 모습이었네. 자네 정원의 꽃들은 여자 애들의 모습이 많았으며, 입
고 있는 의복이 화려하고 아름다웠네. 이 모든 것은 환각이고 단지 의
사를 전달하는 방법이며, 이것이 대자연의 오묘함이라네. 『반야심경』
에서 말하기를 '색즉시공(色卽是空) 공즉시색(空卽是色) 수상행식(受想行
識) 역부여시(亦復如是)'라고 하지 않나, 따라서 집착할 필요는 없네."

나는 여전히 집착하듯 물었다.

"기왕 식물도 신식(神識)을 가지고 있다면 제가 만약 잎을 자른다
면 그것도 아픔을 느낄 게 아닙니까?"

"그렇지. 방금 고무나무가 자네에게 일러 주라고 말하기를, 잎을
자른 후 화분 속의 흙으로 상처에 발라 주면 곧 통증이 멎는다고 하네.
그 나무는 이미 자네를 따라 경을 읽고 불법을 배우고 있는데 잎을 닦
을 때 물에 술을 타지 말라고 하면서 자기도 계를 지키려고 한다네. 그
나무가 문죽을 돕기 위해서 잎을 주는 것은 보시의 정신을 따르는 것
이며, 그들도 자네가 평소 잘 보살펴 주는 데 대하여 보답하는 것이니,
따라서 고통도 기꺼이 원한다고 하는군."

나는 스님의 말씀을 듣고 난 후 매우 감동하여 이러한 정보가 정확하다는 것을 더욱 믿게 되었다. 이전에 친구가 나에게 일러 주기를 고무나무는 술을 좋아한다고 해서 매주 고무나무 잎을 닦을 때 물속에 백주(白酒)를 타서 닦아 주니 더욱 왕성히 잘 자랐다. 스님의 이런 법문을 들으면서 갑자기 신문지상에 소개된 글이 생각났다. 꽃도 좋아하고 싫어함이 있으며, 무슨 꽃과 무슨 꽃을 같이 있게 하면 성장이 빠르고 어떤 나무들을 같이 놓아 두면 성장이 좋지 않다고 하였다.

몇 년 전 신문지상에 보도된 것으로 기억하는데, 어떤 과학자가 연구한 결과에 따르면 삼림이 큰 화재를 만났을 때 어떤 기기(機器)는 불에 타는 수목이 내지르는 비명소리를 느낄 수 있다고 하였다. 아울러 불이 난 소식을 신속하게 다른 나무들에게 보낼 수 있다고 한다. 그러나 화재가 없을 때 측정해 보면 기기는 매우 조용히 작동한다고 한다. 원래 나무들도 인류와 기타 동물들처럼 육욕칠정(六欲七情)을 가지고 있다.

그날부터 나는 『능엄경』에서 이야기한 "양이 죽어 사람이 되고, 사람이 죽어 양이 되며, 초목이 죽어 사람이 되고, 사람이 죽어 초목이 되는" 도리에 대하여 더욱 큰 믿음이 생겼다. 부처님께서 "청정 비구와 여러 보살은 길을 걸어갈 때 살아 있는 풀을 밟지 않는데, 어찌 손으로 뽑을 수 있으며, 중생의 고기와 피를 취하여 배를 채우는 것을 어찌 대비(大悲)라고 할 수 있겠느냐."는 도리에 대하여 이해하게 되었다.

그날 저녁 고무나무가 일러 준 방법대로 약을 만든 후 아들의 발

에 바르니 예상 외로 냄새가 나지 않았다. 이것은 신화나 전설 같은 일
로서 진실로 우리 집에서 일어난 일이다.

이에 따라 나는 이시진(李時珍), 손사막(孫思邈) 등 신의(神醫)가 그
렇게 많은 약초의 약성을 이해하여 『본초강목(本草綱目)』, 『천금방(千
金方)』을 써서 세상을 구하고 사람을 구제하는 양방(良方)을 내놓게 된
것을 이해할 수 있었다. 이분들이야말로 보살이 다시 인간 세상을 구
하기 위하여 오신 것이며, 높고 깊은 예측할 수 없는 지혜를 지니고 수
많은 풀과 의사소통할 수 있어 인류에게 이로움을 준 것이다. 그리하
여 우리 가족은 고의로 식물을 해치지 않겠다고 다짐했으며, 심지어
길가의 작은 풀도 함부로 밟지 않기로 하였다.

# 호법(護法)이 어찌 공양을 탐할 수 있느냐?

1993년에 일어난 일이다. 이(李)씨 성을 가진 남자가 조카와 함께 우리 집에서 묘법 노스님의 불법 강의를 듣고는 불보살의 존재를 믿게 되었다. 보름 후 그는 다시 나에게 와 거사증을 꺼내 보여 주면서 자기는 이미 불법에 귀의했으며, 매주 일요일 절에 가서 절의 일을 돕고 있다고 하였다. 나는 그를 칭찬하며 나는 아직 절에 가서 귀의 수속을 밟지 못했다고 실토했다.

또 보름 정도 지난 어느 날 내가 집에서 불교에 관심 있는 몇 분과 함께 불법을 토론하고 있었는데, 이분이 한 명의 여성을 모시고 와서 인사한 후 한쪽 편에 앉았다. 우리가 토론을 끝내자 그 여자가 말하였다.

"저는 오늘 처음에는 시비를 가리기 위하여 당신을 찾아왔습니다. 그러나 방금 당신이 우리에게 하시는 말씀을 듣고 불법에 대한 인식이 매우 높다고 느꼈습니다. 이 사람이 당신 집에 와서 이야기를 듣고 돌아온 후 제게 말하기를 자기는 거사가 되려고 한다고 했습니다 <small>(우리는 비로소 이들이 부부라는 것을 알았다)</small>.

매일 책 한 권을 들고 입으로 외우면서 지내더니 정말로 절에 가서 거사가 되어 왔습니다. 나는 거사가 도대체 무엇을 하는 것인지 모릅니다만 마음속으로 그가 무엇을 배운다는 것은 좋은 일이라고 생각했습니다.

이후 그는 퇴근 후 집에 오면 침대에서 무슨 좌선 수련을 한다고 합디다. 일요일이 되면 절에 달려가서 호법(護法)을 맡는다고 합니다. 그 뒤로는 집에서는 과일, 기름 등은 살 필요가 없으며 절에 많이 있다고 말하더군요. 내가 그에게 절은 어디에서 과일, 기름이 나오느냐고 물었죠. 그는 요즘 절에 와서 공양을 올리는 사람이 적지 않아 과일, 기름 외에 케이크도 있으며, 스님들은 다 먹지도, 쓰지도 못하니 절을 돕는 거사들이 나누어 가진다고 했습니다. 나는 그 말을 듣고 이것은 출근하여 돈을 버는 것과 무엇이 다른가 하는 생각이 들었습니다. 그리고 다시 그가 하는 일에 반대하지 않았습니다.

그러나 그는 갈수록 사람답지 않게 변하였습니다. 퇴근 후 방에 앉아 먹을 것, 마실 것을 요구했습니다. 물을 가져오라 했다가 잠시 후 배가 고프니 먹을 것을 가져오라고 하는 등 요구가 많아졌습니다. 나는 밥을 짓느라 바쁘니 당신이 직접 가져가면 안 되느냐고 하면 그는 지금 좌선 중이니 발을 놓을 수 없다고 말합니다.

선생님은 어떻게 생각하십니까? 제가 화가 나겠습니까, 안 나겠습니까? 야단을 떨며 거사가 된다는 것이 바로 노인이 된 것입니다. 내일부터 저도 거사가 되어 좌선한다면 누가 누구를 시중들게 될지 한번 봐야겠습니다. 오늘 제가 화가 많이 났어요. 당신을 찾아와서 저 사람을 잘못 가르친 것에 대해 따지려고 했었는데, 정말 죄송합니다. 집에 돌아가 그와 다시 결판을 내겠습니다."

그녀의 말에 나는 매우 놀랐다. 이전부터 나는 절에서 일어나는 여법하지 못한 일들을 전해 들었으나, 언제나 그다지 믿지 않았었다. 그러나 지금 실제 사실을 듣게 되었으니, 심지어 공양품을 공평하게 나누지 않아 거사들끼리 싸움까지 한다는 것을 듣고, 나는 경서에서 사원의 풀 한 포기, 나무 한 그루라도 허락을 얻지 않은 것은 함부로 가져가면 안 된다는 것을 이해하게 되었다. 삼보(三寶)에 대한 공양품을 거사가 어찌 집에 가져갈 수 있는가? 또한 서로 다투어 가져가려고 한다니, 이것이 죄가 된다는 것을 어찌 모르는가?

> 시주의 한 톨 쌀은 수미산과 같이 무거우니,
>
> 이것을 먹고 수행하지 않으면,
>
> 털을 걸치고 뿔을 달아 (축생이 되어) 갚아야 하네.

출가인은 시방의 공양을 받아들이나 만약 여법하게 수행하지 않으면 장차 악도에 떨어지게 되는데, 하물며 재가인은 말할 필요도 없다. 장래 지옥에 떨어지고 안 떨어지는 것은 거론하지 않더라도 이 세상에서 본래 가지고 있는 복도 아마 거의 상실하게 될 것이다.

비유를 들면 수행이 엄정한 비구의 복택(福澤)은 마치 비옥하고 광활한 토지와 같으며, 중생의 공양은 종자를 뿌리는 것과 같다. 토지는 반드시 열심히 노력하여 경작하는 자에게 풍성한 수확을 가져다줄 것이며, 경작자도 반드시 생명과 같이 토지를 사랑하고 보호할 것이다. 그러나 계행이 없는 출가인은 척박한 토지와 같아 수확을 가져올 수 없을 것이며 토지가 본래 가지고 있던 양분도 야생 풀에 빼앗겨 결국에는 사람들이 그 땅을 버리게 될 것이다. 하물며 널리 심은 복전도 없으며 탐·진·치의 습기를 지닌 재가인이 어찌 불문의 깨끗한 땅에 들어갈 수 있겠는가?

묘법 스님께서 일찍이 말씀하였다.

"가령 공양품을 스님들이 정말로 다 못 먹고 보관할 수 없으면, 거사에게 주어 가져가게 할 수 있으나 반드시 주지스님의 허락을 거쳐야 한다. 거사는 자기가 가져가는 공양품의 대략적인 가치에 따라 돈을 보시함에 넣든지 혹은 시장에 팔아 그 돈을 절에 보시하면 여법한 것이 될 것이다."

절을 보호하는 것은 거사들의 일인데, 어찌 기회를 타 재물을 취할 수 있겠는가? 하물며 탐심 때문에 싸움까지 하다니, 이건 불교에 극히 나쁜 영향을 끼치는 것이다. 나는 그분들에게 『지장보살본원경』과 『양황보참』을 열심히 정독해 보라고 권하였다. 우리가 경건한 마음으로 독송하고 참회하면 업장을 소멸하고 무량의 복을 얻게 될 것이다.

우리가 불법을 배우는 것은 본래 지혜를 얻어 무시 이래로 오탁악세(五濁惡世) 가운데 오염된 탐·진·치 삼독을 씻어내는 것이다. 지혜 있는 사람은 자신의 과거 잘못과 습기를 확실히 인식하여 자기 자신을 만 겁에 회복할 수 없는 지경에 처하게 해서는 안 될 것이다.

"경장에 깊이 들어가면 지혜가 바다와 같이 깊다."고 하였다. 진정으로 지혜의 문을 열려면 '인과응보는 추호도 어긋남이 없다'는 것을 깊이 믿고 불보살이 중생의 부모와 같음을 이해해야 할 것이다. 부처님은 누가 '귀의증'이 있다고 해서 보호하고, '귀의증'이 없다고 해서 벌을 내리지 않는다. 부처님은 절절한 자비심으로 우주 인생의 진리를 설하여 모든 중생들이 본래 가지고 있는 불성을 회복해 이고득락하기를 바라신다.

# 몸소 실천하고 항상 좋다고 말하라

작년 가을 어느 날 오후, 석가장(石家庄 : 하북성성도)에서 온 열 몇 분의 신도 중 50여 세 된 여자 한 분이 묘법 노스님에게 자기의 고충을 털어 놓았다.

"저는 불교에 귀의한 지 4년이 되었으며, 줄곧 초하루, 보름날은 채식을 하고 있으나 건강이 좋지 않습니다. 반년 전 한 분의 선지식을 만났는데, 제 몸을 건강하게 하려면 반드시 모든 육식을 끊어야 한다는 것을 알았습니다. 육식을 끊은 후 제 몸은 하루하루 좋아졌으며, 이제야 삼정육을 먹는 것은 단지 방편법임을 이해하게 되었습니다.

그 후 저는 딸자식들에게 장차 병에 걸리지 않으려면 항상 채식할 것을 권합니다. 그러나 그들은 듣지 않을 뿐만 아니라 제가 불법을 배울수록 더욱 어리석어진다고 말합니다. 그러면서 이전보다 더 심하게 저에게 고기를 먹으라고 권하며, 심지어 특별히 산 자라를 사 와서 저에게 보신하라고 하니 정말 화가 나고 이런 일로 자식들과 자주 다툽니다. 그러나 누구도 승복하지 않아서 집안의 분위기가 더욱 긴장되고 있습니다.

최근 제가 화가 나서 견딜 수 없어 친구 집에 가 며칠 머물기도 했습니다. 자식들이 나중에 저에게 잘못했다고 빌면서 저를 집으로 데리고 왔습니다. 그러나 식사할 때가 되면 모두 마음이 유쾌하지 못합니다. 저는 출가하려 해도 절에서 받아 주지 않을까 두려우며, 노인 요양원에 가 지낼까 생각해도 채식의 문제가 잘 해결될 것 같지 않습니다. 지금 저는 매우 고민스럽습니다, 스님! 자비로 길을 열어 주시기를 간청합니다.”

스님은 시종 결가부좌하신 채로 듣기만 하시더니 천천히 입을 여셨다.

“불교를 배우는 사람은 대중과 화순(和順)할 줄 알아야 합니다. 이것은 바로 다른 사람의 습관, 선택, 신앙을 존중할 줄 아는 것입니다. 심지어 자기 자녀에게도 강요할 수 없는 것입니다.

당신은 그들이 불교를 믿고 채식을 하는 것이 그들을 위해서도 좋다고 생각합니다만 그것도 기회를 보아 가르침을 주어야 하며, 급하게 이루려고 해서는 안 됩니다. 그렇지 않으면 결과는 바라는 바와는 정반대로 되어 그들이 불교에 대하여 모순과 오해를 불러일으키게 될 가능성이 있습니다.

식사 문제에서는 ‘한 식탁 두 가지 방식’을 택할 수 있습니다. 자녀들이 고기를 먹는다고 원망하면 안 됩니다. 스스로 반성해 보십시오. 우리 자신이 진정으로 불살생계를 지니며 고기를 끊은 것이 얼마나 되는지를! 만약 우리가 수행을 잘했으면 어찌 지금까지 육도를 벗어나지 못했겠습니까? 불보살이 줄곧 우리를 버린 것이 아니지 않습니까?

따라서 다른 사람을 제도하는 데는 시기와 방법을 중시해야 합니다. 말로 가르치는 것 외에 몸소 실천하며 가르치는 것이 중요합니다. 예를 들면 당신이 불교를 배우고 채식을 한 후 기색이 갈수록 좋아지고 건강해지며, 마음이 갈수록 자상해지는 것을 보면 그들도 자연히 불법을 믿게 될 것입니다. 그들은 은연중에 당신에게 감화를 받아 당신을 향해 가까이 다가올 것입니다.

다른 사람을 제도하고자 할 때 가장 중요한 것은 바로 자기가 먼저 힘써 '바르되 삿되지 않으며, 깨달아 미혹하지 않는' 것을 실천해야 하는 점입니다. 남을 바르게 하고자 하면 먼저 자기를 바르게 해야 한다고 하지 않습니까!

그 밖에 노인이 되면 항상 '세 가지 좋다(三好)'를 말해야 합니다.

첫째, 항상 자녀가 좋다고 말해야 하며, 좋지 않아도 좋다고 말해야 합니다.

둘째, 항상 생활이 좋다고 말해야 하며, 좋지 않아도 좋다고 말해야 합니다.

셋째, 항상 친척, 친구가 좋다고 말해야 하며, 좋지 않아도 좋다고 말해야 합니다.

이상 세 가지를 항상 마음속에 기억하면서 입에 달고 있어야 합니다. 족함을 알면 항상 즐겁다고(知足常樂) 합니다. 자녀 또는 친척, 친구, 이웃을 막론하고 설령 이전에 잘 지내던 사람이 마음에 들지 않더라도 당신은 언제나 그들의 나쁜 점을 숨기고 좋은 것을 드러내며, 덕으로 원수를 갚으면 오래 지나지 않아 그들도 뉘우치게 되고 바뀌게 될 것입니다.

항상 '세 가지 좋다'를 말하면 반드시 모두의 존중과 추대를 받게 될 것이며, 당신의 생활은 갈수록 좋아지게 될 것입니다. 반대로 만약 다른 사람이 자기를 존중하지 않을까 걱정하여 곳곳에서 거드름을 피우고 다른 사람의 그릇된 점을 들추어내면 일은 자기가 원하는 것과는 반대로 됩니다. 자녀, 친척, 친구들과 틈이 벌어지게 되고, 생활도 끊임없이 마찰을 빚게 되면서 사람마다 원망하는 마음이 가득 차게 될 것입니다.

같은 이치로 '세 가지 좋다'의 기법을 실천하는 데 방법이 서툴면, 노인이나 자녀, 남편이나 아내, 출가나 재가를 막론하고 번뇌가 많이 생기게 될 것입니다."

여신도는 스님의 법문을 듣고 연신 고개를 끄떡였다. 처음의 걱정스런 모습은 없어지고 만면에 춘풍이 감돌았다. 불법은 정말로 묘법(妙法)이며, 스님도 정말 묘한 스승(妙師)이다. 그분은 언제나 깊은 불법의 이치를 아주 세속적으로도 이해하기 쉽게, 그리고 원융무애(圓融無礙)하게 설하신다.

# 기공 치료와 무당

어떤 사람이 이전에 나에게 물었다.

"불교는 인과의 도리를 통하여 사람들로 하여금 잘못을 깨닫고 올바른 길로 가게 하며, 잘못을 고치고 선을 향하게 하여 병을 치료하고 사람을 구제하니 실로 대단합니다. 그러나 지금 민간에서는 무당이 아직도 활동하고 있으며, 나아가 일찍이 일시적으로 풍미한 기공사도 병을 치료한다고 하던데, 기공사와 무당은 인과를 중시하지 않으니, 이건 어째서 그렇습니까?"

내가 그에게 말했다.

"인과의 도리로 몸의 병을 치료하는 것은 불교의 궁극 목적이 아니며, 단지 하나의 수단이고 방편이라 할 수 있습니다. 이와 같은 방법을 통하여 사람들에게 인과의 존재를 믿게 하며, 그리하여 스스로 자신의 언행을 점검해 일체의 악을 끊고 모든 선을 닦게 합니다.

또한 현생에서 행복한 생활을 하고 재난을 멀리하게 할 뿐만 아니라 임종 시에는 선종(善終 : 고통이나 고생 없이 생을 마감하는 것)하게 하며, 극락세계에 왕생하게 하여 영원히 고해를 벗어나게 하는 것입니다.

한 사람이 선으로 향하면 많은 사람들이 이익을 얻을 수 있으며, 많은 사람들이 선을 행하면 사회가 정화되니, 이것이 바로 불교가 세상 사람을 구제하는 이상(理想)입니다.

무당도 병을 고칠 수 있는 도리에 관하여는 『능엄경』에서 '오십 가지의 음마'에 관해 상세히 설하고 있습니다. 나의 해석은 매우 간단합니다. 기공사와 무당은 육도윤회를 벗어나지 못한 것입니다.

비유하면 진정한 기공사는 천도(天道)에서 윤회해 왔을 가능성이 크고, 혹은 기공사의 전생이 수도인이었으며 근기가 좋아 금생에 기공을 연마하여 그의 잠재적인 능력이 계발되어 나올 수도 있습니다. 이들의 특징은 사람됨이 정직하고 동정심을 갖추어 사람의 병을 치료해 주면서 합리적인 비용을 받으며, 사람을 속이지 않고 자기가 수련한 정기(正氣)를 사용하여 환자의 병기(病氣)를 물리치는 것입니다.

그러나 어떤 사람은 기공 치료라는 이름을 빌려 환자의 재물을 탈취하며 명예를 도적질하는 것이 목적인 사람도 있습니다. 이들은 손이 닿기만 하면 병이 낫는 능력을 가지고 있는 것처럼 사람들을 미혹시켜 그에게 예배·공양하게 하며, 자기 스스로 자화자찬하면서 '대사', '보살', '불자' 등등의 이름을 붙입니다.

이런 사람의 전생은 『능엄경』에서 이야기한 바와 같이 마왕, 마민(魔民), 마녀, 대력귀신, 비행야차 등이 세간에 온 경우가 많으며, 그들은 불교의 허울을 내걸고 중생을 미혹케 하고 어지럽히는 것입니다. 이것은 마치 우리 사회에서 가짜를 만들어 파는 사람이 명성도 있고 지명도 높은 상표를 모방하는 것과 같습니다.

무당은 정령(精靈), 요매(妖魅), 삿된 사람, 여우, 족제비, 뱀, 쥐 같은 무리가 사람의 몸에 붙은 것입니다. 동물이 되어 낮에는 엎드려 있고 밤에 나오면서 항상 동굴 속에서 입정(入靜)하기 때문에 신통이 나타나 인간으로 전생(轉生)한 후 좌선 입정하면 그러한 신통이 표출되어 나옵니다. 그런 사람들은 왕왕 재물을 탐하고 아무것도 아닌 것을 짐짓 현묘한 것처럼 꾸밉니다.

위에서 열거한 그런 이들은 모두 도움을 구하러 오는 사람에게 과거, 미래의 몇 가지 일을 말하면서 질병을 치료하며 어떤 때는 현저한 효과가 나타나 사람들을 미혹시킵니다. 그러면 어째서 그들은 몇몇 사람들에 대해서만 효과를 나타내는가?

이것은 먼저 사람들이 무엇 때문에 병을 얻게 되는가를 이해해야 합니다. 많은 환자들은 살생과 육식으로 말미암아 질병을 불러들입니다. 가령 잡아먹은 고기가 돼지, 소, 양, 닭, 오리, 물고기 등일 경우 이들의 신식이 잡아먹혀서 의탁할 곳이 없어졌기 때문에 복수하기 위하여 자기를 잡아먹은 몸에 붙는 것인데, 이 사람이 먹는 고기가 많아짐에 따라 그의 몸에 붙는 동물의 신식도 더욱 많아져서 어떤 부위에 병의 둥지(病巢)가 형성되며, 심해지면 통증을 느끼면서 병이 발생하는 것입니다.

병원에서 치료하여 좋아지는 것은 병자가 지난 세월 동안 쌓아온 복보가 금생에 저지른 업보다 크기 때문입니다. 그렇지만 돈을 쓰게 되고 고통을 많이 받고 나면 그와 관련된 묶인 업은 끝나는 것으로 간주됩니다. 그러나 병자가 불법을 이해하지 못하여 병이 난 후 고기와 산 짐승으로 몸을 보하면 비록 영양은 신체를 보하게 될지 모르지만 동시에 새로운 원한의 빚을 형성하게 됩니다.

따라서 약을 먹고 주사를 맞고 수술을 하는 것은 단지 병의 고통을 잠시 제거하는 것이며, 다른 재화(災禍)와 병이 다시 형성되고 있는 것입니다. 이에 따라 어떤 환자는 병원에 가서 치료를 하여도 효과가 없으니 돌고 돌아 귀신을 구하고 점을 치는 것입니다.

소위 무당, 박수, 대선(大仙) 등은 여우, 쥐, 뱀, 족제비, 고슴도치가 와서 붙은 것이 많습니다. 『양황보참』 가운데 동물로부터 온 사람에 대하여 이야기한 부분이 있는데, 몸에서 전생 동물이었을 때의 냄새가 발생한다고 합니다.

왜냐하면 신식과 신식은 상통하기 때문에 병자의 몸에 붙은 신식이 닭, 오리, 비둘기 무리일 경우 여우, 족제비를 만나면 위협을 느껴 반드시 도망갈 것입니다. 만약 병자의 몸에 붙은 것이 개구리, 쥐, 토끼 등이면 무당의 신식이 뱀일 경우 어떻게 됩니까? 보기만 해도 두려워 피하려고 할 것입니다. 그리고 소, 양, 개 등 큰 동물의 신식은 이런 무당을 만나도 도망가지 않습니다. 다만 무당의 신식이 악룡, 사자, 호랑이 등 맹수일 경우 그들은 도망을 갈 것입니다.

이것이 바로 어떤 대선의 공력이 세며, 어떤 무당의 공력이 작다고 평가되는 원인이며, 이들이 병을 치료하는 원리입니다. 그러나 그들은 단지 잠시 병을 도망가게 할 뿐이며 원한을 가진 신식은 조만간 다시 찾아올 것입니다. 혹은 원래의 병소에서 다른 부위로 옮겨갈 것입니다. 만약 상당한 시간 동안 당신을 떠나 있다가 돌아온다면 그동안 당신은 끊임없이 무당, 대선에게 돈을 바치게 하여 재산을 축내게 될 것입니다.

따라서 마음 밖에서 법을 구하는 외도(外道)는 구경(究竟)의 법이 아니며, 또한 업을 없앨 수 없으니 생사해탈은 말할 나위도 못 됩니다. 비유하면 내가 젊을 때 어떤 애들을 괴롭히는데, 그들은 나이가 어려 반항할 힘은 없으나 마음속에 원한을 새겨두는 것과 같습니다. 20년 후 내가 늙고 그들이 장성하여 기력이 장대해지면 그들은 나를 찾아와 원수를 갚으려고 할 때 나의 악보가 현전하게 되는 것과 같습니다. 이 때 강자에게 도움을 구하면 강자는 젊은 사람이 노인을 구박하는 것을 보고 그들을 쫓을 것입니다.

그러나 그 이후는 어떻게 됩니까? 강자는 언제나 내 곁에 있을 수 없으며, 원수는 다시 나를 찾아와 복수하게 될 것입니다.

가령 내가 만난 분이 이치에 밝은 선지식이라면 그분은 젊은 사람이 왜 노인을 때리는지 물을 것이며, 설명을 듣고 선지식은 내가 젊었을 때 그들을 괴롭힌 죄를 나무라면서 오늘 맞는 것은 당연한 과보라고 일러 주며, 사람 되는 도리를 가르쳐 줄 것입니다. 그리하여 내가 이치에 밝아진 후 젊은이에게 잘못을 인정하고 사죄하며 참회하고, 아울러 손해를 보상해 주면 상대방은 반드시 나를 용서하고 다시는 나와 원수가 되지 않을 것입니다.

여기서 내가 말하는 소위 '원수'는 내가 이전에 죽였거나 먹은 중생을 말합니다. 선지식은 불법을 말하며, 보상은 진심으로 참회한 후

상해를 입은 중생을 위해 염불, 독경, 천도하는 것을 뜻합니다.

앞에서 많은 실례를 이야기하였습니다. 당신이 잘못을 알아 고치고 실천하면 반드시 효과를 볼 수 있을 것입니다.

한 가지 더 설명하자면, 만약 당신이 병을 고치기 위해 진심으로 참회하지 않으면 소용이 없습니다. 왜냐하면 신식(영혼)의 경계는 타심통(他心通)의 능력을 가지고 있기 때문에 당신이 진심으로 참회하고 안하는지를 알 수 있기 때문입니다."

이상에서 설명한 살생으로 인하여 병을 얻는 것은 열 가지 악 가운데 한 가지에 불가한 것이다. 그 밖의 아홉 가지 악도 각종 병의 원인이며, 내가 다시 거론할 필요 없이 『지장경』과 『양황보참』을 읽어 보면 이해할 수 있을 것이다. 내가 여러 불자들에게 감히 단정적으로 말하건대 만약 우리가 진실로 경에서 이야기한 도리를 이해하면 다시 고승대덕 혹은 무슨 신통 있는 분을 찾아가서 약을 묻고 치료 방법을 구할 필요가 없다.

부처님은 대의왕(大醫王)이시며 경전에서 우리의 생활, 사업, 가정에서 내지 각종 질병과 번뇌의 대처 방법을 설하셨다. 단지 우리가 실천하기만 하면 영험 없는 것이 없다. 본래 불법에는 비밀이 없다. 우주인생의 진리를 경전상에 모두 이야기하셨다. 불경을 열람하지 않고 그러한 무속, 신통, 복술(卜術), 산명(算命)을 믿고 그것을 신묘한 것으로 여기는 사람이 적지 않은데, 결과적으로 돈 쓰고 정력을 낭비해도 진정한 이익을 얻을 수 없다는 것이다.

# 미녀와 도적

어느 날 하루, 저녁 무렵 미국에서 온 여신도가 묘법 노스님을 뵙고는 가르침을 청하였다.

"스님, 저는 변호사로 일하고 있는데, 저희 사무실에서 근래 이상한 이혼 사건을 접수하게 되었습니다. 단정하고 아름다우나 표정이 초췌한 중년 부인이 남편과 이혼하려고 왔습니다. 이유인즉 남편이 그녀를 자주 폭행한다는 것입니다. 우리는 이 안건을 접수한 다음 날 남편에게 사무실로 와 달라고 했습니다.

그 남편은 문약한 모습이었습니다. 신체가 건장하지도 않고 힘이 강하지도 않아 도무지 아내를 폭행할 사람 같지는 않았습니다. 우리가 사정을 설명하니, 그는 의외로 자기 아내의 일에 협조해 주기를 간청하면서 결코 그녀는 자신과 이혼하면 안 된다고 사정하였습니다. 왜냐하면 그의 처는 정신적으로 아주 큰 충격을 받았기 때문에 만약 이혼을 하게 되면 그녀는 갈 곳이 없게 되며, 심지어 살아가지 못할 것이라고 하였습니다. 나중에 그가 자기 부인의 기구한 운명을 털어놓았습니다.

우리 사무실 직원들은 모두 놀랐지요. 불행한 그의 가정을 동정하게 되었고 그들을 돕기로 결정하였습니다. 그러나 이 가련한 여인은 오히려 이혼하지 않으면 안 된다고 우기니 우리도 어떻게 해 볼 방법이 없습니다.

이번 휴가를 이용하여 특별히 스님께 가르침을 구하고자 찾아왔습니다. 이 아름다운 여인이 왜 이와 같은 비참한 운명을 겪게 되었으며, 그녀가 회복할 가능성은 없는지요? 스님께서 자비로 길을 열어 주십시오."

"당신이 말한 이 여인의 운명이 어떻게 불행한가?" 하고 스님이 물었다.

"그녀와 그의 남편의 원적(原籍)은 홍콩입니다. 초등학교 때부터 같은 반 학생으로 서로 매우 친했으며, 고등학교 졸업 후 어느 날 두 사람은 공원을 거닐며 남자가 여자에게 대학 졸업 후 결혼하자고 청혼했습니다. 그런데 여자는 매우 슬프게 울면서 자기도 그를 매우 사랑하지만 그에게 시집갈 자격이 없다고 말했습니다. 남자가 무엇 때문이냐고 추궁하니 그녀는 부득이 그녀의 고충을 털어놓았습니다.

그녀가 8세 때 부친이 돌아가셨고, 다음 해 모친은 재혼을 하였습니다. 그녀가 14세 때 계부(繼父)는 짐승만도 못하게 그녀를 성폭행하였으며, 모친은 알면서도 울분만 삼키며 아무 말도 못했습니다.

그때부터 그녀의 악몽은 시작되었으며, 계부는 그때까지 장기간 그녀를 성폭행했습니다. 남자는 그녀의 말을 듣고 난 후 매우 분개하고 동정하여 즉시 그녀를 악마의 손아귀에서 구해야겠다고 결심했습니다.

남자는 부친이 홍콩에서 신발 공장을 경영해 집안이 매우 부유했습니다. 그는 여자의 굴욕적인 사정은 숨기고 단지 부모에게 두 사람의 견고한 사랑만을 이야기하고 함께 캐나다 대학에 유학하겠다고 했습니다.

그들은 마침내 소원을 이루었습니다. 대학 졸업 후 그들은 결혼하여 신발 가게를 경영하게 되었습니다. 얼마 지나지 않아 귀여운 아들을 낳고 가족은 아무런 걱정 없이 행복한 생활을 지냈습니다.

그러나 하늘에는 예측할 수 없는 구름과 바람이 일듯이 그들의 아들이 8세 때 납치를 당했는데, 그들은 경찰에 신고도 못 하고 수십만의 몸값을 보냈으나 아들은 결국 시체로 발견되었습니다. 아들의 죽음은 그들 부부에게 엄청난 충격을 주었습니다. 더욱이 그의 처는 오래 지나도 원 상태로 회복되지 않았습니다.

화(禍)는 홀로 오는 것이 아니라더니, 누가 알았겠습니까? 1년이 지난 후 그들의 구두를 가득 실은 큰 화물차가 부두에서 돌아올 때 강도에게 강탈당했으며, 이로 인하여 거래처와의 계약 기일을 넘겨 큰 경제적 손실을 입게 되었습니다.

그러나 이 부부를 뒤덮고 있던 액운은 결코 여기에서 끝나지 않았습니다. 3년 후 어느 날 저녁 구두 가게의 문을 닫으려고 하는데 문 앞에 갑자기 한 대의 큰 화물차가 서더니 차 위에서 여섯 명의 복면을 한 강도가 뛰어내리면서 상점으로 들어와 그들 부부에게 재갈을 채우고 몸을 묶었습니다. 그리고는 상점 안의 모든 물건을 화물차에 싣고, 현금과 몸에 지닌 장식까지 깨끗이 쓸어가 버렸습니다.

가장 비참한 것은, 그들은 남편이 보는 앞에서 그녀를 돌아가며 강간한 것입니다. 사태가 발생한 후 그녀의 정신은 철저히 붕괴되었습니다. 계속 남편이 자기를 성폭행한다는 환각이 생겨 이혼을 요구하게 되었습니다. 그녀는 도대체 전생에 무슨 악행을 저질렀기에 금생에 이러한 고난을 당하게 된 것입니까? 스님, 저희들은 정말로 그녀를 도와주고 싶습니다."

그 자리에 있던 사람들은 이런 비참한 이야기를 듣고 놀라워했다. 연약한 한 여인이 계속하여 정신적·육체적으로 이와 같이 큰 충격을 받은 것을 동정하였으며, 하늘의 불공평을 원망하지 않을 수 없었다. 이때 스님께서 가볍게 말씀을 토하셨다.

"이 여인의 전생은 남자로서 가난한 집에 태어나 부모를 일찍 잃고 사방으로 유랑하게 되었지요. 걸식하며 남의 집에 들어가 양을 방목하였으나 나중에는 사람답지 못한 학대를 견디지 못해 도망 나와 도둑질로 생계를 이어가다가 결국에는 산속으로 들어가 토적(土賊)이 되었습니다.

그때부터 그는 민가를 습격하여 약탈하며 남자를 괴롭히고 여자를 강간하며, 사람을 죽이고 물건을 빼앗는 등 온갖 나쁜 짓은 다 저질렀습니다. 한번은 마을에 들어가 강도 짓을 하는데 어느 집 여인의 생김새가 예쁜 것을 보고 남편을 묶어두고 그 여인을 성폭행하였어요. 그 후 수년간 그 여자를 괴롭혔지요. 그 부부는 그 사람의 흉폭함이 두려워서 단지 욕됨을 참고 살아갈 수밖에 없었습니다.

이생에서 그 토적은 생을 바꿔 운명이 가련한 여인으로 태어났으며, 잔악한 계부는 바로 전생에 장기간 토적에게 몸을 빼앗겼던 그 부인이 몸을 바꿔 금생에 보복하러 온 것입니다. 그리고 그녀의 아들이 살해되고 재물을 강탈당하고 강도를 만나 강간당한 모든 것은 그녀가 전생에 못된 짓을 한 것에 대한, 마땅히 받아야 할 과보입니다. 소위 '인연이 모일 때 과보를 받게 된다'는 것이지요.

누구도 전생의 은원(恩怨)을 금생의 국법에 의한 벌에 전가할 수는 없어요. 악을 저지르면 반드시 국법의 제재를 받게 되는 동시에 금후 무궁한 재앙을 묻어두게 되는 것입니다. 따라서 '전생의 인(因)을 알려면 금생에서 받는 것이 그것이며, 후세의 과(果)를 알려면 금생에 짓는 것이 그것이다'라고 한 것입니다.

여전히 악을 저지르는 사람들에게 권하노니, 하루빨리 뉘우치고 악행을 멈추며 죄업을 참회해야 할 것입니다. 혹은 사법 기관에 자수하여 널리 처분을 구하여야 합니다. 악보가 도래할 때는 후회해도 늦어요. 왜냐하면 설령 법률의 제재는 피할 수 있어도 자기가 지은 악업에서 도망칠 수는 없는 것입니다.

경서에서 이르기를 '인과응보는 그림자가 몸을 따르는 것과 같다. 비록 백천 겁이 지나도 지은 업은 없어지지 않는다'라고 하였지요. 이 모두 우리에게 '모든 악은 짓지 말고, 모든 선은 받들어 행하라(諸惡莫作 衆善奉行)'고 권하는 것이니 삼가지 않을 수 없습니다."

묘법 스님의 법문은 우리 모두가 믿고 따르지 않을 수 없었으며,

인과응보의 철저함에 놀라고 감탄할 뿐이었다.

이때 어떤 사람이 물었다.

"이 여인이 전생에 토적이 되었을 때 많은 악을 저질렀다고 할 수 있는데, 금생에 어떻게 그렇게 정이 깊고 의를 중시하는 남편을 만날 수 있었습니까?"

이 말에 우리 모두 주의력을 스님에게 집중하였다.

"어느 날 저녁 그 토적은 강도 짓을 하고 산으로 돌아가는 도중 의복이 남루하고 온몸이 상처투성이인 어린 남자애를 만나게 되었는데, 상심하여 눈물을 흘렸어요. 그는 갑자기 자기의 비참했던 어린 시절이 생각나 측은지심이 싹트게 된 것이지요.

그는 어린애가 주인집 소를 잃고 모질게 맞았으며, 아울러 주인이 소를 못 찾아오면 관가에 고소하겠다고 위협하였다는 말을 듣고 매우 분개하였어요. 그리하여 주머니에서 얼마간의 돈을 꺼내어 어린애 손에 쥐어 주면서 이 돈으로 주인집 소를 배상하고 다시 아버지와 함께 조그마한 장사를 해서 살아가라고 하였지요. 그리고 다시는 그 주인집에서 일하지 말라고 하였어요. 남자애는 돈을 들고 토적에게 고맙다고 절하며 눈물 어린 말을 하면서 다음 생에 소가 되고 말이 되어서라도 은혜에 보답하겠다고 하였지요.

이 남자애가 바로 이 여인의 금생의 남편입니다. 따라서 그녀가 무슨 고난을 만나도 그는 줄곧 그녀를 떠나지 않고 버리지 않으며, 그녀에게 관심을 갖고 보호하는 것입니다."

스님의 말씀에 마음속의 의심이 일시에 해소되었다.

"보통 사람은 불법을 이해하지 못하고 인과응보의 도리를 알지 못하기 때문에 일생 중에 육근(六根)이 부정하고 무명이 망동하여 마음이 경계를 따라가면서 짓는 행위가 선과 악이 교차합니다.

만약 이 여인이 불법을 받아들여 자기 과거의 모든 악업을 진정으로 참회하면 아무리 하늘 가득한 큰 죄라도 소멸될 것입니다. 마치 아무리 견고한 얼음덩어리라도 뜨거운 햇빛을 만나는 것과 같으며, 또 문제를 근본적으로 해결하여 재난과 불행의 근원을 끊게 되는 것과 같습니다.

그녀가 만약 오계를 지키고 십선을 닦으면서 매일 『지장보살본원경』을 공경스럽게 한번 독송하면서, 전세에 그녀가 해친 중생에게 끈기를 가지고 회향을 지속하면, 숙세의 업이 반드시 소멸될 것이며, 미래의 운명도 바뀌게 될 것입니다."

스님의 간곡한 가르침을 그 여변호사는 노트에 자세히 기록하였다. 우리는 한시름 놓고 그 가련한 여인이 하루빨리 액운의 그늘에서 벗어나기를 기원하였다.

# 천 년 된 느릅나무와 체면 없는 남편

하남성(河南省) 낙양시(洛陽市)에 한 가정이 있었는데 식구는 셋이었다. 남편은 본분에 충실하고 아내는 부지런하고 재주가 있었으며, 17세의 딸은 예쁘고 귀여웠다. 보통 이러하면 행복한 가정일 것이다. 그러나 "가정마다 한 가지 어려운 일은 있다."는 옛말이 있듯이 우연한 기회에 그 집 부인이 나에게 여러 해 동안 벗어나기 어려운 고뇌를 털어놓았다.

그녀와 남편은 둘 다 농촌 출신으로서 결혼 전에 아무런 감정을 느낄 수가 없었다. 맞선을 볼 때 그녀는 남자가 말이 적고 행동거지가 고지식하다고 느꼈으며 마음속으로 이러한 남자는 반드시 착실하고 믿을만하다고 생각하고 결혼을 승낙하였다.

그러나 결혼 후 남편에게는 도저히 받아들일 수 없는 나쁜 결점이 많다는 것을 발견하였다. 예를 들면 밥을 먹을 때 입을 쩝쩝거린다거나, 국수를 먹을 때 위층, 아래층 이웃들이 먹는 소리를 들을 수 있을 정도이며, 밥을 먹을 때 콧물이 강을 건너도 여전히 머리도 안 들고 계속 밥을 먹는다고 한다.

손님이 있든 없든 방귀를 뀌고 싶으면 조금도 꺼리지 않고 크게 방귀를 뀌어 같이 있는 사람을 난처하게 하는데, 자기 자신은 오히려 조금도 난처해하지 않는다고 한다. 그녀가 노파심에 남몰래 충고를 해

줘도 남편은 개의치 않고 고집불통같이 평소 자기 방식대로 한단다.

그녀는 남편이 다른 사람의 웃음거리가 되는 것을 일부러 좋아하는 것 같기도 하고, 실제로 조금도 염치가 없어 자기와 딸을 일부러 난처하게 하는 것 같아서 일찍이 몇 차례 이혼을 하려고 한 적이 있었으나 친척, 친구들이 모두 말려 그만두었는데, 그녀 자신은 남편만 보면 마음이 답답해진다고 하였다.

딸은 어릴 적부터 아버지 사랑의 결핍으로(아직까지 딸을 데리고 놀러 간다거나 한 번도 안아준 적이 없다고 한다) 아버지에 대한 불만이 가득하며, 부친과 대화도 별로 없어 마치 길을 지나가는 모르는 사람을 만나는 것 같다고 한다. 지금까지도 모녀 사이에는 대화를 잘 나누고 웃음소리가 나다가도 그가 집에 들어오기만 하면 즉시 조용해진다고 한다.

불문에 귀의한 이후로 딸과 그녀는 비린내가 나는 음식을 끊었다. 그녀는 매일 아침저녁으로 예불하고 독경, 진언을 계속하고 있으며, 딸은 학교 수업 때문에 매일 오고 가는 길에서 「대비주」를 외우며 상당한 정진을 한다고 한다. 그런데 다른 일에 대해서는 다 이해하고 마음에서 놓을 수 있으나, 유독 남편에 대하여 생각이 미치면 화가 난단다.

본래 스스로 수행을 통하여 결혼생활의 고통을 줄이려고 하였으나, 채식 이후 남편의 몸에서 나는 냄새조차도 맡기가 힘들어 아예 방을 따로 사용하며 서로 상관하지 않는다고 한다. 방을 따로 쓴 지 3년이 되었으며, 내년에 딸이 대학에 들어가면 이혼하려고 한단다. 매일 이렇듯 번뇌와 고통 속에서 살고 있기 때문에 그녀는 현재 두통 등 여러 종류의 질병을 앓고 있다.

눈물을 흘리며 말하는 이 여자를 보면서 나이 마흔 몇 살밖에 안 되었는데 불행한 결혼생활 때문에 고통받아 안색이 초췌한 것이 병이 든 것 같았다. 나는 이것이 숙세의 악연이 모여 그렇게 된 줄을 알지만, 나 같은 범부는 해결할 수 없어 묘법 노스님에게 전화를 걸었다. 스님은 이 가족에 얽힌 전생 인연을 이야기하셨다.

그 부인은 과거 생에 가난한 남자로서 깊은 산에 들어가 약초를 캐며 생계를 유지하였다. 어느 날 그는 읍내 약재상에 갔는데, 가게 점원이 그에게 말하기를 "듣건대 깊은 산 속에 천 년된 느릅나무가 있다는데, 그 껍질이 매우 좋답니다. 만약 당신이 그 나무껍질을 채집해 오면 반드시 좋은 가격으로 사겠습니다."라고 하였다.

약을 채집하는 그 남자는 점원의 말을 듣고는 이번에 돈을 많이 벌면 아내를 맞이할 작정을 했고, 기분이 매우 좋았다. 바위를 타고 계곡을 건너 깊은 산속으로 들어가니 정말로 세 사람이 안아도 못 안을 만큼 오래된 느릅나무를 찾았다. 그는 예상외의 성과에 기뻐하며 도끼를 들고 나무껍질을 벗기기 시작하였다. 그러나 그는 산속 깊이 찾아오느라고 매우 피곤하여 도끼질을 얼마 하지 못하고 잠이 들었다.

잠을 자면서 그는 꿈속에서 비취색 적삼을 입은 한 귀공자가 자기 앞에 꿇어앉아 울면서 말하기를 '저는 이 느릅나무 수신(樹神)으로 수련을 한 지 이미 천 년이 다 되었습니다. 다시 3년만 더 수행하면 득도하여 신선이 될 수 있습니다. 만약 나무껍질을 다 벗기면 지금까지의 노력이 수포로 돌아가니, 당신이 3년 후에 다시 와서 나무껍질을 벗겨가기를 빕니다. 제가 신선이 되면 반드시 보답하겠습니다.'라는 말을 마치고 연달아 머리를 조아렸다.

그는 꿈속에서 크게 소리치며 "안돼, 안돼! 나는 아내를 얻는 게 급해. 3년을 기다릴 수 없어." 하면서 꿈에서 깨어났다. 꿈에서 깨어 보니 어디에도 그 공자는 보이지 않았다. 그는 마침내 껍질을 다 벗긴 후 짊어지고 약재상에 들어갔다. 점원은 희색이 만면하여 서둘러 물건을 저울에 다는데, 일자무식인 그는 "내가 이렇게 고생하여 채집했는데 무게를 축나지 않게 해 주게."라고 말했다.

점원이 답하기를 "안심하세요. 만약 제가 무게를 모자라게 달면 다음 생에 당신 아들이 될게요."라고 하였다.

이 부인은 바로 과거 생에 약을 채집하는 남자이며, 그의 남편은 바로 참담하게 껍질이 벗겨진 천 년 된 느릅나무 수신이다. 속담에 이르기를 '사람은 체면이 있어야 하며, 나무는 껍질이 있어야 한다'고 한다. 부인이 항상 자기 남편을 보고 '느릅나무 옹이같이 고집불통'이며 '체면이 없다'고 말하지 않았는가? 그녀의 말이 정말 맞다.

사람의 성격, 습성은 그 사람의 전생 경력, 경험과 매우 관계가 깊다. 약재상의 점원은 그 남자가 채집해 온 느릅나무 껍질을 두 근이나 줄였으니 아들이 안 되고 도리어 딸이 되었다. 왜냐하면 그 남자는 젊은 점원의 권유와 이익에 대한 유혹으로 인하여 천 년 된 느릅나무 수신의 도업(道業)을 망쳤으므로 점원은 바로 그 수신을 망치게 한 원흉인 셈이다.

따라서 금생에서 점원은 이 가정의 딸로 태어났고(여자는 남자에 비하여 받는 고통이 더욱 크며), 더욱이 그녀는 아빠의 사랑을 얻지 못한 자식이니 어찌 더욱 고통스럽지 않겠는가? 이것도 그들 부녀 관계가 보통과 달리 냉담하게 된 원인이라는 것을 이야기해 준 뒤 다음과 같이 당부하였다.

"전생과 금생의 인과를 이해하고 부인과 딸은 마땅히 진심으로 전생의 죄업을 참회해야 하며, 금생에 남편에 대한, 아버지에 대한 원한의 마음을 가지게 된 잘못에 대해서도 참회해야 할 것입니다(아버지가 금생에 그와 같이 인정머리 없게 된 까닭은 모두 그들 모녀가 전생에 저지른 결과이다).

그런 뒤에 모녀가 함께 경건히 그 수신을 위하여 『지장보살본원경』을 마흔아홉 번 독송하여야 할 것입니다. 그러면 반드시 가정의 관계가 개선되어 인륜의 즐거움을 다시 누리게 될 것입니다."

어쩌면 이것은 부인과 딸이 독경, 송주를 3년간 하고 채식하며 염불한 감응인지, 인연이 성숙되어서인지 내가 묘법 스님의 법문을 그대로 전달한 후 그들 모녀는 꿈에서 깬 듯 기쁘게 믿고 받아들였다. 더욱이 그녀의 딸은 더욱 기뻐하며 엄마에게 말하기를,

"엄마, 엄마는 십수 년이나 아빠에게 성을 내면서 체면이 없다고 말했는데, 알고 보니 엄마 스스로 우리 아빠 체면(얼굴)을 깨끗이 벗겨

냈군요!"

이 말에 그 자리에 있던 사람들 모두 웃기 시작하였다.

보름 후 그 부인이 낙양에서 전화로 기쁜 소식을 알려 왔다. 자기의 두통은 완전히 좋아졌으며, 그 밖의 병도 많이 가벼워졌다고 하였다. 지금은 『지장경』을 매일 2시간 만에 한 번을 독송할 수 있으며, 남편도 약간의 변화가 있다고 하였다.

그녀는 『지장경』 마흔아홉 번을 독송한 후에도 매일 한 번씩 독송하여 법계 중생에게 회향하기로 결심하였으며, 법계 중생 모두 『지장경』을 듣고 이치를 깨달아 큰 이익을 얻게 되기를 기원한다고 하였다. 나도 매우 기뻤으며, 그들이 하루빨리 화목한 가정이 되기를 빌었다.

# 부자 상인과 여종

갈(葛) 여사는 연세가 60세 가까이 된 불자로 다년간 불교를 신봉하였다. 그녀는 묘법 노스님을 뵈었을 때 눈물을 머금고 자기의 고충을 털어놓았다.

"저는 23살 때 남편과 결혼하였는데 아직까지도 어떤 것이 가정의 행복인지, 무엇을 부부간의 사랑이라고 하는지 느껴 보지 못했습니다. 우리는 같이 지내면서도 두려움뿐입니다. 이젠 저도 이미 할머니가 다 되었는데도 남편에게 맞고 욕을 얻어먹을 때가 있어 더욱 고통스럽고 참기 힘듭니다. 저는 지금까지 근 몇십 년 동안을 남편에게 훈계받고, 질책받고, 얻어맞으면서 지내 왔습니다. 그런데 이런 무정한 남편이 밖에서는 도리어 좋은 사람으로 인정받고 있습니다. 불교를 믿은 뒤부터 전생에 그에게 많은 빚을 져서 이런 고통을 받는가 보다 생각하며 그럭저럭 살아왔습니다. 스님, 저는 도대체 남편에게 무슨 나쁜 빚을 졌으며 금생에 어떻게 갚을 수 있을지 알고 싶습니다."

묘법 노스님은 그녀의 원을 만족시켜 주었다. 이것은 아마 그녀가 여러 해 동안 염불한 감응일 것이다.

옛날에 부유한 상인이 있었다. 그에게는 처첩이 여러 명 있었는데, 그의 집에는 얼굴이 예쁜 여종이 하나 있었다. 그는 그녀에게 반하여 그녀를 강제로 차지하였으며, 온갖 말로 구워삶으면서 기회가 되면 그녀를 첩으로 삼겠다고 언약하였다.

과거의 여인은 정절을 중시하여 한평생 한 남편만을 섬기고자 하였다. 기왕 그의 여인이 되었으니 줄곧 첩이 될 날만을 기다려 왔다. 그러나 이 주인은 기쁠 때는 그녀를 찾아와 짐승 같은 욕망을 발산하고, 기분이 안 좋을 때는 때리지 않으면 욕을 하였다.

여종은 온갖 고통에 처하여도 죽으려 해도 죽을 수 없고, 가려고 해도 갈 수가 없었다. 그녀는 일평생 소원을 실현하지 못하여 마음속에는 이 부자 상인에 대하여 뼈에 사무친 원한을 간직하게 된 것이다.

이 생에서 원한에 사무친 그들은 부부가 되었다. 갈 여사는 바로 그 부자 상인이 바뀌어 태어난 것으로 그 여종이 받았던 고통을 그대로 받고 있는 것이며, 그녀의 남편은 바로 그 여종이 바뀌어 태어난 것으로 금생에 그녀를 향하여 전생의 누적된 원한을 발산하고 있는 것이다. 이게 바로 '인연이 만날 때 과보를 받게 된다'는 것이다.

갈 여사는 스님의 이야기를 듣고 뜨거운 눈물을 머금고 있었으며, 그녀는 이미 마음속으로 참회하고 있음을 알 수 있었다. 그녀는 스님의 말씀을 진실로 믿었다. 평소 자기의 성격이 외향적이고 교제를 좋아하고 업무 능력이 뛰어나며 남자 같은 성격이라고 생각하였으며, 남편은 사람됨이 본분에 충실하고 실제적이며 깨끗이 씻고 닦는 것과 바느질하는 여성적인 일을 좋아하며, 자기에게 잘못 대하는 것 외에는 모든 사람에게 잘 대해 주고, 여자 성격을 많이 닮았다고 하였다.

그녀는 현재 자기가 받고 있는 고통은 자작자수로 생각하며 이후 다시는 남편을 원망하지 않을 것이라고 하였다. 이생에 반드시 수행하여 극락세계에 왕생하여 다시는 윤회에 빠지지 않겠다고 다짐하였다.

묘법 스님은 그녀에게 매일 묵묵히 참회하고 아울러 『지장경』을 독송하여 전생의 여종에게 회향하라고 하였다. 믿고 받아들이면 반드시 나쁜 원인은 소멸되고, 좋은 인연은 증장하여 부부 관계는 점점 개선될 것이라고 하셨다.

# 김 사장과 이리의 악연

한번은 우리 십여 명의 신도들이 오대산으로 묘법 노스님을 뵈러 갔다. 그날 우리를 위하여 차를 운전한 김 사장은 어느 신도의 친구로서 모 인쇄소를 운영하고 있었다. 그는 비록 불교를 믿지 않으나 필사적으로 친구를 도와주는 분이었다.

그가 새 승용차를 운전하여 그렇게 먼 길을 달려 온 것은 첫째, 친구를 도와주기 위함이고, 둘째, 일찍이 묘법 노스님의 신이한 이야기를 들은 적이 있어 그분을 직접 만나 뵙고 싶어서이며, 셋째는 그가 아직 불교 성지인 오대산에 가 보지 못하였기 때문이라고 하였다.

애석한 것은 첫째 날 우리가 스님께 법을 청할 때 그는 차를 장거리 운전하여 피로가 극심하여 잠을 자게 된 것이다. 둘째 날 몇 분의 거사가 스님께 병을 앓게 되는 까닭을 물었을 때 스님은 무슨 동물을 죽였으며, 어떻게 죽였으며, 어떻게 먹었으며, 나아가 과거에 누구는 무슨 물건을 훔쳐서 얼마를 쓴 것까지 상세하게 이야기해 주자 김 사장은 놀라 두 눈을 크게 뜨고 주위를 둘러보곤 하였다. 보아하니 그는 매우 흥분되고 긴장되며 또한 물어보고 싶은 것이 있어 보였다.

그날 오후 그는 나를 찾아와 상의하기를 저녁에 단독으로 스님을 찾아뵙고 몇 가지 물어보고 싶다고 하였다. 인정에 이끌려 먼저 스님의 동의를 얻은 후 저녁에 그를 데리고 객방으로 갔다.

김 사장은 스님의 면전에 꿇어앉아 공경히 합장하며 삼배를 하였다. 그는 이미 스님께 큰 믿음을 갖게 되었으며 불법을 믿게 되었다(어제 우리가 스님을 뵙고 예를 드릴 때 그는 문밖에 서 있었다).

자리에 앉은 후 김 사장은 근심 어린 얼굴로 자기의 고충을 이야기하였다.

"저와 아내는 결혼한 지 12년이 되었으며, 10살 먹은 아들이 하나 있습니다. 아내와 결혼하기 전 저는 줄곧 제 이웃이며 9년 학교 동창인 이양과 연애를 했습니다. 이양과 저는 죽마고우라고 할 수 있는데, 사이가 깊어져 결혼까지 생각하게 되었지요. 그때 지금의 아내를 알게 되었는데, 아내의 외모, 업무 조건과 가정 환경은 모두 이양보다 나은 게 하나도 없었고, 오히려 모든 게 열악했습니다. 그런데 저는 당시 무슨 귀신에 홀린 것처럼 지금의 아내를 한번 만나 정이 생겼고, 친척과 친구들의 반대에도 불구하고 기어코 결혼을 했습니다. 신혼 삼 일째 때에야 친척, 친구들이 집에 오고 저의 부모도 보살펴 주고 하였습니다.

이때 제 친구들이 저희 집에 들어오며 축하해 주면서 제게 말하기를 '이 친구야! 정말 형편없군. 결혼하고도 형들에게 알리지도 않고! 네 경사스런 술을 마실까 봐 겁이 났나!'고 농을 했지요.

저는 웃으면서 말하기를 '미안해. 갑작스레 결혼을 하는 바람에 인사가 빠졌네. 용서하게!' 이때 신부가 뒤이어 담배와 사탕을 가져왔습니다.

'어, 김군! 자네가 우리에게 알리지 않은 이유를 알겠군. 알고 보

니 신부가 이렇게 예뻐서 우리가 빼앗아 갈까 겁이 났군 그래.'

저도 웃으면서 '예쁘기는 무슨, 못생겼지. 나는 벌써 약간 후회된 다네!'라고 대답했지요.

그런데 제 말이 떨어지자마자 갑자기 신부가 몸을 돌리더니 두 눈을 둥그렇게 뜨고 저의 따귀를 때렸습니다. 저도 일시에 두 눈에 불꽃이 일고 방안의 모든 사람들도 놀라 멍해졌습니다. 새 신부는 울고 불고 야단을 쳤습니다. 저는 제가 따귀를 맞은 영문을 도저히 알 수 없었으며, 뒤이어 화가 불같이 일어 그녀를 매우 심하게 때리고 싶었습니다.

그러나 저는 올렸던 두 손을 내려놓고 이성을 되찾아 생각하기를 일단 때리게 되면 이웃들이 비웃을 것이고, 부모님도 화가 날 것이라고 생각했지요. 두 친구의 사과와 여러 사람의 만류에 저는 노기를 억지로 가라앉히고 얼굴에 웃음을 띠면서 참았습니다.

그 뒤부터 지금까지 12년 동안 우리 부부는 수없이 싸웠으며 여섯 차례나 이혼할 뻔하였으며, 그중 두 번은 의복과 가구를 그녀가 가져간 적도 있습니다. 그러나 매번 이혼 수속을 할 때마다 항상 친척, 친구들이 만류하는 바람에 이혼하지 못했습니다. 이 사건은 내 마음속에 줄곧 응어리로 남아 있습니다. 저희들은 이혼하려 해도 언제나 이혼하지 못하니 정말 이상합니다. 스님께 가르침을 청하오니 깊이 살펴주십시오."

김 사장이 말할 때 묘법 노스님은 두 눈을 가늘게 감고 들으면서 사색에 잠기는 듯하였다. 이때 스님은 눈을 들어 김 사장을 바라보면서 말씀하셨다.

"당신은 아이를 데리고 동물원에 갈 때 흰색 공작을 좋아하지 않습니까?"

"그렇습니다. 저는 흰 공작이 꼬리를 펼칠 때 정말 우아하고 보기 좋다고 느낍니다."

"삼생(三生) 전에 당신은 산 아래 어느 촌에서 남자아이로 태어났습니다. 당신은 산에 올라가 땔감을 구하면서 산에 서식하는 흰 공작을 알게 되었으며, 매번 흰 공작에게 먹을 것을 가져다주었습니다. 흰 공작도 당신과 노는 것을 좋아했지요. 서로 사랑이 생기고 정도 생겼습니다. 그 다음 생에 당신은 여전히 남자 몸으로, 흰 공작은 여자 몸으로 태어나 전생의 정으로 부부가 되었습니다. 그러나 여자는 축생에서 바로 몸을 바꿔 왔기 때문에 비록 사람의 몸이 되었으나 금수(禽獸)의 습성은 여전히 남아 있어 부부는 자주 싸우게 되었지요. 당신은 화가 날 때 자주 그녀를 때렸으나 그녀는 여인으로서 당신을 때릴 수 없어 자연히 마음에 원한을 쌓게 되었습니다.

다시 생을 바꿔 당신은 다시 남자 몸으로 태어났는데, 입은 옷이 마치 무술을 연마하는 사람 같군요. 어느 날 당신이 수레를 밀고 산길을 올라갈 때 갑자기 산 위에서 이리 한 마리가 달려오자 수레 위에서 쇠사슬로 이리와 싸우기 시작하였습니다. 얼마 후 이리는 당신에게 맞아 땅에 넘어졌으며, 사슬로 이리의 목을 감고 힘껏 조이자 이리는 발버둥 치다가 움직이지 못했습니다. 그러자 당신은 이리를 길가에 버려 두고 수레를 밀고 갔습니다. 잠시 후 이리는 죽지 않고 깨어났으나 신경을 다쳐 사지가 마비되었습니다. 이리의 울부짖는 소리는 다른 이리들을 불러 모았으며, 그들이 이리를 집으로 끌고 갔으나 고통 속에서 서서히 죽어 갔습니다."

묘법 스님은 김 사장이 그의 이야기에 반신반의하는 것을 보고 또 물었다.

"당신 아내의 목 위쪽에 흰색의 불규칙한 흔적이 없습니까?"

이 말을 듣고 그는 대경실색하듯 말하였다.

"있습니다. 있습니다."

스님은 그의 얼굴이 창백하게 변하는 것을 보고 온화하게 말하였다.

"당신은 긴장할 필요가 없습니다. 개개인의 신체 형태, 얼굴 모습, 나아가 태에서 띠고 나온 기호(흔적), 손금, 성격, 심지어 아름답고 추함, 희고 까만 피부색 모두 전세에 지은 업과 관계가 있습니다. 부처님의 자비는 태산보다 높습니다. 당신이 평소 마음이 선량하고 남 도와주기를 좋아하여 비록 부처님을 믿지 않을지라도, 이번에 불교 신자들을 도와 멀리 이곳까지 와 예불하고 법을 듣게 한 까닭으로 오늘 당신에게 인과에 관하여 설파하게 된 것입니다. 기왕 설하였으니 해결할 방법을 일러 주겠습니다.

당신은 당신 옆에 자는 사람을 이리라고 생각하지 마십시오. 그

195

녀는 실제로 사람입니다. 우리 각 개인은 무시 이래로 육도에 윤회하면서 어떤 세계든지 갈 가능성이 있으며, 부처님과 조사(祖師)도 이전에 사슴 왕 등 축생이 되어 세간에 몸을 나타냈습니다. 내가 다시 한 가지 일을 묻겠습니다. 당신은 일찍이 몇 명의 여자에게 절의 입장표를 사 준 적이 있습니까?"

김 사장은 또 한 번 놀라워하며,

"있습니다, 있습니다! 일자리를 잃은 몇 명의 여공들이 부처님께 예불하고 기도하고 싶었으나 표가 비싸 사지 못하는 것을 보고 표를 사서 그들에게 주었습니다. 그런데 이런 사소한 일을 스님이 어떻게 알 수 있습니까?"

"남들이 모르기를 원하면 오직 자기가 안 하는 것밖에 도리가 없습니다. 선악을 막론하고 모두 이와 같은 이치입니다."

"그러면 제가 지은 나쁜 일도 모두 아시겠네요?"

"제불보살, 천지 귀신은 모두 알고 모두 봅니다. 따라서 부처님은 우리에게 모든 악은 짓지 말고 선은 받들어 행하라고 하신 것입니다."

"그러면 제 아내는 이후 저에게 목숨을 요구할 가능성이 있습니까?"

"당신이 마흔 몇 살이 될 때를 기다려 어느 날 저녁 당신이 집에 돌아온 후 사소한 일 때문에 또 아내와 싸우게 되고 아울러 돈으로 그녀를 몇 차례 때린 후 당신은 잠을 잘 것입니다. 아내는 한바탕 울고 난 후 독한 마음을 품고 전깃줄을 찾아 한쪽 침대에 당신 발을 묶고 전깃

줄로 당신 목을 감아 힘껏 잡아당길 것입니다. 당신이 움직이지 않으면 그녀는 손을 놓은 후 잠시 안정을 취한 뒤 자기의 잘못을 알고 깜짝 놀랄 것입니다. 당신 몸을 밀고 당기고 하면서 고함치게 될 것인데, 생각지도 않게 당신은 죽지 않고 두 눈을 뜰 것이나 목 아래는 감각을 잃어 마비될 것입니다."

여기까지 듣고 김 사장의 얼굴은 파랗게 질렸다. 그는 갑자기 스님 앞에 꿇어앉아 두려운 듯 말하였다.

"스님! 저를 구해 주십시오. 오륙 년 전 어느 날 백화점을 구경하고 문을 나올 때 일인데, 어떤 사람이 휠체어를 밀면서 들어올 때 저는 깜짝 놀랐습니다. '어째 저 휠체어에 앉아있는 사람이 나인가.' 그러나 연령이 저보다는 많고 보아하니 마흔 몇 살쯤 되어 보였습니다. 그런데 자세히 보니 제가 아니고, 다시 보니 여전히 저 자신이었습니다.

이 일 때문에 저는 며칠 동안 마음이 우울했습니다. 저는 그 당시 이런 생각을 했습니다. '이건 내가 마흔 몇 살 때 이러한 마비 환자가 될 것을 예언하는 것은 아닌가?' 정말 알 수 없는 일입니다. 오늘 스님께서 이런 말씀을 하시니 맞을 것 같습니다. 정말로 이러한 어려움이 닥칠 것 같습니다. 스님, 저를 구해 주십시오. 그리고 저를 거두어 제자로 삼아 주십시오. 지금부터 불문에 귀의하겠습니다. 그렇지 않으면 아무리 돈을 벌어 본들 무슨 소용이 있습니까?"

스님은 웃으며 말하였다.

"일어나세요. 불교에 귀의하는 일은 절에서 당신에게 연락할 것입니다. 당신의 이 액난을 없앨 수 있는 관건은 당신 자신에게 달려 있습니다. 먼저 전생에 싸우고 사람을 때린 일과 이리를 살해한 과실에 대하여 진심으로 참회해야 합니다. 당신은 지금 대웅전에 가서 예불하고 참회하십시오. 집에 돌아간 후 집에 불당(佛堂)을 모셔 놓으면 더욱 좋습니다. 만약 집에 모시기가 불편하면 안 하셔도 됩니다. 부처님은 마음속에 있습니다.

다만 매일 시간이 있을 때 지난 생에 당신에게 상해를 입고 마비되어 죽은 이리를 위하여 「관세음보살보문품」을 염송하십시오. 한 번 염송하는 데 10여 분이 소요되니 시간에 따라 하루 몇 번을 염송해도 좋습니다. 염송할 때 반드시 고요한 마음으로 집중하여 성심으로 이리에게 회향해야 할 것입니다. 이리를 도와 복보가 증가하고 부처님과 인연을 맺어 이리가 당신에 대한 원한심을 소멸하게 되면, 당신에 대한 아내의 사랑하는 마음이 더해질 것이며, 가정도 점점 화목하게 바뀌어 본래 발생될 것으로 정해져 있던 비극은 일어나지 않을 것입니다. 이것이 바로 '경계는 마음을 따라 바뀐다'는 이치입니다.

당신의 마음이 바뀌면 당신 집의 분위기, 환경도 바뀔 것이며, 나쁜 기운이 화하여 상서로운 기운으로, 번뇌는 보리로 바뀌게 될 것입니다. 만법은 오직 마음이 만드는 것입니다(萬法唯心造).

당신은 이곳을 떠난 후 많은 선지식을 가까이해야 하며, 과거의 형과 친구들에게 현신설법(現身說法)으로 그들이 바른길을 가도록 할 수 있습니다. 한가할 때는 경전을 많이 읽고 자기의 지혜를 증장시켜야 합니다. 평소 밖으로 나갈 때 산책을 하거나 차를 운전할 때 쓸데없는 말은 적게 하고, '나무관세음보살'의 성호를 항상 마음속에서 올라오도록 하여 이근(耳根)을 충만시켜야 할 것입니다.

지금 경쟁이 치열한 사회 속에서 폭리를 취해선 안 되고, 의롭지 않은 재물은 얻어서도 안 되며, 모름지기 다른 사람을 해치는 것이 자기를 해치는 것과 같음을 알아야 합니다. 이후로 다시는 자신의 양심에 거리끼는 일은 하지 말아야 하며, 세금도 제대로 납부해 국가를 위하고 국민을 위하면 당신의 공장은 무너지지 않는 위치에 서게 될 것입니다. 이것이 바로 당신이 나를 스승으로 모시는 것과 같은 것입니다.

내가 전수하는 불법에 따라 실천하면 당신은 비로소 진정한 불제자가 될 것이며, 천룡이 보호하고 제불보살이 가피를 내릴 것입니다. 만약 계율을 지키지 않으면 비록 당신이 불교에 귀의하였더라도 불문제자가 아니며, 부처님의 가호를 받기 어려울 뿐만 아니라 미래에는 악도에 떨어질 것입니다. 알겠습니까?"

김 사장은 줄곧 공경스럽게 스님의 가르침을 들었으며, 스님의 물음에 서둘러 대답하였다.

"알겠습니다, 스님. 저는 본래 담배를 피우지 않고 술을 마시지 않으며 차도 마시지 않습니다. 오늘부터 저는 닭, 오리, 생선 등 모든 육식을 끊겠습니다."

뒷이야기는 다시 할 필요가 없을 것이다. 현재의 김 사장은 가정이 화목하며 공장은 일감도 많아서 명실상부한 김 사장이 되었다.

# 악연의 재생

진(秦) 여사는 어릴 적부터 영리하고 손재주가 있었으며 생긴 것도 예뻤다. 젊어서부터 자기가 사는 시에서 비교적 이름이 알려진 미용사가 되었다. 개혁 개방 이후 그녀는 미용실을 열어 지금은 규모가 꽤 큰 미용원으로 발전하였다.

진 여사는 모친에 대하여 특별히 효순하였으며, 모친이 임종할 때 그녀는 줄곧 침상 앞 시멘트 바닥에 꿇어앉아 8시간이나 염불을 멈추지 않았다. 이에 감동하여 온 가족 열 몇 명이 함께 염불하게 되었다.

그런데 갑자기 모두들 약속도 하지 않았는데 일제히 소리치며 "오, 나는 관세음보살을 보았다!"고 하였다. 그와 동시에 병실에는 이상한 향기가 가득하여 사람의 폐부로 스며들었다. 그들은 동시에 관세음보살이 모친 병상의 우측 상방에 강림하시는 것을 보았으나, 단지 진 여사만 모친이 미소를 머금고 하늘로 올라가는 것을 보았으며, 아울러 부처님 세계의 음악 소리를 들었다. 그리하여 일시에 전 가족은 흥분하였으며 다시 모친을 보니 얼굴에 웃음을 띠면서 이미 왕생하신 것을 알게 되었다. 그 이후로 온 가족은 불교를 믿게 되었다.

이와 같이 선량하며 경건한 진 여사는 일찍이 몇 번이나 나에게 그녀가 출가하는 것을 도와 달라고 요청하였다. 대화를 나누던 중 내가 알게 된 그녀의 출가 사유는 남편과 아무런 감정이 없으며, 자주 싸우고 어떤 때는 자기를 때린다고 하였다. 나는 매번 그녀에게 현실 도피를 위해서는 출가할 수 없다고 이해시켰다. 더욱이 그녀에게는 보살핌과 양육이 필요한 미성년의 딸이 하나 있었기 때문이다. 얼마 전 어느 날 저녁 그녀는 울면서 전화를 걸어와 지금 나를 만나고 싶으며, 그렇지 않으면 살고 싶지 않다고 하였다.

만나 보니 그녀는 울면서 자기의 고통을 하소연하였다.

"우리는 방 세 개, 거실 한 개인 집에서 살고 있는데, 반년 전에 이 집을 샀습니다. 집값 40만 원은 전부 제가 번 돈입니다. 저와 남편이 함께 좋은 집을 선택한 후 제가 일이 너무 바빠서 저금통장을 그에게 건네주고 집 매매 수속을 하게 했습니다. 얼마 되지 않아 우리는 새집의 열쇠를 받았지요. 저는 반평생 고생한 덕분에 마침내 마음에 드는 집을 갖게 되었다고 생각하고 좋아하였는데, 도저히 예상치 못한 일이 벌어졌습니다.

사흘 전 남편이 한밤중에 돌아와 말하기를 '내일 20만 원의 현금을 준비해. 늦어도 모레까지는 가지고 와야 해. 그렇지 않으면 이사 갈 준비를 해야 한다'고 하였습니다. 저는 멍해서 그에게 물었죠. '우리는 집값 40만 원을 다 지불하고 샀는데 어째서 20만 원이 더 필요한 거죠?'라고 하자 남편이 큰소리로 고함쳤습니다. '20만 원만 지불하고 은행에서 20만 원을 10년 만기로 대출을 받았어. 돈을 벌어 보려고 남는 돈으로 주식에 투자하였는데 전부 날렸어. 본전을 건질 생각으로 새집을 저당 잡히고 주식하는 친구에게 20만 원을 빌려 다시 투자했는데 누가 알았겠냐, 또 전부 날렸어. 지금 그 친구가 돈을 요구하는데 갚지 못하면 집을 내주어야 해.'라고 하더군요.

정말 청천벽력, 마른하늘에 날벼락이었습니다. 그에게 왜 상의도 하지 않고 주식 투자를 하였느냐고 질책하자, 그는 잘못을 인정하기는 커녕 도리어 손찌검까지 했습니다(그녀는 나에게 시퍼렇게 멍든 팔을 내보였다).

이제는 정말 살아갈 힘이 없어요. 비록 제가 전생에 그에게 빚을 졌다 할지라도 그럭저럭 양보하며 근 20여 년을 살아왔습니다. 집안의 먹을 것, 쓸 것, 사는 집까지 모두 제가 번 것인데, 설마 아직까지도 그에게 빚을 다 갚지 못한 것입니까? 지금 남편의 빚을 다 갚으려면 미용실의 문을 닫아야 합니다. 만약 채무를 저당된 것으로 갚으려면 새 집을 내주어야 합니다. 저는 사실상 납득할 수 없습니다. 묘법 노스님에게 전화를 해서라도 인과를 물어보고, 죽더라도 알고 난 후 죽고 싶습니다."

마음이 좀 가라앉고 나서 진 여사는 나에게 남편과의 결혼 전후 사정을 이야기하였다.

"제 동생이 문화대혁명 시절 농촌으로 갔는데 나중에 많은 사람들이 온갖 수단을 써서 동생을 도시로 되돌아오게 하려고 했습니다. 우리 어머니도 저를 데리고 어느 국장 집에 오고가면서 인연을 맺어 왔지요. 국장의 부인이 저를 보더니 관심을 보이며 이것저것 묻고 하였으며, 아울러 그녀의 남편을 설득하여 우리 집을 돕게 하였습니다.

그 후 모친이 국장 집에 홀로 가서 부탁하였고, 결국에는 동생을 도시로 돌아오게 하였습니다.

이때 모친은 저와 국장 집 아들을 만나게 할 계획을 꾸민 것입니다. 저는 흔쾌하지는 않았지만 동생 일도 있고 해서 한번 만나 보겠다고 승낙했지요. 만나서도 우리 둘은 공통의 대화를 찾지 못했습니다. 별 감정이 안 일어났었지요. 다만 생긴 게 점잖고, 또 대학을 졸업한 기관의 간부이니 거부감은 없었습니다. 모친의 반복된 설득에 마침내 결혼을 허락하였으며 동생도 뒤이어 만족한 직장을 얻게 되었습니다.

그러나 첫날밤 신랑이 옷을 벗고 잠을 잘 때 몸에서 많은 흰색의 부스러기가 떨어지는 것을 발견했습니다. 자세히 살펴보고 하마터면 구토를 할 뻔했습니다. 이미 제 남편이 된 사람인데 얼굴, 목, 손을 제외한 전신에 고기비늘 같은 피부병이 퍼져 있었습니다. 저는 놀라서 멍해졌으며 눈물이 왈칵 쏟아져 나왔습니다. 앞으로 어떻게 살아갈까 생각하니 엄두가 나질 않았습니다. 요즘 같았으면 집을 도망쳐 나왔을 것입니다. 그러나 모친의 눈물과 동생의 앞날, 나아가 사회의 비난을 생각하니 감히 그렇게 하질 못했고 운명이라고 단념했지요. 그제야 저는 우리와 아무런 연고 없는 국장 집에서 그렇게 열성적으로 우리 집을 도와준 이유를 알게 되었습니다. 그들은 자기 아들을 위하여 제 일생을 망쳐 놓은 것입니다.

나중에 저는 그에게 병을 치료하라고 권했죠. 그는 이전에 치료해 보았으나 효과가 없었으며 창피해 가고 싶지 않다고 했습니다. 그래서 그에게 많은 약을 사 주었으나 효과를 보지 못했습니다. 다시 병원에 가서 치료하자고 권하자 저를 욕하고 때렸습니다. 더욱 비참한 것은 그와 한 침대에서 잘 수가 없다는 것입니다. 그가 저에게 접근하면 구역질이 나오려고 했기 때문입니다. 아마 이게 그의 자존심을 상하게 해서 제게 폭력을 쓰게 된 것이 아닌가 합니다. 저는 상심하였고, 우리는 결혼 후 며칠 지나지 않아 방을 따로 쓰게 되었습니다. 후에 임신을 하고 딸을 하나 낳았지요.

더욱 이해할 수 없는 것은 대학 교육을 받고 고급 간부 집안에서 성장한 사람이 의외로 최소한의 위생 관념이 없다는 것입니다. 사용한 그릇, 젓가락, 밥 먹고 남은 음식, 입었던 옷 등을 아무 데나 내던져 놓곤 하였습니다. 양말도 벗어서 아무렇게나 던져 버렸습니다.

십수 년 동안 하나도 바뀐 게 없습니다. 만약 그를 채근하지 않으면 목욕조차도 하지 않습니다. 그의 이런 나쁜 습관에 대하여 조그마한 불만이라도 표시하면 당장 주먹이 날아왔습니다. 세상 사람들에게는 유능한 신랑과 아름다운 신부, 잘 어울리는 한 쌍의 부부였으며 행복한 가정이라 비쳤지요. 그러나 전 얼굴에는 웃음을 띠었지만 마음속으로는 울고 지냈습니다.

한번은 제가 청도(青島)에 출장 가서 해변가 여관에 묵게 되었습니다. 그날 저녁 쾌적한 방에 누워 파도 소리를 들으며 낭만에 빠져들면서 저도 모르게 제 운명을 한탄하면서 눈물로 베개를 다 적시고 잠을 이루지 못했습니다. 하늘은 왜 이렇게도 불공평한지, 이런 악한 남자에게 시집가게 된 것을 원망하였습니다. 설마 이것이 사람들이 말하는 운명이라는 것입니까?

갑자기 전설 속의 남해 관세음보살이 생각났고, 그분은 대자대비하시니 저의 고난을 구제해 주실 것이며, 저를 도와줄 것이라는 생각이 들었습니다. 제 운명은 왜 이렇게 고생스럽습니까? 창밖의 파도 소리는 마치 제게 희망을 주는 것 같았습니다. 침대에서 일어나 외투를 걸치고 해변가로 갔습니다. 밤이 깊어 모래사장은 적막하며 한 사람도 없었습니다. 별빛이 반짝이는 밤하늘을 응시하며 울고 싶었지만 눈물이 나지 않았습니다.

갑자기 어렴풋하게 관세음보살이 한 마리 고기를 타고 하늘과 바다가 접하는 곳에 서 계신 것을 보게 되었습니다. 억울함, 원한, 희망 등이 마음으로 몰려들었지요. 저는 모래사장에 꿇어앉아 멀리 관세음보살을 바라보며 대성통곡하면서 저를 고해에서 구제해 주실 것을 한없이 빌었습니다.

그 후 전 당신을 알고 나서 불교에 귀의하였는데 이것은 아마도 그날 제가 관세음보살께 기도한 감응인 것 같습니다. 그러나 송경(誦經), 예불을 해도 우리의 부부생활에 아무런 변화가 일어나지 않으니, 도대체 제가 그에게 전생에 무슨 빚을 얼마나 졌는지, 어떻게 하면 갚을 수 있을지 모르겠습니다.

듣자 하니 김 사장의 가정 문제를 묘법 노스님에게 의지하여 해결하였다고 하는데 저 대신 스님께 한번 여쭤 주십시오. 그렇지 않으면 저는 정말 살고 싶지 않습니다."

진 여사의 가슴 아픈 사연을 듣고 그녀의 절망적인 심정을 보면서 나는 액운이 어떻게 이렇게 선량하고 효순하며 유능한 여인의 몸에 내려앉았는지 믿을 수가 없었다. 더욱이 무슨 말로 그녀를 위로해야 할지를 몰랐다. 나는 급히 전화를 걸어 스님께 구조를 요청할 수밖에 없었다.

스님께서는 다음과 같이 그들 부부에 얽힌 인연을 이야기하셨다.

대략 일백 년 전 작은 읍에 한 남자가 어린 딸 하나를 데리고 작은 식당을 열어 생계를 유지하고 있었다. 여자아이의 모친은 이미 병으로 돌아갔으며 부친은 딸이 괴로움을 당할까 두려워 후처를 맞이하지 않았다. 어느 날 식당 주인(즉 아버지)은 외출하고 돌아오는 길에 오륙 세가량 된 버려진 남자아이를 발견하였다. 그의 마음은 매일 식당 손님이 남기는 밥만으로도 이 아이를 키울 수 있을 것이라 생각하고 그를 집으로 데려왔다. 크면 월급을 주지 않아도 되는 머슴으로 삼아도 되니 정말 일거양득이라 생각했다.

그래서 자기 집 외양간 안에 나무 판으로 오두막을 지어 남자애를 그곳에 살게 하였다. 이 아이는 매일 그릇을 씻고 바닥을 청소하면서 남은 밥을 먹으며 살게 되었다. 주인과 딸의 눈에 이 아이는 단지 말을 할 줄 아는 짐승이었으며, 두통과 열이 나고 모기가 물고 해도 내버려 두면 저절로 괜찮았다. 어쨌든 이 아이의 목숨은 질겨서 잘 자랐다. 하지만 어릴 적부터 그를 사람으로 보는 사람이 없었기 때문에 그에게 가장 더럽고 힘든 일을 시켰으며, 그와 말하는 사람도 매우 적었다. 마음에 들지 않은 일이 있으면 그에게 화를 풀면서 때리지 않으면 욕을 하였다.

그리하여 그는 자연히 말이 적고 멍청하게 되어 남들도 그를 모자라는 사람으로 대하게 되었다. 나중에 딸이 시집갈 나이가 되자 주인은 데릴사위를 맞이하려고 하였다. 그리고 자기가 죽고 난 후 사위가 재산을 가로챌까 두려워하여 혼담이 들어오면 계속 미루면서 딸을 시집보내려고 하지 않았다.

어느 날 그는 갑자기 기발한 생각이 떠올라 머슴의 마음을 떠보았다. 만약 딸이 머슴에게 시집가게 되면, 실제 그는 단지 딸이 부리는 노예나 마찬가지이니 재산이 그의 손에 들어가지 않을 것이라 생각하였다. 그래서 '총명한' 주인은 딸에게 틀림이 없을 혼인을 정하게 되었다. 딸은 비록 아버지의 명을 따를지라도 자연 멍청하고 더러운 남편과 같이 자려고 하지 않았으며, 일평생 다른 남자와 사통(私通)하며 사는 황당한 생활을 살게 된 것이다. 그리고 그의 남편(머슴)은 일생 굴욕과 힘든 노역, 더러움 속에서 살게 되었다.

이 이야기 가운데의 딸은 바로 지금의 진 여사이며, 머슴은 바로 진 여사의 남편이다. 그의 불량한 생활 습관은 전생에 가축 축사에서 살면서 형성된 것이며, 몸의 피부병은 전생에 모기에 물리고 장기간 더러운 환경 속에서 살며 조성된 것이다. 속담에 이르기를 "원한에는 상대가 있고, 빚에는 빚쟁이가 있다(冤有斗 債有主)."라고 하였다.

보복하지 않는 것이 아니라 시기가 도래하지 않은 것이다. 이것이 바로 진 거사가 금생에 겪는 고통스러운 결혼의 전생 인연이다. 전생의 머슴은 주인집에 일평생 일을 해 주고도 한 푼의 노임도 받지 못하였으니, 금생에 빚을 받으러 온 것이다. 진 거사가 맞고 욕을 얻어먹는 것도 그녀가 전생에 머슴을 때리고 욕한 과보이며, 금생의 부부생활도 전생의 재현인 것이다.

"전생의 인을 알고자 하면 금생에 받는 것이 그것이다."라고 한 것이다. 소위 말하는 '운명'은 정해진 것이며, 전생에 심은 인(因)으로 현생이 정해져 과보를 받게 되는 것이며, 운(運)은 바뀔 수 있는 것이다.

진 여사가 전생에 악을 행하게 된 것은 거의 다 어릴 때부터 아버지의 영향을 받은 것이다. 금생에 그녀가 부모에게 효도하며 심지가 선량하고 불법 듣기를 좋아하였으며, 또 불문에 귀의하여 채식하고 염불하였으니, 불법은 그녀를 도와 숙세의 빚을 없앨 수 있게 인도한 것이다. 따라서 진 여사는 자기 전생의 인연을 명백히 이해한 후 다시는 현재의 남편에 대하여 원한과 혐오의 마음을 갖지 말아야 한다. 금생에 성심으로 전세의 죄업을 참회하면서 자기의 허물을 크게 뉘우치고 남의 잘못을 논하지 않으면, 반드시 흉함이 길함으로 변할 것이며, 어려움은 상서로움으로 변할 것이다.

그리고 『지장경』과 「관세음보살보문품」을 많이 독송하여 전생의 머슴에게 회향하면, 진 여사의 남편에게 반드시 변화가 있을 것이다.

스피커를 누른 후 고개를 들어 진 여사가 조용히 앉아 있는 것을 보니, 그녀의 마음속에 비는 이미 지나가고 하늘이 맑게 개인 것을 알 수 있었다.

반년이 흐른 후 진 여사가 두 번 전화를 걸어왔다. 한 번은 불교 서적을 구하기 위해서, 한 번은 그녀의 업무가 특별히 바빠서 시간을 내어 한번 찾아오겠다고 말하였다. 음성을 들으니 매우 밝았다. 나는 긴 숨을 내쉬고 그들 부부가 하루빨리 숙세의 원한을 제거하여 가정이 화목하고 함께 난관을 돌파하기를 진심으로 기원하였다.

# 당나귀가 빚을 독촉하다

장(蔣) 여사는 금년 70여 세로 자주 '일주일 염불정진(打佛七)'에 참가하곤 하였다. 그러나 그녀는 마음에 한 가지 걱정이 있어 염불에 집중할 수 없었다. 17세 된 손자가 자주 여든이 가까운 할아버지에게 고함을 지르며 그들 노부부를 못살게 굴면서 이것저것을 해 달라고 하기 때문이다.

옷은 매일 한 번씩 갈아입어야 하고, 식성도 매우 까탈스러우며, 심지어 할머니인 장 여사한테 그의 동급생 집에 가서 물건을 가져오라고까지 한단다. 아들의 집은 경제적인 사정이 매우 좋아서 현대화된 아파트에 살고 도요타 승용차도 있는데, 손자가 할머니 집에 가서 살고 싶다고 해서 어릴 적부터 할아버지, 할머니와 같이 살았다.

그러나 손자는 매일 두 노인을 화나게 만들었다. 잘 대해 주는데도 불구하고 자주 사이가 틀어지며, 한번 성질이 나면 발로 가구를 차고 문을 차고 하는데, 조금 지나면 또 조용해진다. 장 여사 말에 의하면 손자가 집에 있으면 두 노인은 염불심도 안정이 안 된다고 한다. 들어 보니 그들의 처지가 매우 안타까워 묘법 노스님에게 가르침을 청하였다. 스님은 다음과 같이 말씀하셨다.

"이 두 노인네는 전생에도 부부로서 농촌에 살았다. 그들은 한 마리의 당나귀를 길렀는데, 이 당나귀는 평소 그들이 밭을 갈고 연자매를 돌리는 것을 도와주었으며, 장날에 물건 사러 갈 때도 짐꾼 노릇을 하였다. 그러나 당나귀가 먹는 것은 거친 풀 사료이며 하는 일은 힘들었고, 주인에게 자주 맞고 욕을 얻어먹었다. 당나귀가 늙어 일을 하지 못할 때 그들은 도살장에 팔아 죽게 하였다.

금생에 그들의 손자가 바로 그 당나귀로서 몸을 바꿔 빚을 받으러 온 것이다. 빨리 그들 노부부에게 불전에서 전생에 당나귀를 학대한 죄업을 참회하게 하라. 매일 그 당나귀를 위하여 『지장경』을 독송하여 회향하면 반드시 효과가 있을 것이다. 그렇지 않으면 그들 노부부는 장래 이 손자 때문에 멀쩡한 채 화가 나 죽게 될 것이다."

나는 스님의 말씀을 장 여사에게 그대로 전달하였다. 그녀는 스님의 말씀을 깊이 믿으며 말하기를, 손자는 확실히 머리가 당나귀같이 생겼으며 매우 변덕스럽다고 하였다. 자기 남편은 그 녀석 때문에 화가 나 혈압이 많이 올라갔으며, 며칠 전에는 심장병이 발작하였다고 한다. 만약 그대로 사태가 발전되면 두 노인의 목숨은 언제 어떻게 될지 알 수가 없을 것이다. 이번에 번뇌의 원인을 알았으니 그들은 반드시 스님의 지시대로 행할 것이다.

한 달 보름 후 장 여사가 전화를 걸어와 말하였다.

"당신과 스님께 좋은 소식을 전하려고 합니다. 우리 부부는 그날부터 과거에 지은 잘못을 참회하기 시작하였으며, 매일 『지장경』을 지속적으로 독송하고 있습니다. 지금까지 이미 서른아홉 번을 독송하였으며, 이 기간 동안 손자는 단지 한 번 성질을 부렸을 뿐입니다. 그때도 한두 번 고함을 지르고는 아무 일이 없었습니다. 그리고 어제 학교 선생님이 제 손자에게 의복을 검소하게 입고 남을 즐겨 돕는다고 칭찬을 하였다고 합니다. 정말 우리 노부부는 눈물이 날 정도로 기쁩니다. 불법은 정말로 신묘합니다. 우리는 현재 신심이 더욱 견고하게 되었습니다."

# 미혼탕(迷魂湯)

술, 여자, 재물의 기(氣)로 사방이 막힌 벽 속에
미혹된 수많은 사람들 그 속에 갇혀 있네.
마음의 눈이 재물에 미혹되니 기가 몸을 상하게 하고
주색은 마치 미혼탕과 같네.
만약 높은 담장 밖으로 빠져나올 수 있으면
그런 사람은 바로 여래 자재왕(自在王)이네.

20여 세 된 학생 차림의 젊은이가 묘법 스님께 자기의 의혹을 털어놓 았다.

"전생과 후세의 일에 대해서는 어려서부터 할머니에게 들었습니다. 염라대왕이 판결하여 태(胎)에 들어갈 때 먼저 삼신할머니의 '미혼 탕'을 마셔야 하며, 마신 뒤에는 곧 전생의 일을 잊게 된다고 합니다. 스님! 정말로 그렇습니까?"

스님께서 대답하였다.

"나는 있다고도 말하며 없다고도 말하네. 그 모두 자네에게 증명 해 보여 줄 수 없으니. 자네 한번 생각해 보게. 지금 세상 사람은 '오로 지 돈만 추구하는' 바람에 과거의 원한을 잊어버리고 서로 손을 맞잡 으니 적이 친구가 될 수도 있고, 또 본래의 친구는 형제처럼 친해도 돈 때문에 반목하여 원수가 될 수도 있지. 심지어 필사적으로 너 죽고 나 살자는 식으로 한다네. 이 모두는 '돈' 노파의 미혼탕을 마셔서 과거를 잊어버린 것이지.

전세(轉世) 후의 생명은 단지 몸뚱이만 바꾼다네. 이 사대가 화합한 몸속에 의탁한 신식(神識)은 과거에 대하여 명백하게 알고 있다네. 누구에게 가서 은혜를 갚아야 할지, 누구에게 가서 빚을 받아야 할지를 안다네.

업력의 끌어당김으로 와야 할 것은 반드시 오며, 가야 할 것은 반드시 간다네. 결코 좋고 나쁨에 따라 취하고 버리거나 늘거나 줄지 않는다네. 따라서 소위 말하는 '미혼탕'은 바로 탐·진·치의 습기가 본래 가지고 있는 불성을 덮어서 전도하게 하여 생사를 윤회하게 하는 것이지."

# 죽은 개의 복수

하(賀) 선생은 40여 세로 우아하면서도 소박하며 외국계 회사에서 일하고 있다. 1995년 어느 날 그는 불교를 믿는 여동생에게 이끌려 묘법 노스님을 뵈러 왔다. 여동생은 불법의 힘으로 말을 잘 듣지 않는 조카를 훈육하고 오빠의 근심을 덜어 주려고 하였다.

하 선생의 아들은 금년 12세로 어릴 적부터 개구쟁이여서 아버지로 하여금 깨나 신경을 쓰게 하였다. 학교에 가서는 놀기만 탐하고 공부는 안 하며, 싸움질에 수업을 빼먹는 것은 일상적인 일이 되었다. 그뿐 아니라 학교에서는 사흘이 멀다 하고 학부모를 오라고 하였다. 선생님, 부모, 할아버지, 할머니, 그 밖의 친지들이 거듭 충고하여도 그는 이틀을 못 넘겨 예전대로 돌아가 버린다. 하 선생의 여동생은 이것이 숙세의 빚을 받으러 온 것이라는 것을 알고 오빠를 데리고 스님께 가르침을 구하러 온 것이며, 스님의 법문을 듣고 오빠도 불교를 믿게 되기를 원했다.

"하 선생, 이전에 개 한 마리를 죽인 적이 있습니까?"

이렇게 질문하는 스님의 얼굴 표정이 다소 무거웠다.

"없습니다. 저는 지금까지 개를 죽인 적이 없습니다."

"개는 황색이며 등 위의 털에 약간의 검은색이 있으며, 대략 1미터 크기로군요. 선생이 그 당시 아마 20살이 못 되었고, 몸에 입은 것은 녹색의 군인 복장인데 옷과 모자에 휘장이 없군요."

"아, 생각났습니다. 그때 제가 흑룡강 병단(兵團)에 복무 중이었는데, 장기간 고기를 먹지 못하여 우리 부대의 몇몇 청년이 이웃 마을에서 황색 개 한 마리를 훔쳤습니다. 제가 보았을 때 그들은 이미 죽은 개를 나무 위에 걸어 놓았으며, 저는 단지 그들이 털을 벗기고 내장을 수습할 때 도와주었을 뿐입니다."(그가 이 말을 할 때 스님이 그의 20여 년 전의 일을 알고 있는 것에 대하여 조금도 놀라는 기색이 없었다.)

"당신은 한 그릇의 고기를 먹었군요?"

스님이 또 물었다.

"그건 당연하죠. 제가 가서 도와준 것은 먹고 싶었기 때문이 아니겠습니까?"

이렇게 말하면서 그가 웃었다.

"당신이 개의 털을 벗기고 개의 배를 가른 것은 그를 죽인 것이나 같으며, 지금 바로 그 개가 당신 아들로 태어나 당신 집의 골칫거리가 된 것입니다."

"스님, 그건 도리에 맞지 않습니다. 그는 마땅히 그를 죽인 사람에게 먼저 찾아가 복수하는 게 도리 아닙니까? 게다가 그들이 먹은 고기가 훨씬 많습니다."

"이미 20여 년이 지났으니 아마 그들 몇 사람에게 어떤 형식으로든 해를 끼쳤을 것입니다. 다만 반드시 그들의 아들이 되는 것은 아닙니다. 무릇 개를 잡고 죽이는 데 참여하며, 심지어 단지 고기 몇 점 먹고 탕 한 그릇을 먹은 사람이면 조만간 보응이 있을 것입니다. 누가 과보를 먼저 받고 뒤에 받느냐 하는 것은 일정하지 않습니다.

'보복을 하지 않는 것이 아니라 시기가 이르지 않았을 뿐이다'는 말이 있지 않습니까? 내가 말하고자 하는 것은 각 개인의 업력은 같지 않으니 과보를 받는 시기도 같지 않다는 것입니다. 또한 살생과 고기를 먹는 데 참여한 사람 가운데 복이 많은 사람은 금생에, 심지어 내생에도 과보를 받지 않으며, 여러 생, 많은 겁이 흐른 후 비로소 과보를 받기도 합니다. 나도 당신이 내가 한 이야기를 믿기 어렵다는 것을 알고 있습니다. 하지만 당신이 기왕 여기에 왔으니, 당신에게는 비록 불법을 믿게 될 시기가 성숙되지는 않았지만, 언젠가는 부처님과 인연이 있게 될 것입니다. 나는 당신 가정이 고통에서 벗어나기를 바라기 때문에 당신에게 인과에 대하여 이야기하는 것입니다.

사람의 운명이든 가정의 운명이든 모두 자기에게 달려 있으며 변화될 수 있습니다. 만약 당신이 개를 죽인 죄업을 참회하고 아울러 매일 「관세음보살보문품」을 독송하여 그 개에게 회향하고, 또 아들에게 인내심을 가지고 바른길로 교육시키면 당신의 아들은 서서히 좋은 방향으로 발전할 것입니다. 당신의 마음이 더욱 진실되고 정성이 있으면, 아이가 변화되는 것도 더욱 빠를 것입니다. 만약 내 말을 믿지 않고 실천하지 않으면 아들이 17세 될 때 당신 가정에 큰 사고가 발생할 것이며, 그 후 아들은 아마 감옥에 들어가는 재앙이 있을 것입니다. 결코 예사로 생각지 마십시오."

그러나 하 선생은 말 한마디 하지 않고 표정 하나 변하지 않았다. 마치 스님의 말을 믿지 않는다는 태도로.

금년은 2000년으로 이후 5년이 흘렀다. 학교에서는 진학률에 영향을 줄까 봐 불량 학생인 하 선생의 아들을 퇴학시켰다. 하 선생은 이 때문에 적지 않은 돈을 들인 후에야 아들의 학적을 유지할 수 있었으며, 그 밖의 크고 작은 잘못 등은 열거할 수 없을 정도로 말썽을 피웠다. 이 아이를 위하여 하 선생 부부는 사소한 말다툼이 발전하여 손찌검까지 하게 되었으며 그간의 5년 동안 가정은 마치 전쟁터같이 조용할 날이 없었다.

금년 설날 전 어느 날 밤, 그들 부부는 또 손찌검을 하게 되었으며, 엄마는 고함을 치며 아들에게 도와달라고 하였다. 아들은 금년 막 17세로 키가 180센티미터로 컸으며 비록 마르긴 했어도 힘은 약하지 않았다. 엄마의 요청에 달려가 아버지의 두 다리를 안고 바닥에 넘어뜨렸으며, 아버지의 다리를 누르면서 엄마에게 아버지를 때리라고 하여 아버지를 기절시켰다. 급히 구급차를 불러 병원에 싣고 가 응급 조치를 하는 등 야단이었다. 결국 하 선생은 이혼하지 않을 수 없었으며, 아이는 엄마를 따라갔다. 그 이후는 어떻게 되었는지 알 수가 없다.

나는 이 이야기를 들으면서 정말 하 선생이 안타까웠다. 애당초 스님의 말을 믿고 실천했더라면 아마 이 모든 액운은 피할 수 있었을 것이다.

# 태아의 죽음과 해원(解冤)

불교를 깊이 신봉하는 한 쌍의 젊은 부부가 있는데, 신자들이 부러워할 정도로 행복한 불자 가정을 이루었다. 결혼 후 두 사람의 생활은 즐거움이 충만하였으며, 계를 지키고 독경하며 수행에 정진하였다.

아내인 종홍(鍾紅)보다 일찍 결혼한 몇 명의 여자친구들은 『지장경』과 「관세음보살보문품」을 꾸준히 염송하며, 아울러 가족들에게 살생하여 보신하는 것을 금하였기 때문에 다들 예쁘고 귀여운 아기를 낳았다. 이들 아기의 공통된 특징은 키우는 과정에서 영리하고 잘 웃으며, 거의 울지 않았고, 병이 없었다는 것이다. 이들 부부도 아기를 임신한 후 출산을 위하여 『지장경』을 염송하면서 선근이 깊은 아기를 낳게 되기를 기원하였다.

임신 기간 내내 아내는 입덧이 매우 심했다. 매스껍고 구토하며, 몸이 붓고 좌골 신경통이 생겼고, 음식 맛도 모르겠고 밤에 잠도 편히 못 자고 하면서 처음으로 엄마가 되는 고통을 다 맛보았다. 하지만 낳기 전에 마지막 임신 검사까지 줄곧 태아는 모든 게 정상이어서 위안을 받았다.

출산 예정일은 정월 초하루, 이것은 더욱 전 가족을 기쁘게 하였다. 납월 30일, 집집마다 모두 모여 설 떡을 먹고 폭죽 소리가 대지에 울려 퍼졌다. 아내의 뱃속 아기도 특별히 힘을 주며 발로 찼다. 시어머니가 "이 아기는 아마 마음이 급한가 보다. 빨리 나와 폭죽을 터뜨리고 싶은가 봐."라고 말하자 모두 웃음꽃이 피었다. 그러나 세상일은 무상한가 보다. 아이가 태어날 때 '탯줄이 목을 감아' 죽은 것이다. 죽은 때가 설 하루 전날 저녁이었다. 태아가 움직인 후 온 가족이 행복의 동경 속에 빠져 있을 때 죽은 것이다. 아기가 죽었다는 소식은 그야말로 청천벽력이었다. 그들 부부의 곤혹과 고통은 물론이고, 나도 그 소식을 듣고 이해할 수 없었다. 그들 부부의 일 때문에 나는 그해의 설날을 영원히 잊지 못할 것이다. 해산하는 방문 앞을 지키고 있던 아빠 맹위(孟偉)는 아기의 울음소리를 들을 수 없다는 것을 알고, 엄마는 아들의 체온을 영원히 느낄 수 없다는 것을 알고 몸부림쳤다.

나는 무슨 말로 위로해야 할지 생각이 나지 않았다. 왜 하늘은 이렇게 경건하고 정성스러운 불제자에게 이와 같은 횡액을 만나게 하는지 이해할 수 없었다. 이 일은 그들이 불교를 믿지 않는 부모와 친척들에게 '불교를 믿는 것은 미신이다'라는 구실까지 주게 되었고, 크게 보면 그들 부부의 도심(道心)을 잃게 할 가능성도 있었다. 그 때문에 나는 묘법 노스님에게 급히 전화를 걸었다.

그런데 스님은 이 소식을 듣고 결코 애석해하는 반마디의 말씀도 하지 않으시고 직설적으로 "좋아, 잘됐어!" 하고 말하셨다. 예상을 벗어난 말씀이셨다. 아울러 맹위의 할아버지가 도살장의 백정을 하면서 많은 돼지를 죽인 적이 없느냐고 알아보라고 하셨다.

스님은 또한 다음과 같이 말씀하셨다.

"이번에 태에 든 신식은 특별히 빚을 받으러 온 원수이다. 따라서 그가 태에 들면서부터 산모를 괴롭히며 가족들에게 편안한 생활을 하지 못하게 하였다. 그러나 그들 부부가 성심으로 염불하며 아침, 저녁으로 예불을 지속하자 그 태아는 점점 불법을 받아들이게 되었다. 특히 『지장경』은 그를 대신하여 숙세의 업장을 없애게 하였으며, 그로 하여금 진실한 이익을 얻게 하였다. 맹위의 할아버지에 대한 원한을 소멸하면서 다시는 자손들에게 보복하기를 원하지 않게 되었다.

그러면 왜 출산 때 죽었느냐? 그것은 첫째, 모자의 인연이 다하지 않았기 때문이며, 둘째, 그가 경법(經法) 듣기를 좋아하였기 때문에 최후까지 머물다가 간 것이다. 그는 지금 이미 천계(天界)로 수행하러 올라갔으며, 다시는 인간세계에 와서 원수를 찾지 않을 것이다.

그러나 만약 그들 부부가 불경을 염송하지 않았더라면 그 아이는 반드시 죽지 않았을 것이다. 그 집안에 태어나서 성장함에 따라 그들 가족에게 많은 고통을 주면서 최후에는 아이의 손에 패가망신하게 될 운명이었다. 따라서 아이의 죽음은 겉으로 보기에 큰 재앙이나 사실은 화로 인하여 복을 얻은 셈이다. 그러니 기쁘고 축하할 일이지."

나는 스님의 말씀을 듣고 난 후 깜짝 놀랐다. 즉시 비통에 빠져 있는 아기 아빠에게 사실을 확인해 보았다. 알고 보니 확실히 그런 일이 있었다. 그의 할아버지는 살아계실 때 정말로 돼지 잡는 일을 하였으며, 죽기 전 이상한 병에 걸려 죽었다고 한다. 가족들이 할아버지를 묶어 놓지 않으면 쉬지 않고 주먹으로 두드렸으며, 그래야 그의 몸이 편안해졌다. 그분은 죽을 때 매우 고통스러워하였으며 또한 보기에도 흉측스러웠단다(이 일은 아직까지 다른 사람들에게는 이야기한 적이 없으며, 이 일 또한 그로 하여금 불교를 열심히 공부하게 한 원인이기도 하단다).

그분의 몇몇 자녀도 모두 병으로 고생하였다. 맹위의 부친은 허리 디스크에 걸려 고생했으며, 큰아버지는 반신불수가 되어 누워서 10년을 지냈다고 한다. 맹위의 대에 이르러 그의 형은 마흔도 안 되어 정신이 이상해 하루 종일 이것저것 의심하고 다른 사람이 뒤에서 그를 욕한다고 생각하여 직장에 출근도 하지 않았다. 그리고 맹위와 그의 누나는 앞뒤로 척추 디스크를 앓았으며, 누나는 수술을 해도 완치되지 않았다.

묘법 노스님은 또 말씀하시기를,

"만약 맹위가 불법을 배우며 채식을 하고 불력(佛力)의 가피에 의지하지 않았다면 그는 결혼해선 안 되며, 설령 결혼하더라도 자식이 없을 운명이다. 왜냐하면 그의 집안은 살생의 업이 매우 중하여 후대 자손들이 몰락하고 병이 많을 것으로 정해졌다."

스님의 법어는 마치 한바탕 때맞춰 내리는 단비와 같이 여러 사람의 마음에 삿된 불을 껐으며, 모든 사람의 의혹을 해소하였다. 더욱이 맹위와 종홍 부부는 슬픔이 기쁨으로 바뀌었으며, 부부는 지금 더욱 용맹정진하고 있다. 나는 그들 부부의 노력이 헛되지 않고 제불보살께서 그들을 가호하여 빠른 시일 내에 귀한 자식을 낳게 될 것이라 믿는다.

# 어느 노수행자의 참회

어느 날 오후, 스승 묘법 스님께서 자리에 막 앉자마자 머리가 회백색인 노인 한 분이 앞으로 와 꿇어앉은 채 입도 열기 전 눈물을 비같이 흘리면서 말을 하지 못하였다. 여러 사람이 위로하여 간신히 마음을 안정시킨 후 자기의 문제를 이야기하기 시작하였다. 그는 때로는 슬프게 때로는 분한 듯 이야기하면서 내심으로부터 진정한 참회를 분출하는 것 같아 그 자리에 있던 사람들 중 눈물을 글썽이지 않은 사람이 없었다. 그가 말하였다.

그는 아내와 아들, 딸과 함께 불법을 배우는 길에 들어서고부터 일체의 비린내가 나는 음식을 끊었으며, 여가 시간을 모두 홍법이생(弘法利生 : 널리 법을 알리고 중생을 이롭게 하는 일)과 송경하며 보내고, 스스로는 정진을 열심히 한다고 생각하였다.

불법을 배우기 전에 산 비디오는 단지 몇 개의 테이프만 보았을 뿐 지금까지 10년이 지나도 다시는 보지 않았으며, 텔레비전은 중앙 TV의 뉴스 외에 오락 프로그램은 기본적으로 보지 않는다. 불법을 배우면 가족에게 가져오는 이점이 매우 많고, 근 10년이 되어도 아직 별다른 사고가 발생한 적이 없으며, 최대의 이점은 전 가족이 병에 걸리지 않는 것이라 하였다. 불교 신자와 함께 모여 있을 때 자기는 항상 불법을 배우고 채식을 하는 이점을 이야기하며 부처님에 대하여 믿음과 공경심이 충만하다고 하였다.

작년에 의사가 그에게 말하기를 "10년 동안 고기를 먹지 않으면 영양 결핍이 되며, 스스로 병이 없다고 생각해도 병이 없는 것이 아니니, 병원에 가서 혈액 검사를 해 세 가지 항목에 문제가 없으면 우리도 당신을 따라 채식하며 염불하겠습니다."라고 하였다.

같은 수행자들의 격려하에 그는 이십 원을 들여 세 가지 항목을 검사하였다. 검사결과표를 들고 검사원에게 물었다.

"혈액이 문제가 있습니까?"

"문제가 있습니다. 이 사람은 올해 60세인데 혈액은 오히려 이삼십 세 연령의 혈액이니 정상이 아니죠."

이 말을 듣고 그는 처음에 멍하다가 뒤이어 웃었다. 그는 검사 결과를 수행자들에게 알리면서 말하기를 "육식하는 사람의 표준에 따르면 나의 혈액은 당연히 비정상입니다. 혈액의 청춘화는 좋은 일이 아닙니까? 10년 동안 술, 담배, 비린내 나는 음식을 입에 대지 않았기 때문에 나의 혈액은 정화되었으니 이 수치는 정상이라고 생각할 수 없죠. 언제 신생아의 표준에 도달하면 정상이라 부를지! 따라서 우리가 채식하는 것은 바로 자기의 혈액을 정화시켜 노인을 아이로 돌아가게 하며, 소박하고 참됨으로 돌아가게 하며, 금생의 이 몸이 병의 고통을 받지 않게 하여 자기의 유한한 인생을 더욱 아름답게 살게 합니다."

노인은 지금까지의 일을 열거한 후 갑자기 또 눈물을 흘리면서 최근 자기 집에 불어닥친 한바탕의 재난을 이야기하였다. 그가 애지중지하는 딸이 갑자기 연 이틀 간 음식을 먹으면 구토를 하여 병원에 가서 검사를 해 보니 예기치 않게 위암이었다. 즉시 수술을 해 보았으나 이미 확산되어 종양을 제거할 수 없다고 하며, 목숨을 보전하기 위해서는 단지 식도를 바꿀 수밖에 없는데, 이건 음식을 먹는 문제를 잠시 해결할 뿐, 이후 악화되면 길어야 반년의 시간밖에 안 남았다고 한다.

이것은 그야말로 머리를 한 방 얻어맞은 격으로 온 가족은 매일 눈물로 지새우며 어떻게 해야 할지를 모르고 있단다. 의사가 말하기를, 딸의 병은 섭취하는 것은 적고 해야 할 일은 많아 피로가 누적되어 병이 생겼으며, 너무 힘에 부칠 정도로 몸을 사용한 것이 원인이라고 한다.

그 노거사는 의심쩍어 하며 말하였다.

"『지장경』에 이르기를 지장보살의 형상에 예배하고 『지장경』을 염송하는 사람은 '가택이 평안하고' '수명이 늘며' '질병에 걸리지 않고' '모든 횡액이 소멸되며' '악업이 소멸되는' 등의 좋은 과보를 얻게 된다고 하지 않습니까? 그런데 저는 『지장경』과 각종 경전을 이렇게 여러 해 동안 독송했는데도 왜 이러한 큰 어려움을 만나게 되었습니까?

그리고 또 제 아내가 말하기를 '만약 불법을 배우지 않았더라면 딸이 이런 병에 걸리지 않았을 텐데.' 하고, 불교를 믿지 않는 친척, 이웃들은 사방에서 이상한 말을 해대며, 심지어 저의 견고한 신심을 흔들어 놓으려고 합니다. 스님, 저는 무슨 업을 지어 이런 악보를 받게 되었습니까?"

노스님은 넓은 의자에 앉아 두 눈을 지그시 감고 조용히 듣고 계셨다. 노거사가 묻자 천천히 대답하였다.

"부처님은 진어자(眞語者)이며, 실어자(實語者)이며, 불망어자(不妄語者)로서 결코 사람을 속이는 거짓말은 하시지 않습니다. 그럼 왜 당신 집에 갑작스럽게 이러한 큰 어려움이 있게 되었느냐? 이것은 당신 자신에게 물어봐야 합니다. 당신이 방금 이야기한 것과 같이 딸이 피로가 누적되어 병이 생긴 것 외에 당신 혼자 불법 속으로 비집고 들어가 나오지 못하여 불법과 세간법이 근본적으로 차별이 없는 것을 알지 못하며, 당신은 오히려 불법을 세간법과 대립시켰습니다.

당신은 한편으로는 불법을 다른 사람들에게 적극적으로 소개하여 법을 듣고 이익을 얻게 하며, 심지어 많은 사람들이 이고득락하게 합니다. 이것은 매우 좋습니다.

그러나 또한 한편으로는 불법을 몸을 얽어매는 밧줄로 여겨서 아내와 자녀를 (불법으로) 꽁꽁 묶어 속박하기 시작하였으며, 심지어 아내와 딸이 외출할 때 화장품을 사용하는 것까지 책망하며, 자녀가 가끔 유행하는 음악을 듣는 것도 금지하고, 당신이 정한 금기를 그들이 범하면 크게 훈계하고 엄하게 꾸짖습니다. 만약 이때 약간이라도 불복하면 당신의 음성은 8도까지 높이 올라가고, 펄쩍 뛰며 노발대발하면서 자기를 한 점 오차가 없는 불교 속의 법관, 호법과 근위병으로 여기며, 마치 천하에 오직 자기만이 진정한 불법을 배우는 사람으로 생각하고 있습니다.

만약 불교 사원 내에서 여법하지 못한 일을 들으면 늘 마음에 두고 온갖 비평을 해 댑니다. 비록 당신이 바른 지견이 있을지라도 눈에 들어 오는 것은 모두 시비분별이며 곳곳에 모두 외도만이 보입니다. 세상 모든 것이 인과임을 알려면 수행인은 진실로 세간의 잘못은 보지 말아야 합니다. 당신이 만약 시비를 분별하는 지견을 가지고 있으면 자기 마음에 먼저 마(魔)가 들게 되어 마의 경계로 들어가게 됩니다. 진정으로 외부의 마를 알게 되면 두려울 게 아무것도 없으며, 마를 당신의 성불을 돕는 선지식으로 삼아야 합니다.

석가모니 부처님께서 전생에 인욕선인으로 계실 때 가리왕에 의하여 신체가 잘려도 아상(我相), 인상(人相), 중생상(衆生相), 수자상(壽者相)이 없었기 때문에 원한심을 내지 않았을 뿐 아니라 오히려 장래 자기가 성불한 후 제일 먼저 가리왕을 제도하겠다고 발원하였습니다. 이것이 부처님의 지견이며, 도량이며, 경계입니다.

당신이 처자식에게 화를 내면 그들이 받는 스트레스를 압니까? 그들은 당신에게 억눌려 마음속 분노를 풀지 못해 마음이 답답해집니다. 그리고 당신의 이러한 무명의 화는 바깥 사회에서 안 좋은 일이 많아질수록 더욱 왕성해졌으며, 가족은 화를 푸는 대상이 되었습니다. 이대로 가면 어떻게 되겠습니까? 지금의 당신은 양면의 얼굴을 가지고 있습니다. 한 면은 아내와 자식을 사랑하고 불쌍히 여기는 좋은 남편, 좋은 아버지의 얼굴이며, 다른 한 면은 험상궂은 얼굴을 한 마에 홀린 사람입니다. 당신은 자신의 마음가짐과 가정을 다시 창조해야 합니다.

지금 딸의 병이 위중하니 당신은 자기의 잘못은 반성하지 않고 도리어 불보살이 당신을 돕지 않는다고 원망심을 일으킵니다. 불보살이 아무리 큰 신통을 가지고 있다 해도 당신의 업력을 대신할 수는 없습니다. 비유하면 어떤 사람이 세계에서 가장 좋은 자동차 정비 기술을 보유하고 있을지라도 당신이 제멋대로 못 쓰게 망친 자동차는 수리할 수 없는 것과 같습니다.

당신의 딸은 매우 강하고 좋은 사람이며, 업무상 일 처리를 완벽하게 하려고 합니다. 따라서 그녀는 자기 체력의 한계를 초과하여 일을 하며, 심지어는 밥 먹는 것도 자주 잊어버립니다. 자기가 가지고 온 채식용 도시락은 호기심 많은 동료들이 다투어 맛보니, 정작 자기는 배불리 먹지도 못하며 바깥 식당 음식은 먹기를 꺼립니다. 저녁에 집에 오면 시장기를 넘겨 먹고 싶지 않게 되며, 이렇게 오랜 시간을 지나니 위가 상하여 병이 된 것입니다. 위에 통증이 있어도 업무 열정에 묻혀 느끼지 못하게 되었으며, 병이 깊이 들게 되었을 때 병원에 가 보니 이미 늦은 것입니다. 내가 말하는 상황이 맞습니까? 당신은 여전히 불보살을 탓하고만 있겠습니까?"

그 자리에 있던 모든 신도들은 노스님의 법문에 빨려 들어가 가르침을 청한 노거사를 잊은 것 같았다. 스님의 말을 듣고 옆눈으로 보니 그는 눈물로 옷을 적시고 있었다. 스님의 물음에 그는 비로소 정신을 차리며 힘없이 말하였다.

"스님, 제 딸이 설마 구제될 수 없는 것은 아니겠죠? 제발 비오니 딸을 구해 주십시오. 딸은 아직 한창때입니다."

"당신은 아직 내가 말한 정황이 맞는지 안 맞는지 답하지 않았습니다."

"전부 맞습니다. 저는 정말로 불법 속으로 뚫고 들어가서는 나오지 못했습니다. 제가 애지중지하는 딸을 해쳤습니다. 딸이 만약 가 버리면 저도 살고 싶지 않습니다."

"당신이 죽으면 당신 부인도 살 수 없습니다. 부인의 뱃속에도 10년 전 당신으로 하여금 만져 보게 한 딱딱한 덩어리가 있지 않습니까? 맞죠?"

이 말을 듣고 노거사는 대경실색하였다. 갑자기 큰 울음소리를 내면서 무릎을 꿇고 두 손으로 자기의 머리를 치며 비통한 말투로 말하였다.

"관세음보살님! 제가 지은 죄이오니 딸 대신 제가 죽게 해 주십시오. 제가 무간지옥에 들어가 영원히 나오지 못하더라도 좋으니 딸의 생명과 바꾸게 해 주십시오.

관세음보살님! 현숙한 제 아내에게도 미안하기 그지없습니다. 그녀는 10년 전 저보고 자기의 뱃속에 있는 딱딱한 덩어리를 만져 보게 한 적이 있는데, 그것을 지금껏 생각하지 못해 아내의 생명을 앗아가게 되었으니, 저는 정말로 어리석습니다. 저는 스스로 한 점 착오도 없는 정확한 사람으로 생각하고 일찍이 '나를 지도할 사람은 아직 태어나지 않았다'는 말까지 한 적이 있습니다. 한 번이 아닙니다. 저는 몹시도 오만방자하였습니다.

저는 아직도 제가 좋은 남편, 좋은 아버지라고 생각해 왔는데 알고 보니 그들을 해치는 마귀였습니다. 아…아…!

제 아내는 30년 동안 줄곧 부창부수(夫唱婦隨)하는 현모양처입니다. … 제가 불교를 배우면 그녀가 따라 하고, 제가 채식을 하면 비록 마음속으로는 원하지 않아도 저를 따라 여러 해를 채식만 하였습니다. 나중에 제가 방을 따로 사용하여 음욕을 끊으려고 제안하자 바로 동의해 주었습니다. 아직까지 저는 다른 사람의 정감을 생각하지 않았으니, 그녀도 오욕칠정을 가진 사람인데….

저는 줄곧 제가 매우 정진을 잘하는 것으로 생각해 왔습니다. 오늘에야 비로소 알았습니다. 지금까지는 이게 어디 불법을 배우는 것이었습니까? 그야말로 다른 사람에게 고통을 주는 마귀였습니다. 단지 자기만 돌아보는 이기적인 사람이었으니, 저는 60년을 헛살았습니다. 아…아….”

나는 옛날에 할머니, 어머니들이 울면서 중얼거리는 소리를 들어본 적은 있으나 그날 평생 처음으로 60세 된 남자가 울면서 참회하는 소리를 들어보았다. 만약 진심으로 하는 참회가 아니라면 어떻게 이렇게 자기의 체면을 돌보지 않겠는가! 응접실 한편에서 여신도들의 우는 소리가 들렸으며, 흐느끼지 않는 사람이 없었다. 이때 스님은 다만 단정히 앉아 두 눈을 가볍게 감고 움직이지 않음을 발견하였다. 나는 갑자기 의문이 솟구쳤다. '이렇게 감동적인 장면에서 스님은 어째서 조금도 동요하지 않으신가? 앉아 있지만 그래도 이미 무엇을 간파하고 계실 거야.'

홀연히 스님께서 입을 여셨다. 여전히 눈은 크게 뜨지 않은 채. 비록 음성은 크지 않았지만 즉시 여러 사람의 울음소리와 흐느낌은 멈추었다.

"나는 당신 딸이 반드시 죽는다고 말하지 않았어요. 당신은 어째서 딸의 생명을 구할 방법을 묻지 않습니까?"

아?! 응접실의 공기가 응결되었다. 쥐 죽은 듯이 고요하였다. 법을 청한 노거사는 갑자기 스님의 발아래 무릎을 꿇고 연달아 절하였다. 같이 있던 사람들도 모두 꿇어앉았다. 스님은 마치 이 감동적인 모습을 보지 못한 듯 여전히 조용하고 천천히 말하였다.

"불법은 묘법(妙法)이며, 모든 것은 오직 마음이 지어낸 것입니다. 마음은 당신을 지옥에 빠뜨리기도 하고, 마음은 당신을 성불하게도 하며, 마음은 당신에게 병이 들어 죽게도 하며, 마음은 당신에게 한빙(寒水)을 녹이게 하며, 위기를 벗어나 편안하게 하기도 합니다. 「대비주」는 만능의 양약이며, 팔만사천 가지의 질병을 낫게 합니다. 다만 진실한 참회를 해야 효과를 볼 수 있습니다. 당신의 딸이 좋아지면 여전히 성질을 부릴 것입니까?"

"결코 아닙니다. 다시는 성질을 부리지 않겠습니다. 저는 새롭게 올바른 사람이 되겠습니다."

"맞습니다. 성불을 하려면 먼저 올바른 사람이 되는 것을 배워야 합니다. 부처님께서는 모든 중생에게 자비희사하시며, 대각자(大覺者)이시며, 무상의 지혜와 신통을 갖추고 계신 분입니다. 그러나 그분은 제자에게 화를 내어 질책하지 않습니다. 부처님이 설하는 법은 당신으로 하여금 이치를 밝히게 하는 것입니다.

도리를 이해한 후에 일상생활에서 일을 하는 가운데 불법을 실천하면, 이것을 '명리즉사(明理卽事)'라고 하는 것입니다. 우리는 예상치 못한 많은 일들을 만나게 되는데, 당신은 이치에 밝기 때문에, 즉 이미 불법을 이해하기 때문에 경계에 흔들리지 않고 여법하게 일을 처리할 수 있으며, 이 과정에서 불법의 정확함을 검증하는 것이 바로 명리즉사입니다.

화를 내는 것은 수행인의 큰 금기이며, 화가 공덕의 숲을 태운다는 것이 결코 헛된 말이 아닙니다. 만약 이러한 나쁜 성질을 못 고치면 매일 많은 경전을 독송하고 많은 사람들에게 법을 전파하여 불법을 배우게 하여도 당신 자신은 삼계를 벗어나지 못합니다. 화를 내는 것은 본래 무명의 표현이며, 무명은 바로 불법을 이해하지 못한 것입니다. 당신 자신이 불법을 이해하지 못하면서 어떻게 원만하게 사람을 제도할 수 있겠습니까?

오늘날과 같은 시대에 젊은 남자와 여자가 단지 정지(正知), 정견(正見)을 갖고 오계를 지키며, 십선을 닦고 심지어 장기간 채식을 할 수 있다는 것은 매우 어려우며 귀한 것입니다. 만약 당신이 출가승에 대한 계율을 재가자에게 강요한다면 어리석은 일입니다. 그것은 마치 새싹이 빨리 자라지 않는다고 억지로 뽑아 자라게 하는 것과 같아 그들로 하여금 불법을 배우게 하기는커녕 불법에서 멀리 도망가게 할 수 있습니다. 그리하여 불법을 '공경하나 멀리하는(敬而遠之)' 괴물로 변하게 해서는 안 됩니다.

육조 혜능 대사께서 말하시기를 '만약 세간을 떠나 깨달음과 성불의 길을 찾는다면 토끼의 머리에서 뿔을 찾는 것과 같이 영원히 찾을 수 없다'고 하지 않았습니까? 딸이 외출할 때 약간의 화장을 하고 예쁜 옷을 입고, 혹은 유행하는 음악을 듣는 것은 단지 내용이 건전한 것이면 모두 유익한 것이며, 반드시 하루 24시간 염불만 해야 비로소 정진하는 것은 아닙니다. 불법을 알고 자기의 언행을 규범에 맞게 제어할 수 있는 것도 바로 염불입니다. 세간에서 생활하면서 각종의 일에 직면하여 명리즉사하고 취사선택할 수 있는 법안을 가지고, '머무름 없이 그 마음을 내면(應無所住 而生其心)' 되는 것이며, 매일 저녁 잠자기 전에 40분 정도 시간을 내어 염불 혹은 송주(誦呪)하면, 정심(淨心)이 되어 하루의 피로를 풀 수 있으며, 이것으로 매일 저녁의 과제를 했다고 할 수 있습니다.

좋습니다. 우리는 우주의 진실된 모습을 이해하였습니다. 이건 바로 간파하는 것입니다. 간파했으면 놓아 버려야 합니다(放下). 만약 간파하고도 놓지 못하면 당신은 간파하지 못한 속인보다 더욱 부자유스럽습니다. 왜냐하면 당신 마음속에는 세간의 팔만사천 번뇌 외에 또 하나의 불법이 누르고 있기 때문입니다. 지금 여러분은 일체를 모두 놓아 버리세요. 그러면 대자유를 얻을 것입니다.

자기 신변의 당신과 인연이 있는 모든 사람을 소중히 여기십시오. 우리 불제자는 동물에 대해서도 자비심을 일으키는데, 하물며 어찌 자기의 가족을 해칠 수 있겠습니까?

당신 자신은 언제부터 불교를 믿게 되었습니까? 언제부터 계를 지니게 되었습니까? 어떤 거사는 불교를 믿은 지 몇십 년이 되어도 지금껏 아직 삼정육이라면서 고기를 먹고 있지 않습니까? 이것은 무슨 옳고 그름을 따질 것이 없으며, 단지 시기의 문제입니다. 기연(機緣)이 도달하면 물이 흘러 자연히 도랑이 만들어지는 것입니다.

한 가족이 식탁에 앉아 고기 먹고 술 마시는 사람이 있으며, 채식만 하는 사람이 있습니다. 한 식탁 두 제도, 이게 잘못된 것이 아닙니다. 이 세상은 본래 한 식탁 다제도(一桌多制)인 것입니다. 육조 대사도 특수한 시기에 여러 해를 고기 탕에 담근 채소를 먹었습니다. 그 채소에는 고기 맛이 물들지 않았습니까? 그런 일들이 결코 육조 스님이 일대의 조사(祖師)가 되는 데 영향을 주지 않았습니다. 불법을 제대로 이해하게 되면 스스로 불법 위에 서서 함부로 이래라저래라 하는 불교의 경찰이 되지 않습니다. 악한 과보가 형성되면 후회해도 늦습니다.

천주교와 기독교도 박애를 중시하는데 이것도 불교의 관점입니다. 우리는 불보살의 박애심으로 중생을 감화시켜 불법의 대문으로 들어가게 해야 하며, 투쟁과 꾸짖음, 비난의 방법을 사용해서는 안 됩니다.

좋습니다. 이분의 딸이 위험에서 벗어나 편안하게 되기를 도와주고 싶은 분들은 내일 오전 8시 대웅전에서 『대비참』 일곱 번을 절하면서 법계 중생에게 회향할 것입니다. 당신은 딸에게 내일 집에서 『지장보살본원경』을 독송하게 하여 병이 완전히 나을 때까지 지속하라고 하세요. 이후 그녀는 『지장경』을 전심으로 염송할 수 있을 것입니다. 당신은 내일 『대비참』을 한 후 『양황보참』 세 번을 해야 할 것이며, 참회 시 심혈을 기울여 절해야 합니다. 당신이 조금 전에 그렇게 하는 것이 참된 참회입니다. 그렇지 않으면 무슨 참회나 송주를 해도 소용없을 것입니다. 마음에 깊이 간직하여 명심하고 심금을 울려야 비로소 천지가 감동할 것입니다. 여러 거사님! 이런 공덕 짓기를 원하지 않으십니까?"

"원합니다." 하는 소리가 방안을 울렸다. 스님은 아이와 같이 천진스럽게 웃었다. 연륜을 가득 담은 스님의 얼굴 모습은 마치 봄날의 활짝 핀 연꽃같이 사람들을 감동시키며, 사람들에게 잠시도 눈을 떼지 못하게 하였다. 제자들은 모두 노스님이 허망한 말씀을 하시지 않는 것을 알기 때문에 단지 그분의 말씀대로 따라 하면 이고득락하지 못하는 사람이 없다는 것을 믿는다. 법문을 마치기 전 스님께서 게송 한 수를 읊으셨다.

공(空)은 색(色)이며 색은 공이니,

불법의 묘용은 무궁하구나.

몸으로 실천하여 사람을 일깨우기 위하여

보살은 항상 고해 가운데 몸을 나타내네.

만약 성불하려면 먼저 올바른 사람이 되어야

자기도 제도하고 남도 제도하고 중생도 제도하네.

항상 미륵보살의 웃는 모습을 배우고

마음을 열어야 진허공계를 포용할 수 있네.

말도 타지 않고 소도 타지 않는 것처럼

서두르지도 않고 느리지도 않는 게 가장 적당하네.

# 정감천지(情感天地)

임위(林偉), 금년 67세, 1964년 복단(復丹)대학을 졸업한 재능이 뛰어난 분이다. 영어, 불어, 독일어, 일본어 등 네 개 국어를 말할 줄 알고, 국가의 모 기관에서 일하였으며, 당시 그보다 네 살 적은 왕란(王蘭)과 결혼하여 1966년 '10년의 큰 재난(문화대혁명)'이 시작될 때 이미 일남 일녀를 낳았다.

그 당시에는 한 개의 외국어를 할 줄 알아도 '외국과 내통한다'고 의심당할 정도였는데, 하물며 네 개 외국어를 할 줄 아니 당연히 비판의 대상이 되어 사흘이 멀다 하고 무대에 올라가 혹독한 비판을 당하였다. 무엇 때문에 그렇게 많은 외국어를 공부하게 되었는지 자백을 강요당하면서 온갖 악독한 시위 군중들에게 끌려다니게 되었다. 천성이 너그럽고 관대하며 내향적인 그는 말을 하지 않으면 않을수록 더욱 '완강 분자'로 몰렸으며, 그것은 당연히 죽음으로 가는 길이었다.

어느 비판회에서 줄곧 말을 하지 않던 그가 갑자기 울다가 웃다가 하였다. 바로 미친 것이었다. 며칠 수감된 후 검사 결과 미친 것으로 판정되어 집으로 돌아오게 되었다. 그때의 그는 눈이 흐리멍덩하고 배고픈 줄도 모르고 대소변도 가릴 줄 몰랐으며, 조금 지나 다시는 말을 한 마디도 하지 않는 조용한 미친 사람(文瘋子)이 되었다. '문(文)'이란 그가 사람을 때리지도 않고 욕하지도 않으며, 싸우지도 않고 시끄럽게

237

하지도 않는 것을 뜻하는 말이다.

그 당시 왕란은 '외국과 내통한 분자'의 가족으로 찍혀 비록 많은 사람들이 피하고 멀리했지만 매월 몇십 원의 월급으로 가까스로 네 식구의 생계를 유지해 나갔다. 남편의 병은 치료할 곳이 없었다. 설령 있다고 해도 아마 그를 치료해 줄 의사가 없었을 것이다. 이것은 그 당시의 시대가 조성한 비극이라 할 수 있다.

왕란은 결코 약한 여자가 아니었다. 그녀는 나이 어린 두 아이를 돌보아야 했을 뿐 아니라 언제 침상과 옷이 소변에 젖을지 모르는 남편도 돌보아야 했으니, 그녀의 고난과 고생이 얼마나 심했을지 알 수 있을 것이다. 그러나 그녀는 한 번도 남편을 배고프게 한 적이 없으며, 혹은 너무 많이 먹인 적도 없었다. 남편의 옷은 비록 기워 입은 것이었지만 항상 단정하고 깨끗하였으며, 집안은 언제나 밝고 깨끗하여 더러운 냄새가 없었으니, 실제로 그녀의 집에 들어가 본 친구와 이웃들은 감동하여 칭찬할 따름이었다.

남편의 동생은 형수의 어려움을 깊이 알고 그녀에게 형님과의 이혼을 권하면서 말하기를 "형님은 병이 좋아지지 않을 것입니다. 형님과 이혼하는 것이 좋습니다. 형이 다니던 기관에서는 형님을 정신병원으로 보낼 것입니다. 그러면 형수님은 두 아이를 데리고 잘 지낼 수 있습니다."라고 했다.

왕란이 말했다. "도련님의 좋은 마음은 받아들이겠습니다. 하지만 저는 당신 형님께 시집왔으니 평생의 반려입니다. 그가 부귀하든지 빈궁하든지, 건강하든지 병이 있든지를 막론하고 저는 그와 일생 영욕을 함께할 것입니다. 그렇지 않으면 어떻게 부부라고 할 수 있겠습니까? 만약 제가 이런 병을 얻었을 때 도련님은 형님께 나와 이혼하라고 권했겠군요?"라는 형수의 말에 시동생은 눈물이 그렁그렁해졌다.

나라가 안정된 후 각종 정책이 시행되고 국민 경제는 생기를 회복하였다. 왕란은 다른 사람의 소개로 불교에 귀의하였으며, 그 후 항상 시간이 나면 불교 서적을 탐독하면서 절에서 하는 일주일 정진에도 참가하고, 매일 염불하면서 자기의 괴로운 마음을 달랬다.

왕란 여사는 2001년에 묘법 노스님을 만나게 되었다. 그때 그녀는 이미 63세의 할머니였다. 또한 그녀의 남편은 33년간 말을 하지 않은 셈이다. 노스님은 왕란 여사의 이야기를 들으신 후 그녀의 원을 만족시키기 위하여 남편 임위의 전생 인연을 관찰하였다.

일본인이 맨 처음 중국을 침략한 시기인 1931년 당시의 정부는 일본의 침략에 적극적으로 저항하지 않아 민중의 항의를 불러일으켰다. 당시의 학생들은 거리에서 시위하며 정부에 항일(抗日)을 호소하였다. 정부는 이러한 항일운동을 저지하고 와해시키기 위하여 경찰을 동원하여 시위 주동자들을 잡아들였다. 그중 한 학생이 고문과 협박에 견디지 못하여 비밀을 발설하게 되었다. 시위를 주동한 것은 자기가 아니며, 두 명의 남학생과 한 명의 여학생이라고 말한 것이다. 그리하여 이 세 학생이 붙잡혔다. 아울러 경찰은 세 학생에게 경찰이 소집한 학생 회의에서 반성하고 시위 취소를 선포하라고 요구하였다. 그러나 이들은 경찰의 요구에 응하지 않았을 뿐 아니라 오히려 집회를 이용하여 항의 구호를 외치며 일본의 침략에 저항하는 노래를 크게 부름으로써 경찰 당국을 수치스럽고 난처하게 만들었다.

이에 따라 경찰은 그 세 학생이 미쳤다고 선포하고 정신병자 수용소에 강제로 보냈다. 그들을 각각 독방에 감금하고 방 밖으로 나가지 못하게 하였으며, 사람도 만나지 못하게 하였다. 처음에는 그들에게 먹을 것, 마실 것을 보내 주는 사람이 있었으나 전란이 격화되고 나라가 혼란스러워지자 먹을 것을 챙겨 주는 사람이 없게 되었다. 이들 세 사람은 점점 핍박받아 진짜로 미치게 되었다. 배고프고 배부른 것도, 바지에 오줌 싸는 것도 몰랐으며, 그들을 관리하는 직원이 없어짐에 따라 오래 지나지 않아 그들은 연이어 죽어 갔다. 그리고 비밀을 누설하고 석방된 그 학생도 얼마 안 지나 전란 중에 죽었다.

스님께서 말씀하셨다.

"당신의 남편은 바로 비밀을 누설한 남학생이 다시 인간으로 온 것이며, 그 세 학생의 신식(영혼)은 비밀을 누설한 자에 대한 원한 때문에 줄곧 그를 따라다니면서 보복의 기회를 엿보았습니다. 당신 남편의 기(氣)가 왕성할 때는 그들이 침입할 틈이 없었으나, 그가 문화대혁명 때 비판의 대상이 되면서 기가 침체 상태에 빠지자 세 영혼이 허함을 타고 그의 몸에 붙게 된 것이지요.

그때부터 그들 세 사람이 정신병자 수용소에서 겪은 모든 고통을 그로 하여금 맛보게 하였으며, 장래 목숨을 마칠 때까지 지속될 것입니다. 당신은 남편이 정신 이상이 된 이후에도 떠나지 않고 정성으로 돌보기를 수십 년을 하루같이 하였으니 천지를 감동시켰습니다. 더욱 당신은 그동안 염불한 공덕으로 그 노력이 헛되지 않았으며, 비로소 오늘의 기연(機緣)을 만나게 된 것입니다.

다만 남편의 운명을 바꾸려면 당신은 세 가지의 일을 해야 합니다. 첫째, 비린내가 나는 음식을 끊어야 합니다. 고기를 먹는 것은 바로 살생을 하는 것이며, 삼정육을 먹는 것은 처음 불법을 배우는 자를 위한 방편법입니다. 행할 수 있겠습니까?"

"능히 행할 수 있습니다."

"둘째, 남편을 대신하여 불상 앞에서 그 세 명의 학생을 향해 성심으로 참회해야 합니다. 남편은 전생에 핍박받는 상황에서 비밀을 누설한 것이지, 고의로 밀고한 것은 아니며, 또한 이미 수십 년 동안 고통을 받았으니 남편을 너그러이 용서해 달라고 청하세요.

셋째, 남편을 대신하여 불전에서 그들 세 사람을 위해 『지장보살본원경』을 독송해야 하며, 진심으로 그들이 좋은 세계로 왕생할 수 있도록 염하고 불(佛)·법(法)·승(僧) 삼보에 귀의하게 하십시오. 매일 최소한 한 번은 독송해야 하며, 독송할 때 발음을 명료하게 하고 너무 빨리 독송하려고 하지 마십시오. 그러면 큰 공덕이 있을 것이며, 그들이 당신의 성심에 감동될 때까지 줄곧 염송하면 그들이 불법에 감화되어 당신 남편을 용서하게 될 것입니다. 행할 수 있겠습니까?"

"능히 할 수 있습니다, 스님! 오늘부터 바로 시작하겠습니다."

그로부터 한 달 후 내가 오대산에서 돌아오니 도반들이 나에게 알려 주었다. 장 거사가 전화를 걸어와 왕란 거사의 남편이 입을 열어 말을 하게 되었으며, 아울러 대소변을 가릴 줄 알게 되었다고 하였다. 아내와 외출할 때 그는 의외로 이웃 사람에게 인사를 하여 이웃들을 아주 놀라고 흥분되게 하였단다. 독경의 위력으로 33년간의 정신병자가 식별하고 말하는 능력을 회복하게 된 것은 정말로 불가사의한 것이다.

나는 이 소식을 듣고 매우 감동하였으며, 그분을 한번 만나보고 싶었다. 그의 집에 갈 때 번체자의『지장보살본원경』한 권을 가지고 갔다. 마음속으로 생각하기를 그 남편은 대학 교육을 받은 지식인으로 만약 정말로 그의 정신병이 좋아졌다면 반드시 번체자를 알아볼 수 있을 것이라고 믿었다.

왕란 여사 집에 가서 그녀의 남편을 만나 보았다. 그의 키는 크지 않았으며 몸은 매우 야위고 이빨은 전부 빠졌으나, 두 눈은 오히려 생기가 있어 보여 큰 병을 앓고 난 후 처음으로 좋아진 모습이었다. 이웃들도 그를 보러 많이 왔었다. 그녀는 이웃들에게 자기 남편에게 (자기를) 아는지 모르는지 물어보라고 하였다. 그러자 남편은 "알아요. 자주 우리 집에 왔었다."고 말하였다.

이웃 중 몇 사람은 기뻐서 눈물을 흘리기도 했다. 왕 여사는 나를 가리키며 자신의 남편에게 아는지 물어보았다. 그는 나를 보더니 "온 적이 없어 알지 못한다."고 하였다. 모두들 박수를 쳤다. 그래서 나는 가지고 온 『지장경』을 꺼내 그에게 읽어 보도록 하였다. 그는 생각대로 한 자도 틀리지 않고 읽어 내려갔다. 박수와 웃음소리가 났다.

# 개구리 고기를 즐겨 먹은 과보

나는 장의(張義)라고 하며 금년 24세, 불교에 관하여는 초학에 불과하여 불법에 대해 별로 아는 게 없으며, 불법을 담론할 자격이 없다. 그러나 불교를 배우면서 나와 우리 가족들에게 일어난 일을 적어 여러 불자들에게 도움이 되고자 한다.

　나는 19세 때 큰 병에 걸렸다. 처음에는 오른쪽 다리가 마비되면서 걸을 때 힘이 빠져 병원에 가서 검사해 보니 매우 심각한 상태이니 빨리 입원하라고 하였다. 그날 저녁 양쪽 엉덩이뼈 관절 부분이 아파서 못 견딜 지경이었으며, 양쪽 다리는 움직일 수도, 만질 수도 없었다. 만약 누가 조심하지 않아 나의 침상에 부딪히면 아파서 온몸에 경련이 일어날 정도라서 사람을 보면 나를 만질까 봐 겁이 났다.

　부모님은 매우 놀라 천진(天津) 시내 대학병원을 전전하며 치료하였으나, 무슨 병인지도 밝혀지지 않았다. 내가 만질 수조차도 없는 몸으로 곳곳에 가서 검사를 해야 했으니 그때 받은 고통은 말할 수 없을 정도다. 지금 생각만 해도 가슴이 두근거린다. 그 당시 내 마음을 조급하게 한 것은 어느 병원에 가도 확실한 병명이 나오지 않은 것이었으며, 최종적으로 아마 '강직성 척추염'이라 할 수 있다는 판정을 받았다.

　의사는 부모님께 이 병은 치료할 수 없으니 집으로 데리고 가서 돌보라고 하였다. 그래서 나는 집으로 돌아왔다. 몸의 고통은 조금도 줄어들지 않고 하루 종일 움직이지 못한 채 침대에 누워 있었으며, 저녁이 되면 통증은 더욱 심하여 잠을 잘 수가 없었다. 그러니 부모님은 쉬지도 못하고 주야로 번갈아 나를 돌봐야 했다. 그들은 낮엔 백방으로 치료할 병원을 구하러 다니고, 저녁에는 잠도 편히 주무시지 못하였으니, 그때 나는 하늘 같은 부모님의 은혜를 깊이 느끼게 되었다.

어머니 직장 동료 중에 양씨라는 분이 계셨는데, 불교를 연구하여 불법의 이치를 깊이 깨달은 분이다. 후에 오대산 묘법 노스님에게 귀의하여 계·정·혜 삼학을 부지런히 닦으며 법을 널리 알리고 사람들을 제도하였다. 우리 부모는 사방으로 치료할 방법을 구하였으나 구하지 못하고 있는데, 양 여사로부터 묘법 스님께서 인과의 이치를 밝혀 많은 난치병자들로 하여금 병마에서 벗어나게 해 주신다는 이야기를 듣게 되었다. 그리하여 부모님은 시험 삼아 해 본다는 심정으로 묘법 노스님께 청하여 나의 병에 대해 말씀드렸다.

묘법 노스님은 듣고 난 후 잠시 멈추더니 다음과 같이 물었다.

"그는 개구리 고기 먹는 것을 좋아하지 않습니까?"

어머니가 대답하였다.

"맵게 볶은 참개구리 고기를 가장 즐겨 먹으며 일주일에 두세 번은 먹습니다."

"그는 현재 두 다리를 이렇게 벌리고 있지 않습니까?"

"그렇습니다. 두 다리를 스님께서 말씀하신 대로 그렇게 하고 있습니다."

245

스님은 또 말하였다.

"그가 두 다리를 벌리고 누워 있는 자세가 마치 개구리 다리 형상이 아닙니까?"

부모님이 이해하지 못하는 것을 보고 노스님은 말하였다.

"그의 병은 참개구리 다리를 너무 많이 먹어서 초래된 것이며, 이것이 바로 불교에서 말하는 인과응보라는 것입니다."

그런 후 스님은 또 부모님께 불교의 지식과 인과응보의 도리와 실례에 대하여 이야기하였으며, 친히 우리 집에 나를 보러 오시겠다고 하였다. 스님은 나를 본 후 꿋꿋하게 견딜 것을 격려하며 병에 놀라 쓰러지면 안 된다고 하면서 최대한 나를 돕겠다고 하셨다.

다만 나에게 스님이 시키는 대로 따르면 반드시 좋아질 것이라고 하셨다. 스님이 오시기 전까지 나는 하루 종일 고문과 다름없이 침대에 누워 하루를 한 해같이 지냈으며, 이후의 생활에 대하여 어찌해야 할지를 몰랐다. 그러나 스님의 말씀을 듣고 난 후 어둠 속에서 광명을 만난 것과 같이 더할 나위 없이 격앙되었으며, 스님만이 나를 구해주실 수 있을 것이라고 느꼈다. 이어서 스님은 인과응보와 육도윤회의 이치에 대하여 말씀해 주셨다. 당시에는 그다지 잘 이해하지 못했을지라도 내심 스님의 말씀대로 따라 행하면 반드시 병이 좋아질 것을 믿게 되었다. 스님은 나에게 몇 권의 불교 서적을 주시면서 열심히 읽어보라고 하셨다.

스님은 말씀하시면서 손으로 나의 다리를 주물러 주려고 하셨다.

모친이 황망히 저지하면서 "건드리지 마세요. 만지면 아파서 고함을 칩니다."라고 하자, 스님은 웃으면서 나에게 물었다.

"주물러 주어도 될까?"

본래 나는 다른 사람이 내 몸에 손을 대는 것은 매우 겁을 냈는데 스님이 물었을 때 오히려 스님에 대한 믿음 때문에 동의하였다. 노스님의 손이 나의 두 다리에 접촉했을 때 예상외로 조금도 고통이 없을 뿐 아니라 도리어 열이 나면서 저릿저릿한 게 매우 편안하였다. 내 입장에서는 두 다리가 새로 건강을 되찾게 된다면 그게 가장 큰 행복이고 만족이었기에 내 마음은 스님에 대한 공경으로 충만하였다. 아울러 처음으로 불법의 신비함과 위대함을 느꼈으며, 다시 새롭게 희망찬 생명의 불꽃을 피우게 되었다.

스님은 가실 때 나에게 다시는 개구리 고기를 먹지 말 것이며, 다시는 다른 동물을 죽여 먹지 말 것을 신신당부하면서 만약 전부 채식을 하게 되면 병의 치료에 아주 좋으며, 과거에 저지른 살생의 업에 대하여 진심으로 참회해야 한다고 하였다. 부처님이 우리에게 이르기를 "하늘에 가득 찬 큰 죄업도 한번 참회하면 소멸한다."고 하셨다고 하시면서 매일 나 때문에 죽은 많은 생명을 위하여 염불 천도하면 서서히 다리가 좋아질 것이라고 하셨다.

스님이 가신 후 나는 그분의 말씀에 따라 채식하며 염불하기 시작하였으며, 집안사람들에게 다시는 나를 위하여 살생하지 말라고 당부하였다. 그리고 나와 같이 염불하면 가장 좋으며 내가 하루빨리 회복하는 데 도움이 될 것이라고 하였다.

　이렇게 하면서 얼마를 지내자 병세가 안정되어 갔으며 아울러 좋은 방향으로 발전하기 시작하였다. 그 후 계속하여 친척, 친구들이 와 나의 신체가 매우 허약한 것을 보고 고기를 많이 먹어 영양 보충을 하라고 권하였다. 일반 사람이 볼 때 병이 있으면 보신을 해야 하며, 무엇을 먹으면 무엇에 좋으며, 신선한 것, 산 것일수록 영양 가치가 더욱 높다고 생각한다.

　그들의 본심은 내가 하루빨리 완쾌되기를 바라지만 "병은 입으로부터 들어온다."는 진정한 뜻을 누가 이해하겠는가? 주위 사람들이 모두 고기를 먹으라고 말하니 부모님도 나를 생각하는 마음에서 고기를 먹으라고 권하였다. 이유인즉 먼저 몸을 보양하고 나서 다시 채식을 하면 되지 않겠냐는 것이다. 그 당시 내 마음도 신심이 견고하지 못하고, 자신을 다스리지 못해 나는 또 고기를 먹기 시작하였다. 나중에 나 자신이 『지장경』에서 이야기한 "비록 선심을 발하여도 잠깐 사이에 퇴보한다."는 사람의 부류에 속한다는 것을 알게 되었다.

　다시 비린내가 나는 음식을 먹기 시작하고부터 두 다리는 점점 통증이 증가하여 주사를 맞고 약을 먹어도 효과가 없었다. 부모님은 이때 다시 묘법 노스님을 생각하고 스님을 청하려고 하였다. 양 여사는 스님은 이미 남방의 절에 설법하러 가셨다고 말하였다. 그 후 몇 번의 곡절을 겪으면서 마침내 스님과 연락이 되었다. 스님은 전화를 통해 첫 마디로 묻기를 "너 또 고기 먹었지?"라고 하셨다.

옆에 있던 어머니가 마음이 초조하여 입을 열었다.

"그렇습니다. 며칠 전 딸에게 모두가 보혈에 좋다고 말하여 선어(鱔魚)를 요리하여 주었습니다."

스님은 탄식하시면서,

"어째서 내가 한 말을 기억하지 않나? 그런 음식을 먹으면 네 몸에 좋을 게 없을 뿐 아니라 너의 죄업을 증가시킬 것이며, 나아가 병세를 가중시킬 것이다. 과거의 업은 없애지 못하고 새로운 업을 더하는구나. 지난번 내가 너에게 몸을 조리한 후 채식을 지속하면서 염불 참회하면 반드시 병세가 좋은 방향으로 발전할 것이며, 악화되지는 않을 것이라 했지?"

온 가족은 스님의 말씀을 듣고 난 후 후회막급이었으며, 이후로는 반드시 스님의 말씀대로 행할 것을 맹세하고 구제 방법을 청하였다. 스님께서는 나에게 『지장보살본원경』을 많이 독송해야 한다고 말씀하셨다. 읽을 때 진실된 마음, 참회하는 마음을 가지고 하면 점점 업장이 소멸될 것이며, 아울러 가능한 빨리 「대비주」를 배워 매일 지성으로 독송하면서 송주의 공덕을 법계 중생에게 회향하면, 자기 자신을 위할 뿐만 아니라 효과도 더욱 좋을 것이라고 하였다.

그때부터 나는 비로소 진정으로 불법을 공부하기 시작하였다. 매일 『지장경』과 「대비주」 염송을 지속하였다. 처음에는 모르는 글자가 많아 염불 테이프를 사 와서 한 자 한 자 배우며 지속하니 얼마 안 지나 『지장경』을 완전하게 읽을 수 있었으며, 「대비주」는 어느새 유창하게 암송할 수 있게 되었다.

나는 매일 집중하여 독경하고 송주하며 염불하였으며, 다시는 내 병이 언제 좋아질 것인지 염두에 두지 않기로 하였다. 일심으로 수행하며 모든 것을 인연에 맡기기로 하였다. 남들이 온갖 이유를 대면서 나에게 고기 먹을 것을 권했으나 다시는 동요되지 않았으며, 그러자 서서히 병세는 호전되기 시작하였다. 병원에 가서 검사해 보니 '대퇴골 괴사'라는 진단이 나왔다.

그 후 중의(中醫)에게 치료해 보니 이 병은 난치병에 속하며 속칭 '불사인의 암'이라 하였다. 그러나 나의 병은 점점 좋아졌다. 비록 정상인과는 차이가 있지만 이전과 비교하면 천양지차로 많이 좋아진 것이다. 나는 이것이 바로 '경계는 마음을 따라 바뀐다'는 것이라 느꼈다. 따라서 내 마음속에는 내 병이 무슨 병이든지 간에 두려움이 일어나지 않았으며 슬픔 같은 것도 없었다. 이것은 인과응보이니 고통을 참고 견뎌내야 하는 것이다. 악기(惡氣)가 없어지면 상서로운 기운이 남는다. 불법을 깊이 믿으면 반드시 나쁜 경계가 좋은 경계로 바뀔 것이다. 나에게 이런 일이 발생한 뒤부터 주위 모든 분들에게 나와 같은 전철을 밟지 않도록 계를 지키며 살생하지 말라고 권한다.

"인과응보는 그림자가 몸을 따르는 것과 같다."는 말은 매우 두려운 것이다. 아마 어떤 사람은 이렇게 생각할 수도 있을 것이다. '다른 사람은 개구리나 갖가지 동물들의 고기를 먹어도 왜 아무런 보응이 안 일어나는가?'라고.

나의 경우 병을 얻기 하루 전에도 내가 그 다음 날 드러눕게 될 줄은 꿈에도 몰랐다. 그 당시에는 누가 나에게 살생하여 고기를 먹으면 악한 과보가 있다고 일러 주어도 믿지 않았을 것이다.

"악에는 악보(惡報)가 있고, 선에는 선보(善報)가 있다. 보응이 없는 것이 아니라 시간이 도래하지 않았을 뿐이다."

"전생의 인을 알고자 하면 금생에 받는 것이 그것이며, 내생의 과를 알고자 하면 금생에 짓는 것이 그것이다."

"만법개공(萬法皆空)이며, 인과불공(因果不空)이다."

"인(因)이 있으면 반드시 과(果)가 있으며, 마치 그림자가 형상을 따르는 것과 같다."

불조께서 말씀하신 인과법문이다.

# 염불 왕생하신 외할머니

나의 외할머니는 지식인으로 대학교수이다. 일생 동안 선을 행하며 다른 사람에게 상냥하고 친절하였다. 처음엔 그분도 불교를 미신으로 여겼다. 그러나 내 일로 인하여 불교는 미신이 아니며 인과가 확실히 존재하는 것으로 생각하게 되었다.●

외할머니는 평생 건강하고 병과 재난이 없었으나 만년에 이르러 신체 곳곳에서 불편한 현상이 나타나기 시작하였다. 사실 이것은 정상적인 노쇠 현상이며 큰 고통은 없었다. 그러나 그녀는 자기 몸의 수명이 다하게 된 것으로 생각하고 스스로 애를 태웠다.

그 후에 양 여사가 여러 차례 가르침을 주면서 "모든 인연을 놓아버려야 하며, 몸에 과도하게 집착해서는 안 된다. 그리고 지금은 많은 경서를 읽을 필요 없이 단지 일심으로 염불하여 서방극락세계에 왕생하면, 대자대비하신 아미타불의 가르침을 받아 우주 인생의 진리를 깨쳐 모든 고통에서 진정으로 해탈할 수 있다."고 하였다. 그래서 외할머니는 모든 인연을 놓고 염불하기 시작하였다. 본래는 완전한 채식을 하려고 하였으나 자녀들이 연세가 많아 영양이 부족해진다며 조금이

●
이 이야기 또한 전편의 「개구리 고기를 즐겨 먹은 과보」의 주인공이 쓴 글이다.
_역자 주

나마 고기 먹기를 권하였다. 그래서 완전한 채식은 하지 못하였다.

외할머니가 83세 되는 그 해 어느 날 위가 불편하여 무엇을 먹으면 다 토하였다. 나중에 토한 것은 간장색의 액체였다. 먹는 것도 많지 않았으며, 게다가 언제나 토하니 정신이 맑을 때가 며칠 없었다. 횡설수설하며 혼미하였다. 입원하여 검사해 보니 의사는 노인이 돌아가실 때가 다 되었으니 치료를 하는 것은 아무런 의미가 없으며, 엑스레이 사진상 소뇌가 매우 위축되어 치매로 변한 것이라 하였다.

우리 온 가족은 모두 의사에게 백 분의 일의 가능성이라도 있으면 최선의 노력을 다해 달라고 부탁하였다. 그래서 병원에서는 수액 치료를 하기 시작했다. 나는 집에서 초조한 심정으로 어떻게 하면 효심을 다하여 외할머니를 도울 수 있을까 하고 생각하였다.

갑자기 의사가 치료할 필요가 없다고 한 말이 생각났다. '어찌 염불을 안 하고 외할머니의 극락왕생을 도울 수 있겠는가?' 그래서 전화를 걸어 양 여사에게 가르침을 구하였다.

그는 내게 외할머니를 위하여 『지장보살본원경』을 성심으로 염송할 것을 일러 주었다. 만약 수명이 다 되었으면 조만간 서방극락세계에 왕생하여 고통을 면할 것이며, 수명이 다하지 않았으면 조만간 회복하여 수행을 계속할 수 있을 것이라고 하였다.

나는 외할머니를 위하여 매일 성심성의껏 독경하였다. 경을 세 번째 독경할 때 외할머니가 깨어났다고 하였다. 정신도 매우 맑았으며 먹을 것을 요구하였다. 채식을 하였으며 고기는 들지 않았다. 외삼촌은 먼저 외할머니의 뜻에 따라 원하는 것을 주었다. 나는 독경의 불가사의함을 느끼고 더욱 경건하게 『지장경』을 일곱 번 염송하였다.

할머니는 이때부터 몸이 하루하루 좋아졌다. 어떠한 치매 증상도 없을 뿐 아니라 음성도 또랑또랑하였으며 기력도 충분하였다. 노인이 저승문에 들어갔다가 이렇게 좋은 상태로 회복되니 의사도 정말 알 수 없는 일이라고 말하였다. 의사는 병을 치료할 때 치료 과정을 이야기하고 외할머니는 치료하는 시간에 한편으로 같은 병실의 환자에게 염불할 것을 권하였다. 그들이 볼 때 할머니가 병실에 들어올 때는 사망 직전의 환자였는데, 예상 외로 현재 그들보다 회복이 훨씬 빠르니 매우 놀랐으며, 모두 불법을 배워 염불해야겠다고 말하였다. 이 사건은 적지 않은 사람들을 불법으로 인도하였으며, 외삼촌, 외숙모도 불법의 불가사의함을 느끼기 시작하였다.

외할머니는 퇴원 후 다시 채식하겠다고 말하니, 자식들도 이상의 과정을 직접 눈으로 보았으니 그렇게 따르기로 하였다. 외할머니는 내가 『지장경』을 염송한 자초지종을 듣고는 불보살이 자기를 구했다고 깊이 믿고 더욱 열심히 염불하였다.

이전에는 모든 가정 사정을 물었는데 이번에는 아무것도 관여하지 않았으며, 나에게 일심 염불하여 정토왕생의 자량을 준비해야 한다고 말하였다. 내가 매일 「대비주」를 염송하는 것을 보고, 나에게 「대비주」의 수승한 공덕을 듣고 「대비주」를 배우려고 하였다.

양 여사가 말하였다.

"「대비주」는 확실히 매우 수승합니다. 다만 노인네가 연로하시며 또 흔히 쓰지 않는 글자가 많으니 굳이 이것을 염송할 필요가 없습니다. 전심으로 '아미타불' 성호를 지송하면 됩니다."

하지만 외할머니는 기왕 「대비주」가 불법을 배우는 사람에게 필수적인 것이라면 반드시 배우겠다고 하였다. 그때부터 외할머니는 염불하는 시간 외에 특별히 시간을 내어 녹음 테이프를 따라 반복하여 배웠다. 연세가 많아 기억력이 떨어져 자주 잊어 버렸지만, 법을 배우겠다는 마음이 매우 견고하여 뜻을 바꾸지 않았다. 그녀가 완전히 암송할 때까지 반복하여 나에게 듣게 하면서 발음이 정확하지 않는 글자는 수정하게 하였고, 모든 글자를 정확하게 염송해야만 만족하였다. 이후 그녀는 매일 새벽에 일어난 후 먼저 「대비주」 일곱 번을 염송한 뒤 하루 종일 "아미타불"을 염하였다. 이와 같이 하기를 1년 이상 지속하였다.

외할머니는 매년 병원에 가서 한 번씩 수혈을 받았다. 어느 날 외사촌 형이 할머니를 모시고 수혈을 받고 있던 중 돌연 반대편 벽을 가리키면서 말하였다. "누가 창문을 열었나! 어째 이렇게 큰 바람이 들어오냐?" 하고는 혼수 상태에 빠져 버렸다. 형은 급히 의사를 찾아 응급조치를 하였다. 조금 지나 깨어난 외할머니가 의사에게 하는 말이 "의사 양반! 내가 돌아왔어."라고 하였다. 모두들 이상하게 여겼다. 할머니는 완전하게 정신이 돌아오자 자초지종을 이야기하였다.

"혼미해진 뒤 내가 매우 넓은 대로를 따라가는데 길 양옆에 많은 사람이 서서 소라를 불고 북을 치고 하는 것이 마치 나를 환영하는 것 같았으나, 나에게 말을 하는 사람은 없었어. 내가 계속 대로를 따라 앞으로 가니 작은 절이 보였지. 그런데 절 안에는 불상도 없고 아무도 없는 거야. 나는 이곳은 들어가면 안 되는 곳인가 생각하고 돌아왔어. 돌아 걸어오니 깨어난 것이야."

외할머니가 이야기를 마치자 병실의 환자들이 모두 놀랐다. 왜냐하면 사람이 죽으면 모든 일이 끝나는 줄로 생각했기 때문이다. 할머니를 치료하는 주치의가 말하였다.

"할머니, 당신이 간 그곳은 아마 토지묘(土地廟)일 것이며, 그곳은 당신이 가서는 안 되는 곳입니다. 반드시 아미타불이 당신을 맞이하여 서방극락세계에 가야 하며, 다른 어떤 사람이 맞이하면 절대로 가지 말아야 합니다."

알고 보니 의사 선생님도 불교인이었으며, 이것은 정말로 외할머니의 수행에 도움이 될 것이라 생각했다. 병원에서 집으로 돌아와 외할머니는 모두에게 이러한 일련의 경험을 이야기한 후 반드시 인과와 육도윤회를 깊이 믿고, 조속히 불교에 귀의하고 불법을 수행하여 삼계를 벗어나 생사를 해탈할 것을 권하였다.

한 달 후 어느 날 오후, 우리 집에 모셔둔 불상이 갑자기 탁자 위에서 미끄러져 내렸다. 매일 내가 불상을 깨끗하게 닦고 모셔 놓는데, 지금까지 한 번도 이런 일이 없었다. 나는 재빨리 불상을 다시 새로 모셔 놓으니 이때 외할머니가 나에게 말했다.

"부처님이 내려왔어. 내가 빨리 가야겠다."

나는 듣고 재빨리 말했다.

"할머니, 그렇게 생각하지 마세요. 아직 사실 날이 많이 남아 있습니다. 이건 오늘 내가 다 닦지 않고 모셔 놓아서 불상이 떨어진 것입니다. 할머니와는 관계가 없습니다."

하지만 그분은 여전히 말했다.

"갈 때가 되었어."

저녁에 어머니가 돌아오니 외할머니는 속이 안 좋아 아무것도 먹고 싶지 않다고 하였다. 그날 저녁 할머니는 토하기 시작하여 연 사흘을 토하였다. 평소 나는 매일 저녁 잠자고부터 날이 샐 때까지 한 번도 일어나지 않는 습관을 갖고 있는데 나흘째 되는 날 새벽 4시경 나도 모르게 갑자기 일어나졌다. 할머니 방에서 무슨 동정이 있기에 건너갔다. 가서 보니 어머니, 누나 모두 이미 혼수 상태에 빠진 할머니를 돌보고 있었다. 어머니는 누나에게 외사촌 오빠에게 빨리 연락하라며 병원으로 후송할 준비를 시켰다.

이때 나는 재빨리 할머니 귀에 대고 말했다.

"제발 아미타불 염불하시는 것을 잊지 마세요. 반드시 서방극락세계에 가십시오."

두 분 사촌 형님이 도착한 후 외할머니는 갑자기 깨어나시면서 말하기를,

"너희들 어째서 모두 왔니?"

두 분 형님은 말했다.

"좀 이따가 병원에 모시려고요."

할머니는 말했다.

"나는 옷을 갈아입어야겠다."

어머니가 할머니더러 조급해하지 마시고 가실 때 다시 입으시라고 하였으나 할머니는 그래도 옷을 갈아입으려고 하셨다. 어머니가 물었다.

"배고프세요? 배고프면 우유를 마시세요."

할머니는 우유를 한 잔 마셨다. 그리고는 침대 밑에 정리해 둔 옷을 다 입은 후 갑자기 머리가 돌아가면서 몸도 아래로 내려앉았다. 두 형은 급히 할머니를 침대로 모셨다. 두 형은 "병원에 가지 말자. 어디가도 늦을 것이다."라고 하였다. 어머니가 울기 시작하자 두 형은 "울지 말아야 한다. 노인이 왕생하는 데 영향을 주니. 너희들은 옆방으로 가서 뒷일을 상의하고 우리는 노인을 위하여 조념을 하겠다."고 말했다.

나와 누나는 바닥에 꿇어앉아 큰 소리로 염불하고 아울러 할머니 귀에 대고 큰 소리로 말하였다. 반드시 믿음을 굳게 하고 극락세계에 왕생해야 한다고 하였다. 큰형과 형수는 나의 일 때문에 부처님을 믿고 불교를 배우기 시작한 것이다. 조념은 새벽 5시부터 시작하였다. 할머니는 돌아가실 때 눈을 뜨고 입을 벌리고 있었는데, 염불을 아침 8시까지 하였을 때 눈을 감고 입도 닫았으며 매우 자상하고 편안한 모습이었다.

이때 친척들이 다 와서 외사촌 형이 장례를 상의하였다.

"할머니께서 기왕 부처님을 믿고 서방극락세계에 왕생하시기를 원하였으니, 큰아버지, 삼촌께 청하오니 저는 불교식으로 장례를 준비하려고 합니다. 의견은 어떻습니까?"

모두 일치하여,

"단지 노인에게 유익하다면 무슨 방법이든 모두 좋다."

사촌 형은 다시 말하였다.

"모두가 할머니에게 매우 효성스러우니 극락세계에 왕생할 수 있도록 다 같이 도웁시다. 슬픔을 자제하시고 큰 소리로 울지 마십시오. 염불을 원하시는 분은 우리와 같이 할머니 옆에서 염불하고, 그 밖의 사람은 장례 일을 상의하십시오. 8시간 후 할머니를 목욕시켜드리고 옷을 갈아입힐 수 있습니다. 그런 뒤에 빈소를 설치합시다."

아침 9시경 나는 양 여사에게 전화를 걸어 한 번 오셔서 조념의 일을 지도해 달라고 부탁하였다. 얼마 후 양 여사는 문을 들어서며 말했다.

"매우 좋습니다. 노부인은 이미 서방에 왕생했습니다. 전화를 받은 후 바로 내 눈앞에 노부인이 깨끗한 꽃 속에 단정히 앉아 있는 모습이 나타났습니다. 그리고 주변에 몇 사람이 꿇어앉아 염불하고 있었으며, 노부인은 염불 소리 가운데서 서서히 서방으로 향해 공중으로 올라가는 모습이 보였는데, 그 경계가 매우 상서롭고 장엄하였습니다.

259

노부인은 평생 선을 행하고 만년에 일심으로 염불하면서 왕생을 원했으며, 또 임종 시 전 가족이 조념하고 법대로 장례를 준비하였기 때문에 직접 서방극락세계에 왕생하였습니다."

양 여사도 우리와 같이 계속 조념하였다. 그리고 몇 명의 사촌 형·누나는 비록 부처님을 믿지는 않지만 자기 할머니에 대해 이와 같이 많은 불가사의한 현상을 듣게 되고 아울러 우리 모두 꿇어앉아 성심으로 노인을 위해 염불하는 것을 보면서 같이 꿇어앉아 염불하기 시작하였다.

유체를 화장한 후 나는 할머니에게 『아미타경』을 49일 동안 독송해 드리겠다고 발원하였다. 그리하여 노인의 왕생 품위가 올라가며 아울러 노인이 몸을 나타내 우리에게 안심시켜 줄 것을 희망하였다. 큰형과 형수도 매일 노인을 위하여 독경하였다. 독경한 지 사흘 후 사촌형이 전화를 걸어 나에게 알려 주었다.

아침에 형수가 일어난 후 정리하느라 매우 피곤하여서인지 눈을 뜨려고 해도 뜰 수가 없었다. 이때 갑자기 눈앞이 밝아지면서 노인이 그녀 앞에 서 있는 것이 보였다. 몸에는 스님 옷을 입고 이미 머리를 깎은 모습이었다. 생전에는 키가 작고 야위었는데, 당시 키가 매우 높고 컸으며, 야위지도 않고 얼굴에 홍조를 띠고 있었다.

형수가 노인을 알아볼 수 있었으며, 노인은 그녀를 보고 미소를 지어 보였단다. 형수는 본래 노인의 정상(頂上)에 스님의 계 받은 흔적을 보려고 했으나, 노인의 머리에는 금빛이 빛나면서 눈이 부셔서 볼 수 없었으며, 나를 부르려고 했으나 입을 열려고 해도 열리지 않았으며, 상서로운 모습이 이삼 분간 지속되다가 서서히 소멸되었다고 하였다.

나는 이 말을 듣고 매우 기뻤으며, 염불심이 깊으면 소원이 반드시 이루어진다는 것을 느꼈다.

.

부록

고행두타 묘림 스님 이야기

선화 상인의 법문

묘법 스님의 법문

묘법 스님의 법문

묘법 노스님의 자비법문은 이따금 제호(醍醐)를 정수리에 붓는 것같이 듣는 사람으로 하여금 마음이 탁 트이게 하고 법의 희열이 충만하게 한다. 다음은 스님 법문의 일부분을 정리한 것이다.

**문**  장래 절을 짓기 위하여 보시를 많이 하려고 합니다. 어떻게 하면 돈을 많이 모을 수 있습니까?

**답**  재물은 땔감과 같아 많이 모아도 이익이 없으며, 한 번 태우면 자기의 몸이 타기 쉽습니다. 땔감은 방을 따뜻하게 할 수 있으며, 필요할 때 줍기만 하면 됩니다. 너무 많이 탐하면 안 됩니다. 너무 많으면 숨은 근심거리가 됩니다.

**문**  모 점쟁이가 말하기를 제 남편은 최근 몇 년간은 관운이 좋으나 재운은 좋지 않으므로 회사 이사장, 대표이사 등의 직위를 맡는 것은 좋지 않다고 하는데, 이렇게 말하는 것이 일리가 있습니까?

**답**  그 점쟁이의 말이 어느 정도 일리가 있습니다. 그러나 수행자의 운명은 바뀔 수 있는 것입니다. 소위 말하는 운명은 30퍼센트가 명(命)이며, 70퍼센트는 운(運)입니다. 운은 바로 시운(時運)이며, 소위 때가 되어 운이 돌아오는 것을 말합니다. 따라서 시기를 잘 포착하는 것이

265

관건입니다. 어떻게 하면 시기를 잘 잡을 수 있는가? 그것은 개개인의 각성(悟性)의 수준에 달려 있으며, 동시에 평상시의 수양(修養)을 봐야 합니다. 도를 깨달으면 시기를 파악할 수 있으며, 자기의 운명을 바꿀 수 있습니다.

**문** 천진에 사는 어떤 거사에게 몇 년 전 친구가 소련산 수캐를 보내왔는데, 이 거사가 육식을 끊고 채식을 한 후로 이 개도 고기를 먹지 않았습니다. 주인이 아침, 저녁 예불을 할 때마다 그 개는 주인 옆에서 조금도 움직이지 않고 마치 경을 듣고 있는 것 같았으며, 어떤 때는 거리에 나갈 때 암캐가 그를 가까이하려고 하면 그는 언제나 머리를 돌려 도망을 쳤습니다. 나중에 그의 머리 위에 (스님들이 머리 위에 받는 계의 흔적과 같이) 수계를 받은 것 같은 흉터가 드러난 것을 발견하였는데, 이건 어찌된 일입니까?

**답** 그 개는 채식을 좋아하며, 또 음욕심이 없고 경법 듣기를 좋아하며, 투쟁심이 없으니, 그는 축생 중의 수행자라 할 수 있고, 머리 위에 계의 흔적이 나타날 수가 있지요. 부처님은 이전에 사슴이 되었으며, 「관세음보살보문품」 가운데도 관세음보살이 갖가지 몸으로 현신하여 중생을 교화한다고 설하고 있습니다. 따라서 이것은 기이한 것이 아니며 그 개는 현신설법을 하는 것이지요.

**문** 사주팔자가 좋지 않은 사람과 함께 일해도 괜찮습니까?

**답** 불교를 수행하는 단체는 바로 큰 용광로와 같아 모든 것을 다 받아들입니다. 불법은 지극히 강한 것으로서 깨뜨리지 못할 것이 없으며, 또한 지극히 부드러워 받아들이지 못할 것이 없습니다. 따라서 모두가 다만 정념을 가지기만 하면 대업을 함께 도모할 수 있는 것입니다.

**문** 모 여신도가 줄곧 경건히 절에 자주 보시하고 법회에 참가하였습니다. 그러나 그녀는 최근 폐암이 걸렸습니다. 병원에서는 치료할 수 없다고 합니다. 스님, 이 신도가 병을 얻게 된 원인이 무엇인지 가르쳐 주십시오.

**답** 사람은 명리(名利)에 연루되어 자기를 높이는 아만심을 내서는 안 됩니다. 사람은 맨손으로 이 세상에 와서 빈손으로 이 세상을 떠납니다. 명리는 눈을 스쳐 지나가는 연기나 구름같이 금방 사라져 버리니, 명리 때문에 절대로 아만심을 높여서는 안 됩니다.

왜냐하면 단지 청정심을 가지기만 하면 부처님의 가피를 얻을 수 있기 때문입니다. 만약 재물로써 사원에 보시하면 사원은 금을 쌓고 은을 쌓는 궁전과 같아서 수행자의 청정한 범행을 오염시킬 것입니다. 만약 재물로써 공양할 뿐만 아니라 또한 덕행으로 사원을 호지(護持)하면 사원은 비로소 진정으로 만덕(萬德)이 장엄한 도량이 될 것이며 시방 중생을 널리 제도하게 될 것입니다.

경을 독송할 때 많이 하고 빨리하는 것을 탐하지 말아야 하며, 독경 시 마음과 입과 눈이 서로 관조될 수 있도록 해야 하며, 절대로 혼침에 빠져서는 안 됩니다. 이와 같이 일 자 일 구를 독송하면 천 자, 천 구를 독송하는 것과 같으며, 한 부의 경을 독송하는 것이 만 부의 경을 독송하는 것과 같아, 법계 중생 모두 이익을 받을 수 있습니다.

탐·진·치의 언행을 각별히 삼가야 하며, 더욱이 탐·진·치의 마음을 거두어들여야 합니다. 그러면 화근을 철저히 없애는 것과 같이 후환을 남기지 않게 될 것입니다.

(내가 스님의 법문을 이 여신도에게 전달하니, 그녀는 스님의 비판이 옳으며, 말씀하신 것 모두 자기의 결점이니 앞으로 깊이 참회하겠다

고 말하였다. 그 후 그분은 병에 대한 생각을 완전히 놓아 버리고 집에서 『양황보참』으로 참회하고, 『지장경』을 일곱 번째 독송하였을 때 자기의 병이 좋아졌음을 느끼고 병원에 가서 진찰을 해 보니, 종양은 이미 악성에서 양성으로 변하여 병원에서 수술을 건의하였다.

그녀는 뜻밖의 성과에 매우 기뻐하며, 스님의 가르침을 더욱 굳건히 믿고 수술을 하지 않았다. 그녀는 집에 돌아와 여전히 『지장경』을 지속적으로 염송하여 마흔아홉 번째에 이르렀을 때 체력이 왕성해짐을 느끼고, 매일 백팔 배를 해도 피곤한 줄을 몰랐다. 그리하여 다시 병원에 가서 검사를 해 보니 폐에 있던 종양이 완전히 없어졌으며, 한 점의 흔적도 없었다. 정말로 기적 같았다. 약 5년이 지난 후, 2000년 설날 특별히 천진으로 나를 찾아왔는데 원래보다 더 건강하고 젊어 보였다.)


**문** (어떤 젊은 사람이 모친과 장모 사이의 관계가 좋지 못하여 스님께 물었다.) 어떻게 해야 두 분 사이의 관계를 동시에 좋아지게 할 수 있겠습니까?

**답** 모친을 장모처럼 대하고, 장모를 모친처럼 대하십시오.


**문** 견 여사의 병세는 어찌하여 더욱 깊어졌습니까? 그녀는 불교에 귀의한 지 여러 해 되었으며, 그동안 각고의 수행을 해 왔습니다. 회복될 기미가 없겠습니까?

**답** 고해무변(苦海無邊)입니다. 보살의 자비선(慈悲船)은 항상 중생을 피안으로 건널 수 있도록 도와주는데, 언제 고해를 떠난 적이 있습니까? 중생이 고통을 받는 것은 미혹하여 깨닫지 못하기 때문입니다. 스스로 고해가 무변하여 돌아갈 언덕이 없으니 애처롭고 안타깝군요. 보살이 중생의 괴로움을 구제하는 것은 깨달아 미혹하지 않기 때문이니, 설령 고해를 떠나지 않더라도 반야(般若)가 언덕이 되니, 어느 곳이라도 마음이 편안하지요. 이것이 바로 '번뇌즉보리(煩惱卽菩提)'의 도리이며, '소위 허공에서 미세혹을 굴리며 미진 가운데서 대법륜을 굴린다'는 것입니다. 좋습니다. 놓아 버리십시오.

**문** 일심으로 수행하면서 결혼할 생각이 없는데, 부모님들은 그것을 허락하지 않으니 어떻게 해야 할는지요?

**답** 남녀의 결혼은 본래 천지의 당연한 도리입니다. 불문의 속가 제자도 예외는 아니며, 그들이 결혼하는 것을 스님도 찬성하는 것은 그들이 결혼한 후 불교 가정을 만들어 재가 수행의 모범이 되기를 희망하기 때문입니다. 아내가 되는 길은 마땅히 남편을 공경하고 자녀를 사랑하며, 시부모를 시봉하며, 근검 절약하여 수입에 맞게 지출하고, 영욕을 함께하면서 영원히 원망하는 말을 하지 말아야 합니다.

남편이 되는 길은 모름지기 아내를 여동생같이 아끼고, 떠나거나 버리지 않으며, 가업을 책임지고 생활의 어려움을 두려워하지 않으며, 몸소 모범을 보여 자녀를 올바르게 교육시켜 인재로 만들어야 할 것입니다. 이와 같이 가정을 꾸려 나가면 반드시 가정은 화락하고 원만할 것이며, 모든 일이 뜻대로 순조로울 것이며, 장차 사바세계의 업이 다하면 반드시 극락세계에 왕생하여 수행하게 될 것입니다.

**문**  딸이 내년에 천진미술대학에 응시하려고 합니다. 딸이 시험에 합격할 수 있겠습니까?

**답**  사람됨이 올바르며, 효순스러워야 하고, 학생은 부지런해야 하며, 딸이 되어서는 얌전해야 합니다. 이 네 가지 점을 노력하면 반드시 마음먹은 대로 일이 이루어질 것입니다.

**문**  저는 사람들에게 불법을 이야기하는 것을 매우 좋아합니다. 불법을 말할 때 주의해야 할 점은 무엇입니까?

**답**  불법을 널리 펴는 것은 당연히 좋은 일입니다. 다만 시간에 주의하고 함부로 해서는 안 됩니다. 아침 8시부터

11시까지, 오후 2시부터 5시까지, 저녁 7시부터 9시까지가 법을 이야기하는 데 가장 좋은 시간입니다. 한 번법을 강의하는 데 길어도 3시간을 넘지 말아야 합니다. 이야기하는 분은 정력이 왕성하고 듣는 분은 주의력을 집중해야 불법의 이치를 깊이 체득하여 깨닫기가 쉽습니다.

그 이상을 넘어서면 몸과 정신이 피로하여 많이 이야기하여도 무익합니다. 남의 사표(師表)가 되는 데는 반드시 규칙을 준수해야 하며, 먼저 자기 스스로 규율을 바로잡아야 남을 규율할 수 있습니다. 마음대로 행동하면 규율이 없어 스승의 도를 파괴하니, 어찌 후학들에게 모범을 보일 수 있겠습니까? 삼가 기억해야 합니다.

**문** 어떻게 수행해야 이익을 얻을 수 있습니까?

**답** 수행은 고통스러우며, 심지어 견디기 어려울 때가 있습니다. 마치 독약을 삼키면 그것을 토해내야 하는 것과 같지요. 하지만 당신은 영원히 다른 사람의 배 속에서 당신이 삼킨 독약을 토해내기를 바랄 수는 없는 것입니다.

수행은 급히 이루려고 해서는 안 됩니다. 제불보살이 언제나 수행자를 가호하나 당신들이 먼저 무시 이래 삼킨 독약을 토해내야 비로소 제호의 미묘한 맛을 맛볼 수 있습니다. 이것이 바로 낡은 것을 버리고 새로운 것을 받아들인다(吐故納新)는 도리입니다.

따라서 불법을 배우려면 먼저 아집을 타파해야 하고, 시비를 분별해서는 안 되며, 모든 원한은 다 자신이 다겁 이래로 지은 업장의 발현이니 경건하게 참회하면 수습될 것입니다. 마구 책망하기만 하면 평지풍파를 일으키고 공연히 원한을 증가시켜 해탈할 수 없을 것입니다.

# 선화 상인의 법문

(宣化上人)

선화 상인은 근세 중국의 대선지식 중의 한 분으로 문화대혁명 전에 미국으로
건너가 크게 교화를 펼치신 분이다. 묘법 노스님이 스승으로 모시는 분이며,
묘법 스님은 그분을 관세음보살의 화신이라고 하였다. _ 역자 주

## 죄업을 소멸하는 길

◉

우리가 불교를 배우는 것은 다른 사람에게 고통을 주지 않는 법을 배우는 것이다. 그러므로 불교 신자는 채식을 해야 한다. 왜냐하면 고기를 먹는 것은 다른 중생의 생명을 해치는 것이기 때문이다. 만약 동물이 인간에게 먹히기 위해서 존재하는 것이라고 말한다면, 그렇게 말하는 사람은 또 누구에게 먹히기 위해서 존재하는 것인가? 만약 이 세계를 진정으로 깨끗이 하고 모든 독을 없애려고 하면 채식을 하고 고기를 먹지 말아야 할 것이다.


◉

무릇 학질, 암 등과 같은 악한 질병은 모두 내면의 귀신이 지배하여 사람의 오장육부를 뒤틀리게 만들고, 사대(四大)를 조화롭지 못하게 한 것으로서 다 업장이라는 귀신이 장난치는 것이다. 왜냐하면 만일 사람이 숙세의 업장이 있으면 때가 되어 귀신이 빚을 갚으러 오기 때문이며, 또한 그 사람의 양기(陽氣)가 부족하면 음기(陰氣)가 성하고 양기가 쇠하므로 귀신이 그 틈을 얻어 들어오기 때문이다.

　그대가 만약 항상 번뇌가 없고 지혜가 현전(現前)하면 귀신이 비집고 들어올 틈을 얻지 못한다. 일단 욕념(欲念), 무명(無明)이 일어나면 귀신이 뚫고 들어오기가 쉽다. 따라서 세상의 모든 질병은 인과에 의한 것이다. 심지어 모기가 물고, 벌이 쏘는 것, 나아가 인간 세상에서 만나는 모든 것이 다 인(因)과 과(果)가 서로 교차하는 것임을 알아야 한다.

　　사람이 만약 이런 도리를 깨달으면 잘못된 일은 감히 털끝만큼도 할 수 없으며, 한번 잘못된 일을 저지르면 그에 대한 과보를 받아야 한다는 것을 알 것이다.


●

그대가 만약 자신의 잘못을 알고 참회하여 잘못을 고칠 수 있다면 죄업에 묶인 것을 풀 수 있으며, 그러면 죄업은 곧 소멸되고 병이 없어진다. 그대에게 병이 있을 때 온몸에 땀을 흘릴 정도로 참회하고 나면 점점 병은 나아질 것이다.


## 신통의 문제에 관하여

무엇을 신통이라 하는가?

　　소위 말하기를 "묘한 작용 헤아리기 어려움을 신(神)이라 하며, 무애자재함을 통(通)이라 한다."고 합니다. 헤아릴 수 없고 장애가 없는 사람은 자재한 힘을 쓸 수 있으니 천변만화(千變萬化)하며, 이는 보통 사람(凡人)이 헤아릴 수 없는 불가사의한 경계입니다.

신통은 어디로부터 오는 것인가?

간단하게 말하면 소승인은 사제법(四諦法)을 닦고 십이인연법(十二因緣法)을 관하여 원만한 경계에 도달하면 신통을 얻게 됩니다. 대승인은 육도만행(六度萬行)을 닦고 참선·좌선하며 지관(止觀)을 수습하고 보살도를 행하여 원만한 경계에 도달하면 곧 신통을 얻게 되는 것입니다.

나한(羅漢)의 신통과 보살(菩薩)의 신통은 같지 않습니다. 나한의 신통은 일정한 한계가 있어 단지 삼천대천세계 이내의 사물을 볼 수 있고 들을 수 있으며, 팔만대겁 이내의 인연을 알 수 있습니다. 다만 마음을 내어 관찰해야 비로소 알 수 있습니다.

그러나 보살의 신통은 한량이 없으며 미진 속의 세계, 세계 속의 미진, 무량세계의 부처님을 볼 수 있으며, 무량세계 제불의 묘법을 설하는 소리를 들을 수 있으며, 무량세계 가운데의 중생과 일체의 심념(心念)을 알 수 있으며, 팔만대겁 밖의 인연도 알 수 있으며, 또한 정(定) 중에서 관찰할 필요 없이 한 번 생각하면 곧 알 수 있습니다. 보살은 보살도를 행하여 공덕이 원만하기 때문에 이러한 갖가지의 신통을 얻을 수 있는 것입니다. 우리가 만약 보살심을 발하여 보살도를 행하면 여러 가지의 신통을 얻을 수 있고, 단지 수행하여 원만하게 되면 구하지 않아도 저절로 얻게 됩니다.

보살은 신통을 얻은 후 신통을 드러내어서는 안 되는가?

아닙니다. 만약 보살이 신통을 얻고 신통을 시현하지 않으면, 신통이 있어도 무슨 소용이 있겠습니까? 마치 어떤 사람이 보배 구슬(寶珠)을 가지고 있으면서 옷 속에 감추어 놓고도 그것이 무한한 가치를 가진 보물임을 알지 못하는 것과 같은 것입니다. 자기가 가난하여 밥도 못 먹고, 옷도 못 입고, 살아갈 집도 없으면서 보배 구슬을 돈으로 바꾸어 사용할 줄 모르는 것과 같지요.

신통이 없으면 신통을 쓰려고 해도 쓸 수가 없습니다. 나무에서 고기를 구하는 격이며, 어리석은 사람이 꿈을 이야기하는 것과 같습니다. 그러나 만약 신통이 있으면 최대한 신통을 쓸 수 있습니다. 중생을 교화하는 데 신통을 이용하면 빠른 효과를 볼 수 있습니다. 중생의 신앙심을 증장시키며 일을 하는 데 배의 효과를 볼 수 있는데, 이것이 선교방편(善巧方便)의 법입니다.

그러나 여러분은 주의해야 합니다. 마(魔)도 신통을 드러낼 수 있으며, 신통을 탐하는 사람, 정력(定力)이 없는 수행자를 올가미에 걸리게 하며, 도업을 잃게 하여 마왕의 권속이 되게 합니다. 이 점을 특별히 주의하고 신중해야 합니다.

지금 세상에서 불교 지식이 없는 사람, 특히 깊이 알지 못하는 불교도는 쉽게 부화뇌동(附和雷同)하게 됩니다. 불법의 진리와 비슷한 것 같으면서도 다르면 깊은 이해를 구하지 않고, 심지어 전혀 아무것도 모르며 불법의 그러한 까닭을 연구하지 않습니다. 가령 신통을 보이는 사람이 있으면 조금 이상한 것에 크게 놀라면서 말하기를 "말법시대에는 신통을 가질 수 없어!"라고 합니다. 하지만 이 말은 얼마나 유치한지 모릅니다. 그야말로 지옥의 종자이며 불법에 대하여 조금도 이해하지 못한 것입니다.

여러분은 주의해야 합니다. 무슨 일이든지 철저하게 알기 전에는 함부로 비평하면 안 되며, 더욱이 함부로 단정적으로 말하면 안 됩니다. 불교에는 진정한 진리가 있으며, 만고불변의 법칙이 있으며, 아주 세련된 귀중한 가르침이 있습니다. 이 모두가 부처님의 입으로 말씀하신 것이며, 부처님의 경험을 이야기하신 것으로서 결코 눈 가리고 아웅 하는, 자기도 속고 남도 속이는 도리가 아닙니다.

부처님께서 말로 가르치신 것은 경장(經藏)이며, 몸으로 가르치신 것은 율장(律藏)이며, 제자들의 주해는 논장(論藏)으로서 삼장 십이부경은 바로 진리의 가르침, 진실한 교의입니다.

진리가 있는 곳은 시방 제불이 보호하며, 진리가 있는 곳은 시방의 제보살이 보호하며, 진리가 있는 곳은 천룡팔부가 와서 보호합니다. 진리를 이해하면 비로소 진정한 불교도입니다. 진리를 이해하지 못하면 자기도 그르치고 남도 그르치게 합니다. 여러분! 진리를 확실히 인식해야 하며 시비를 명백히 판단해야 합니다. 흐릿하여 남들이 무엇을 말하면 그대로 믿어서는 안 됩니다.

보살이 신통을 얻는 것은 무엇 때문인가?

한마디로 말하면 선교방편으로 중생을 교화하기 위해서이며, 중생으로 하여금 보리심을 발하여 속인과 함께하여도 오염되지 않기 위해서 입니다. 만약 남이 말하는 대로 따라 말하게 되면 멍청한 불교도입니다. 진리를 연구하지 않을 뿐 아니라 도리어 삿된 법을 추구하고 삿된 법을 믿고 정법을 비방하는 이런 부류의 불교도는 정말로 가련합니다.

지금은 말법시대입니다. 많은 법신 대사(法身大師)가 자비의 배를 몰고 사바세계로 와서 중생을 교화하며 중생을 각성시키고 삿된 지견인 마설(魔說)을 멀리 떠나게 하며 바른 지견의 부처님 법문을 가까이하게 이끌어 줍니다. 가르침에 따라 봉행하고 법에 의거하여 수행하며 계율을 엄수하고 실행하면 이것이 바로 정법이고, 그렇지 않으면 그것은 삿된 법입니다. 무릇 계율에 부합하지 않는 것은 절대로 해선 안 되며, 계율에 부합하면 힘써 행하는 것이야말로 보살이 가야 할 길입니다.

보살은 절대로 사사로이 자기의 이익을 도모하지 않으며, 결코 명예를 추구하지 않습니다. 보살은 절절한 자비심으로 간곡하게 잘 인도하고 중생을 교화하여 이고득락하게 합니다. 보살은 중생의 이익으로 출발점을 삼으며, 자기의 이익을 앞세우지 않습니다. 이것이 바로 보살의 정신입니다. 보살은 자비의 심장을 가지고 감정으로 일을 처리하지 않습니다. 무연자비(無緣

慈悲)와 동체대비(同體大悲)의 사상을 가지고 있으며, 절대로 분별심을 일으켜 중생을 보지 않으며, 모든 중생은 제도될 수 있다고 생각합니다. 노고를 마다하지 않고 원망을 두려워하지 않으며, 불철주야로 물에 빠진 중생을 구하여 고해에서 벗어나게 합니다. 이것을 자기가 마땅히 해야 할 일이라 생각합니다. 그렇기 때문에 보살은 신통을 얻게 되고, 보살이 신통이 있으면 신통을 나타낼 수 있는 것입니다.

왜 사람들은 신통을 보이면 안 된다고 생각하는가?

이것은 잘못된 논리입니다. 신통을 비판하는 자는 다른 속셈이 있는 것입니다. 불교의 정법을 오래 머무르지 못하게 하며, 같은 무리보다 뛰어난 불교도의 존재를 부인하고자 하는 것입니다. 최근 지혜가 없는 몇몇 불교도는 도처에서 말법시대에는 신통을 드러내면 안 되며, 신통의 가능성조차 없다고 하는데 왜 그런 선전을 하는가? 왜냐하면 그는 어리석기 때문에 힘써 수행하기는 싫고 자기보다 도가 높은 사람에 대한 질투심 때문에 훼방을 놓는 것입니다. 자신이 신통이 없으니 다른 사람도 신통이 있을 리 없다고 생각하는데, 그는 신통이 없을 뿐 아니라 신통이 있는 수행자가 있더라도 알아볼 수 없습니다. 신통이 있는 사람은 그가 삿된 지견을 가지고 있다는 것을 알기 때문에 소위 '마주쳐도 지나쳐 버리니 눈앞에 있는 좋은 기회를 놓치고 만다'는 것처럼 그는 신통 있는 사람을 만나더라도 알지 못합니다. (신통이 있는) 보살은 정지견(正知見)의 수행자를 만나게 되면 필요에 따라 신통을 드러내어 그의 신심을 증장시켜 힘써 수행하게 해 해탈에 이르게 합니다.

여러 선지식들, 어느 분이 신통이 있는지를 막론하고 나는 당신들이 신통을 드러내는 것을 환영합니다. 만약 죄가 있다면 나 한 사람이 짊어지겠습니다. 지옥에 떨어져도 나는 기꺼이 죄를 받겠습니다. 당신들과는 관계가 없으니 두려워하지 마십시오. 단지 여러분들이 신통이 없어 보일 수 없는 것을 두려워하십시오. 만약 신통이 있으면 최대한 신통을 드러내십시오. 나는 절대적으로 지지합니다. 여러분을 도울 것입니다.

말법시대에는 진심으로 수도하는 사람이 필요하고, 깨달은 사람이 필요하며, 과를 증득한 사람이 필요합니다. 과를 증득한 후 다시 머리를 돌려 인연 있는 친구를 끌어들여 삼계를 벗어나게 하고, 상적광정토(常寂光淨土)에 가게 하는 것이 내가 여러분에 대한 기대이며 희망입니다.

# 고행두타(苦行頭陀) 묘림(墓林) 스님 이야기

●
1990년대 삼보일배로 4대 보살 성지(오대산, 아미산, 보타산, 구화산)를 참배하기를 발원하여 실천하였다. 그 과정에서 섬서성 서안 근처 진령(秦嶺)을 넘어가던 중 어떤 노스님으로부터 "호흡오음염불법"을 전수받아 불자들에게 보급하였다. 지금은 일체 외부 활동을 끊고 폐관수행 중이라고 한다. _ 역자 주

# 잡념이 변화하여 법신이 되는 도리

무엇이 견성성불(見性成佛)인가?

부처님을 믿는다는 것은 바로 자기가 부처이며 부처님의 삼신(三身)을 갖추고 있다는 것을 믿어야 한다. 삼신은 바로 법신(法身), 보신(報身), 화신(化身)을 말한다.

이러한 도리를 어떻게 인식하는가? 부처님께서 말씀하시기를 "식심(識心)은 본원과 통하고 성품(性品)은 작용이 있다."고 하셨다.

무엇이 본원인가? 본지풍광(本地風光). 본지풍광에 범부와 성인이 함께 머문다.

무엇이 작용인가? 주변법계(周邊法界). 주변법계는 부처님의 삼신이다.

육신(肉身)이 변화하여 보신이 된다. 육신은 잡념으로 이루어져 업에 따라 과보를 받는다. 보신은 인연 따라 원을 행한다. 행원이 있으면 곧 보신이 세상에 머문다.

잡념이 변화하여 법신이 된다. 잡념이 있으면 범부이며, 부처님을 억념(憶念)하는 자는 성인(聖人)이다. 잡념을 가진 자는 생각 생각이 자기를 위하며, 부처님을 억념하는 자는 생각 생각이 남을 위한다. 자리이타(自利利他)로서 법계에 두루하며, 구제하지 못할 괴로움이 없으며, 도와주지 못할 어려움이 없다.

몸은 비록 범부이지만 생각 생각이 법계 중생을 위하며, 마음이 두루 법계에 미치지 않는 곳이 없다. 자비의 억념으로 모든 중생을 원융하게 하며, 마음이 허공 같아 법계에 두루 미치니 잡념이 변하여 법신이 되는 것이다.

변화소작이 변하여 화신이 된다. 범부의 행위는 자기를 위하며, 화신의 행위는 남을 도우며 중생을 위하여 고통을 대신 받는다. 비록 범부의 몸이지만 우리를 필요로 하는 중생의 곁으로 가서 중생을 편하게 한다. 고통과 어려움이 있는 곳이면 어디에서든 출현하여 모든 중생을 두루 이익되게 한다.

이와 같이 인식하면 자기가 범부라는 집착을 타파할 수 있다. 하지만 이미 집착을 놓고 부처의 일을 행하며 부처의 사업을 하면서 여전히 자기는 범부라고 말한다면 이것 또한 집착이다. 그리고 자기가 부처라고 말하는 것 또한 아만이다. 범부와 성인이라는 생각을 놓아 버리면 마음이 가없이 넓게 되며, 자기도 없고 남도 없으면 성품이 작용하여 마음이 미치지 않는 곳이 없다.

『화엄경』에서 선재동자가 53분의 선지식을 참방하는데, 여기에서 위로는 이룰 부처도 없고, 아래로는 제도할 중생도 없으며, 가운데는 끊어야 할 번뇌도 없음을 설명하고 있다. 일체에 머무는 바가 없으면 마음이 편안하여 인연에 따라 응현하며, 전도됨이 없이 깨달아 하루 종일 생각 생각이 명료하며, 임종 시에도 이와 같으면 견성성불인 것이다.

**스님의 출가**

나는 본래 죄가 많아 세상에 태어나 우유를 먹지 않고 3일을 크게 울었으며, 그 후 병이 났다. 3살이 되었을 때 또 연속 7일을 먹지 않았다. 부모님은 내가 살아날 가망이 없음을 알고 포기하여 숨이 끊어지면 밖에 버리려고 하였다.

그러나 때마침 부친이 집으로 돌아오던 중 길에서 어떤 노인 한 분을 만나 처방을 듣고 한번 써 보니 매우 효과가 있었다. 그 덕분에 가까스로 살아났으나 줄곧 병을 앓아 집에서는 나에게 이름을 지어 주지 않았다. 7살이 되어 학교에 가야 했기 때문에 비로소 병원의 마오[毛]라는 의사가 몸이 좋지 않으니 길이 편안하라고 장녕(長寧)이라는 이름을 지어 주었다.

모친은 불교를 믿고 채식을 하였는데 나도 어머니의 영향을 받아 부처님께 절하게 되었다. 항상 집 밖을 나가지 않고 집에서 혼자 부처님께 절하는 나를 본 주위의 이웃 사람들은 모두 보통 아이와 같지 않다고 하였으며, 내 누나는 나이답지 않다고 나무랐다.

우리 집 후원에 공양하는 사람이 아무도 없는 관음보살상이 있었다. 어머니께 수차 집안으로 모셔 오기를 요청하였으나 들어주지 않았다. 그래서 연속 사흘 밥을 먹지 않았는데 부모는 그 까닭을 알지 못했다. 부친이 왜 밥을 먹지 않느냐고 물었다. 나는 관음보살상을 모셔 올 것을 청하였다. 어머니가 그 말을 듣고는 바로 관음상을 모셔 왔다.

나는 정말로 기뻤다. 관음보살상을 오전에 닦고 오후에 도 닦았다. 방과 후 돌아와서는 책가방을 놓자마자 바로 절하였다. 어머니는 내가 숙제도 하지 않고 관음보살상에 빠진 것을 보고는 관음상을 몰래 감추어 버렸다. 내가 아무리 원해도 내놓지 않았으며 나는 조급하여 학교에도 가지 않았다. 어머니는 화를 내며 나를 때리고 욕하였다. 그때부터 나는 병이 났으며 하루하루가 즐겁지 않았다. 당시는 매우 어려서 관음보살상을 구할 줄 몰랐다. 매일 괴로워하며 관음보살상을 놓은 곳에서 눈물을 흘리며 관음보살상이 없는데도 절하였다.

어머니는 이러한 나를 보고는 할 수 없이 관음보살상을 다시 모셔 왔다. 이때 내 나이 12세였으며, 나는 스스로 방에 갇혀 밖에 나가지 않고 줄곧 절만 하였다. 내가 지금 배향(拜香 : 절하며 성지를 순례하는 것)하는 것은 어릴 적 부처님께 절한 것과 무관하지 않다. 나는 절하는 것을 정말 좋아하였다.

16세 때 폐렴을 앓았는데 수혈에 과민 반응이 일어나 병원에서 5시간이나 응급 치료를 하였으나, 의사는 치료하지 못하겠다고 말하였다. 아버지는 나를 안고 대성통곡하였다. 이때 나는 마치 꿈인 듯 많은 사람을 보았다. 어떤 사람은 아는 분이었으며, 어떤 사람은 모르는 분이었다. 나는 이들을 따라 높은 계단으로 올라갔다. 높은 곳에서 어떤 보살의 방광(放光)을 보게 되었다(지금 비로소 그분이 지장보살이라는 사실을 알게 되었다). 나는 눈을 뜨지 않고 손이 마비되면서 계단 위에서 뛰어내렸다. 알고 보니 병원의 침상 위에서 뛰어내린 것이었다. 집안사람들은 기뻐하였다.

의사 선생님이 말하였다.

"이렇게 죽었다가 살아난 것은 처음 봤다."

이와 같이 나는 죽었다 살아났다. 그 후에 이빨이 모두 빠져 버렸다가 다시 새로운 이빨이 자라났다. 아마 이것은 환골(換骨)일 가능성이 있다.

18세 때 해라얼(海擦爾)이공대학에 진학하였다. 졸업할 무렵 아버지는 중풍으로 3년을 고생하였다. 아들로서 아버지를 위하여 무엇을 해 드려야 할지를 몰랐다. 나중에 나는 채식을 하면서 아버지를 위해 대신 고통을 받기를 발원하였다. 결과적으로 한 달이 채 지나지 않아 부친의 병은 치료하지 않고도 완쾌되었다.

나는 졸업 후 국영기업에서 영업을 담당하였으며 아울러 부사장을 맡게 되었다. 그러나 채식을 하기 때문에 번화한 속세에서 어떻게 대처해 나가야 할지 몰랐다. 나는 매우 소극적이었다. 그 후 침대 앞에서 내가 가사를 입고 있는 모습의 환상이 나타났으며, 마땅히 출가해야겠다고 느꼈다.

부모님께 말씀드리니 아버지는 관여하지 않았으나 어머니

는 허락하지 않았다. 누나가 말하기를 "어릴 때부터 다른 애들과
는 다르다."고 보았단다. 할 수 없이 편지를 써서 쌀자루 안에 놓
아두고는 출가하였다. 편지의 내용은 다음과 같다.

존경하는 두 분께,

두 분이 이 편지를 보게 될 때 불효한 이 아들은 출가의
길에 올라 있을 것입니다. 저는 출가의 길을 선택하여
제 일생을 완성할 길을 갈 수밖에 없습니다. 저를 찾지
말아 주십시오. 제 자신의 일을 잘 처리할 테니 걱정하
지 마십시오. 불법에 대하여 믿음이 없는 사람들은 묘
함이 어디에 있는지 모릅니다. 저에게는 오히려 가장
좋은 귀착점입니다. 아들로서 비록 몸으로는 효를 다
할 수 없지만 마음으로 효를 다하여 두 분의 양육의 은
혜에 보답할 것입니다.
어머니, 초파일은 어머니의 생신입니다. 제가 비록 어
머니 곁에 없을지라도 어머니께서 기뻐하셔야 모두들
기뻐할 수 있을 것입니다. 모든 어머니는 자식이 곁을
떠나기를 바라지 않습니다. 그러나 당신 아들이 출가
의 길을 선택한 것은 더욱 많은 어머니들이 고해에서
벗어나게 하기 위함입니다.

인간 세상의 즐거움은 일시적이며 저의 괴로움도 일시적입니다. 어머니 아들은 떠납니다. 어머니께서는 반드시 슬픔을 견디실 것입니다. 관세음보살을 많이 염하십시오. 어머니께서는 불법에 대하여 신심이 깊으시니 아들의 출가에 대하여 이해하실 수 있을 것입니다. 저는 어머니께서 스스로 탐착과 욕망을 버릴 수 있을 것이라 믿습니다. 놓아 버리십시오. 청정한 신자가 되십시오.

두 분은 안심하십시오. 저는 부모와 조상님들께 부끄럽지 않는 사람이 될 것입니다. 아마 긴 시간 소식이 없더라도 걱정하지 마십시오. 출가인은 마땅히 일체를 놓고 수행에만 전념해야 합니다. 저는 제 자신의 일을 잘 돌볼 테니 안심하십시오.

불효자 장녕
어머니 생신에 떠나면서

## 해남에서 독사에게 물리다

나는 출가 이후 해남(海南) 복산(福山)으로 갔다. 어느 날 고향 사람이 바나나를 심는 것을 보고, "당신을 도와드리겠습니다. 노임은 받지 않을 것이며 식사도 신경 쓸 필요가 없습니다. 단지 바

291

나나만 먹을 수 있으면 됩니다.”라고 말하였다.

해남은 바나나가 많으며 버리는 것도 다 먹지 못할 지경이었다. 그리하여 나는 인가와 멀리 떨어진 곳에 오두막을 세우고 『금강경』을 공부하면서 다리를 단련하였으며, 낮에는 바나나 밭에서 일하였다.

6월은 매우 더웠다. 어느 날 저녁 11시가 넘어 약간 혼침에 빠져서 일어나 얼굴을 씻으려 맨발로 바나나 밭으로 가는 도중 마치 가시에 할퀸 것 같이 다리가 얼얼한 것을 느꼈다. 발밑을 보니 한 마리의 회색빛 독사가 내 발에 밟혀 나를 향해 공격하여 왔다. 나는 다리를 들어 뛰었고, 독사가 뒤쫓아 왔다. 흙길에 도착하니 독사는 더 이상 따라오지 않았으며 그제서야 비로소 독사에 물려 발이 찢어진 것을 의식하게 되었다.

초막으로 돌아왔다. 사람들에게 들은 바에 따르면 뱀에 물렸을 땐 물린 데를 칼로 베야 한다는데, 이렇게 어두운 밤에 어떻게 할까? 맞아, 발을 칼로 째자. 목숨을 보전하는 것이 중요하지! 나는 곧 바나나 자르는 칼을 꺼냈다. 하지만 차마 벨 수가 없었다. 끈으로 대퇴부를 나무 막대기에 묶은 후 이를 악물고 스스로를 격려하였다. 목숨이 중요하다. 그래서 칼로 베기 시작하였는데 너무 깊게 베었다. 갑자기 떠오른 생각이 떠올랐다. ‘피를 너무 많이 흘려도 죽는다. 베는 것을 그만두자.’

나는 크게 놀라 눈물이 흘러내렸다. 부처님! 제가 뱀에게 목숨을 빚졌습니다. 그러나 저는 도심(道心)을 발하려고 합니다. 『금강경』의 문구가 생각났다. 부처님의 전생 시절, 인욕선인으로 수행하실 때 가리왕에게 몸이 잘리면서도 진한심을 내지 않았다. 나는 곧 묵념하였다. '뱀아! 내 마음에는 독이 없다. 나는 너에게 원망하는 마음을 일으키지 않는다. 내가 수행을 완성하면 먼저 너를 제도할게!'라고 생각하며 앉아서 보니 상처 난 발에서 피가 흐르고 있었다. 나는 공중을 향하여 말하였다.

"고통을 구제하시는 관세음보살님! 저는 어릴 때 줄곧 당신께 절했습니다. 저는 살아야 합니다. 제가 해야 할 일을 아직 완성하지 못했습니다. 제가 어떻게 부모님을 대할 수 있겠습니까?"

슬퍼서 울었으나 나중에는 지각이 없었다. 며칠이 지났는지 모르지만 깨어났다. 모기가 물어 몸은 군데군데 붉어져 있었으며 땅에 흘러내린 피는 모두 검게 되었으며, 발에는 뼈가 드러나 있었다. 그 위에 파리가 가득 떨어져 죽어 있었다. 독에 감염된 것이다.

가까스로 살아나게 된 나는 발을 질질 끌어 물가로 갔다. 발을 물에 담그고 썩은 살은 칼로 도려내고 뼈를 깨끗이 씻었으며, 옷을 오려 상처 부위를 감싸서 묶었다. 불행 중 다행이라는 생각에 기뻤다. 발이 남아 있게 되었으니. 하지만 상처에서 계속 누런 물이 흘러 내리고 온몸에서 열이 났다. 고온의 6월에… 자살을 할까 생각하였다. 그만두자. 너무 고통스러우니. 안 돼. 중생을 널리 제도해야 하니. 정말 인간 지옥이 따로 없었지만 또한 살아야 한다. 나는 7일을 굶기 시작하였다. 이후 예상외로 많이 좋아졌다. 이번의 재난을 넘긴 후 나는 해남을 떠나 종남산(宗南山)으로 왔다.

## 종남산에서 야생 독초를 먹고 중독되다

해남에서 내지로 돌아와 혼자 몸으로 종남산으로 들어갔다. 인간 세상과 멀리 떨어진 산 계곡에서 생활하면서 야생초, 송진, 나무껍질, 황정 등을 먹으면서 지냈다. 매일 동물들과 왕래하였는데 그들은 나를 해치지 않았고 나도 매우 자유로웠다.

2년여가 지난 어느 날 하루는 황색의 작은 야생초를 먹었는데 수분이 매우 많았다. 대략 열몇 입을 먹고 나서 혀가 마비되는 것을 느끼고는 그 야생초에 독이 있음을 알아차렸다. 곧 목이 뻣뻣해지고 입도 움직이기가 어려웠다. 물을 마시려고 하였으나 이미 늦었다. 곧 지각을 잃게 되었다. 단지 무수한 천녀가 꽃을 뿌리면서 웃으면서 나에게로 와 나를 둘러싸고 도는 것이 보일 뿐이었다.

나는 머리도 들지 못하고 무엇이 보여도 보지 않았다. 마음으로 생각하기를 무엇하러 여기 왔나. 마음으로 생각하면서 눈을 뜨니 꿈을 꾼 것과 같았다. 위로는 토하고, 아래로 설사한 누른 물을 보고 나는 비로소 방금 마치 죽은 것과 같은 상태와 같음을 알아차렸으며, 아무것도 분명하지 않았다. 이번의 중독으로 위장이 상해서 할 수 없이 물만 마시면서 시간을 보냈다. 그러니 점차 위가 좋아졌다. 도의 마음을 발한 수행자들에게 알려드리려고 한다. 도심을 발한 후 절대로 조급해하지 말아야 하며, 먼 길을 천천히 가야 한다. 단지 가기만 하면 목적지에 도달할 수 있을 것이다. 두려운 것은 가지 않는 것이다.

## 법문사에서 향을 올리다

법문사(法門寺)는 본사 석가모니 부처님의 정골(頂骨)사리를 모신 보배로운 성지로서 섬서성(陝西省) 부풍현(扶風縣)에 있다. 이때 징관(澄觀) 노스님이 주지로 계셨다. 나는 이곳에서부터 향을 올리고자 이른 아침 삼의와 발우를 수습하고, 높고 높은 사리탑 아래에서 여러 해 동안의 서원을 석가모니 부처님께 고하였다.

제1원, 허공법계 일체의 보살, 연각, 성문이 부처를 이루지 못하면 나는 정각을 취하지 않겠습니다.

제2원, 일체의 하늘과 인간, 아수라가 만약 부처를 이루지 못하면 나는 정각을 취하지 않겠습니다.

제3원, 일체의 축생, 아귀, 지옥 등의 중생이 성불하지 못하면 나는 정각을 취하지 않겠습니다.

제4원, 일체의 중생이 선을 억념하고 편안하게 되기를 원하며, 유정에게 널리 방편을 베풀어 안락하게 되기를 원합니다.

제5원, 일체 중생이 나의 모습을 보거나 나의 이름을 들으면 모두 보리심을 발하고 구경에 안락을 얻게 되기를 원합니다.

제6원, 나에게 귀의하는 일체 중생이 만약 성불하지 못하면 나는 정각을 취하지 않겠습니다.

제7원, 일체의 복과 즐거움, 수명, 재물을 일체의 중생에게 널리 보시하기를 원하며, 중생의 모든 고난을 나 한 사람이 대신 받기를 원합니다.

제8원, 이생에서 일체 지를 이루고 널리 법을 펴는 데 장애가 없으며, 중생을 이롭게 하는 데 장애가 없기를 원합니다.

제9원, 이생에서 탁발하고 걸식하며 야외생활을 하겠습니다.

제10원, 나와 일체 중생이 신·구·의가 청정하여 일체 제불에게 공양하기를 원합니다.

제11원, 나와 일체 중생이 지장보살의 본원공덕을 수지하여 이고득락하며, 영원히 다시는 고통에 빠지지 않기를 원합니다.

제12원, 몸과 마음으로 본존 지장보살마하살에게 공양하며, 세세생생 미래 겁이 다하도록 지장보살을 따르며, 일체 중생을 위하여 널리 방편을 갖춰 모두 안락하게 하며, 함께 상적광토(常寂光土)로 돌아가기를 원합니다.

자비하신 인천(人天)의 스승님, 당신은 항상 상적광(常寂光) 속에 계시면서 제자 묘림(墓林)을 위하여 증명이 되어 주십시오.

나는 말을 마치고 나서 오체투지하고 정례하였다. 이때 동쪽에서 태양이 떠오르면서 탑의 꼭대기를 비추었으며 상서로운 빛이 눈부시게 빛났다. 순식간에 마치 전체 사원이 나의 마음을 따라 떨리는 것 같았다. 이어서 배향하면서 1보, 2보, 3보 후 절을 하였다. 몸을 아래로 굽히니 발아래의 대지가 진동하였다. 온몸이 절할 때 대지는 무한히 연장되었다. 이때 몸도 따라 연장되었다. 나는 저절로 격정이 솟구쳤다.

대지여, 어머니여! 당신의 무한함은 수없이 많은 중생을 기릅니다. 우리는 진정으로 당신의 은덕에 보답코자 합니다. 나와 일체중생은 모두 무한히 당신에게 봉헌하여 일체 중생을 평안하게 하기를 원합니다. 비록 우리의 몸은 대지와 동체가 될 수 없지만 우리의 마음은 대지와 같이 묵묵히 우리와 같은 뿌리인 모든 중생을 윤택하게 하려고 합니다.

시방의 모든 부처님이시여! 제자 묘림은 비록 대지의 일체 중생을 천백 억 화신(化身)으로 제도할 수 없지만, 나의 방편으로 법계의 모든 유정을 안위할 것이며, 나의 피와 땀을 대지에 뿌릴 것이며, 나의 발자국을 모든 촌락에 남기려고 합니다. 정법이 오래 머물며 함께 상적광토에 나기를 원합니다.

종소리에 따라 배향도 장엄하게 진행되었다. 첫 번째인 법문사 대면옥불에는 지하에 18층 지옥이 있는데, 나는 곧바로 절하면서 내려갔다. 어떤 남자 거사가 나에게 말하기를 어제 오후 5시에 와불(臥佛)이 방광하였다고 한다. 또 한 분의 여자가 말하기를 그 빛이 매우 컸다고 한다.

나는 그들의 말을 듣고 대답하지 않았으나 속으로 기뻤다. 내가 어제 오후 5시에 법문사에 도착하였으니 이것은 부처님의 나에 대한 가피였다. 당시 서안 와룡사의 일범(一凡) 법사는 함께 기뻐하였으며 이번의 배향은 반드시 성공할 것을 예시하였다. 정오에 여섯 번째 집에 탁발하였으며 약간의 음식을 얻어먹었다. 먹고 난 후 계속 앞으로 삼보일배하면서 나아갔다.

## 관음보살이 사람을 시켜 밥을 보내다

무공(武功)이라는 지역에 도달하였을 때 첫째 날 탁발하였으나 밥을 얻지 못하였다. 둘째 날 점심 때 여전히 일곱 집에서 탁발하였으나 공양이 없어 단지 굶는 수밖에 없었다. 날이 어두워지려 할 때 어느 촌에 들어갔다.

절하면서 가다가 칠순 노인 한 분을 만났는데, 나에게 예배하면서 말하였다.

"스님, 저는 오후 내내 스님을 기다렸습니다."

내가 무엇 때문이냐고 묻자 그녀가 말하기를, "어젯밤 꿈에 관음보살이 세 번이나 나타나 제게 말하기를 '내일 오후 승려 한 분이 당신 집 앞을 지나갈 테니 당신은 문을 열어 그에게 하룻밤 휴식하게 하고 식사를 대접하시오.'라고 하여서 계속 기다렸습니다."라고 하였다.

그리하여 그 집에 들어서자 침상이 이미 준비되어 있었다. 내가 앉으니 그녀가 말하였다.

"국수를 준비하러 갈 테니 쉬십시오."

잠시 후 국수를 들고 들어왔다. 이틀을 굶었으니 관음보살께서 사람을 시켜 밥을 보내온 것에 대해 감사하였다. 다 먹은 후 노보살이 어떻게 염불하면 되는가 하고 묻기에 내 방법을 간단하게 이야기해 주었다.

"적게 말하고 많이 염불할 것이며, 밥을 적게 먹고 과일을 많이 먹으며, 적게 눕고 많이 앉으며, 적게 잠자고 정신을 많이 차릴 것이며, 병이 없어지려면 많이 절하십시오. 이것이 바로 비결입니다."

## 진령 고개에서 기한(飢寒)을 참다

황혼 무렵 태양은 붉은빛을 남김없이 비추고 있었다. 이미 닷새 동안 먹지 못한 나는 진령(秦嶺) 고개에서 아주 힘겹게 절하고 있었다. 이때는 이미 음력 10월 초파일이었으니 뼛속을 스며드는 차가운 바람은 마치 칼로 살을 도려내는 것같이 고통스러웠다. 단지 절하며 앞으로 나아갈 수밖에 없었다. 앞뒤로 인가는 보이지 않고 날은 점점 어두워져 왔다. 마치 죽음의 그림자가 다가오는 것 같은 일종의 공포감이 밀려왔다. 바람은 크게 불었고, 작은 쌀알 같은 눈은 바람의 힘을 빌려 내 몸을 때렸다. 마치 돌멩이로 때리는 것 같은 아픔이 느껴졌다.

그때 '만약 밥을 조금 먹어 에너지가 생기면 지탱할 수 있으련만.' 이렇게 생각하고 있는데 멀리서 불빛이 날아왔다. 놀라움, 기쁨이 교차했다. 차량이 지나가면서 먹을 것을 주면… 조금 후 승용차 한 대가 보이더니 멀리서 여자의 말소리가 들렸다.

"맨발을 한 스님 한 분이 눈길에서 절을 하고 있네."

내가 손을 드니 차가 멈춰 섰다. 어둠 속에서 운전사가 말하였다.

"뭘 봐. 미친 사람이군!"

여자가 말하였다.

"그렇게 안 보여. 내가 보기엔 좋은 사람 같아."

남자가 말하였다.

"온전한 사람이 누가 절하면서 산길을 가. 이런 날 얼어 죽으려고 작정한 사람이지."

여자가 말하였다.

"우리 그를 산 밖에까지 모셔다 줍시다."

"당신은 무엇이든 하려고 해. 미친 사람도 태워 줘!"

차가 가속을 시작하자 여자가 말하였다.

"정말 가련해…."

차가 떠나가는 것을 보면서 나는 줄곧 그곳에 멍하니 서 있다가 갑자기 입가가 짭짤한 것을 느끼고, 비로소 내가 눈물을 흘렸다는 것을 인식하게 되었다. 배가 고파 운 게 아니라 산의 동물들도 나에게 먹을 것을 보내 주는데, 사람이 어찌 이럴 수 있나 하는 생각이 들어서였다. 나는 다시 생각을 돌려 '그만두자, 인연을 따르자' 하고 생각하였다.

나는 계속하여 절하면서 앞으로 나아갔다. 이때 날은 이미 크게 어두워졌으며 길도 분간할 수 없었다. 눈은 점점 크게 내리며 큰바람은 눈송이를 집어 휙휙 소리를 내며 불어대 서 있기도 힘들어 할 수 없이 길가 바위 밑을 찾았다. 잠시 후 뼈를 쪼개는 것 같이 차가웠고, 약간 당황스러웠다. 하지만 먹을 것이 있으면 좋아질 것 같았다.

무엇을 먹어야 하나? 위로 보니 캄캄한 하늘이요, 아래는 큰눈으로 몸이 흰 눈사람이 된 것 같았다. 배고픔과 추위가 함께 엄습하였다. 삼의(三衣)를 머리에 걸친 채 할 수 없이 두 무릎을 가슴으로 안고 몸을 작게 웅크렸다. 스스로 잠자면 안 된다고 계속 각성시켰다.

한바탕의 배고픔이 또 몰려왔다. 어떻게 하나? 몸 옆의 나뭇가지를 꺾어 입에 넣어 씹었다. 이때는 손을 움직이기가 어려웠고, 입도 움직이기가 쉽지 않았으며, 몸은 조금도 움직일 수가 없었다. 나는 죽음이 또 한 번 찾아왔음을 느꼈다. 그만두자. 놓아 버리자! 이 몸뚱이를 집착하는 고통을 놓아 버리자!

시방의 모든 부처님이시여! 제자 묘림은 지금의 배고
픔과 추위를 바꿀 힘이 없습니다. 단지 기도할 뿐입니
다. 내생에 다시 인간 세상에 와서 배향의 서원을 이루
게 해 주십시오.
안녕, 아들이 일찍 돌아오기를 기대하는 부모님! 안녕,
모든 친척들이여! 인연이 있으면 내생에 다시 만나기
를….

기도 중 나는 지각을 잃었다.

갑자기 눈앞에 자상한 노스님이 출현하여 나에게 말하기를 "수도인은 자기를 고통스럽게 하면 안 된다."라는 말을 마치고는 보이지 않았다. 나는 놀라서 깨어났다. 이때 큰눈이 나를 덮고 있었다. 이것이 꿈인지 현실인지 알지 못하였다. 발버둥치면서 기어 나와 내가 여전히 살아 있음을 알아차렸다. 죽지 않았어. 죽지 않았어! 나는 살았어! 이때 태양이 내리 비춰 나에게 고함칠 힘이 있게 하였다.

"나는 죽지 않았다. 모든 친척들이여!"

나는 눈 속에서 삼의를 꺼내 수습한 후 눈을 조금 먹었다. 기억하기를 '저녁에 부처님이 와서 나를 구한 것인가. 아니야. 마치 은거한 성스러운 스님 같았어. 맞아. 성스러운 스님이야.'

고인이 말하기를 "팔백 조사(祖師)가 종남산을 진동하고 십만 사자(獅子)가 진령에서 외친다."고 하였다. 성승(聖僧)—은인. 어디에 가서 찾지? 비록 망망한 숲속, 험준한 숭산(崇山)일지라도, 아무리 어렵더라도 생명을 구해 준 은인을 찾으려고 하였다. 성승은 반드시 나를 보호하여 찾을 수 있도록 도와주실 거야.

### 숭산 준령에서 은인을 만나다

차가운 바람이 뼈를 찌르는 진령 고갯마루에서 이미 아흐레 동안 양식을 먹지 못하고 나무껍질을 씹으며 맨발로 눈 속을 다니면서 큰 산, 작은 산, 산골짜기, 바위 밑으로 은인을 찾아다녔다.

은인이시여, 당신은 어디에 있습니까? 설마 저를 만나볼 생각이 없는 것은 아니시겠죠? 저는 당신을 매우 만나고 싶습니다.

희디흰 큰 산을 바라보면서 울기 시작하였다. 안 돼. 반드시 찾아야 해! 그렇게 숲속을 뚫고 들어가서 머리를 들어보니 한 마리 흑곰이 나를 바라보고 있는 것을 발견하고는 경악했다. 곰도 사람을 잡아먹는다고 하고, 호랑이보다 더 사납다고 한다. 나는 깊은 산속에 살 때의 경험을 생각하여 거짓으로 죽은 체하고 드러누웠다. 곰은 내 주위를 몇 바퀴 돌더니 소리를 지르면서 떠나갔다.

나는 큰 산을 따라 위로 찾아갔으며 높은 산 꼭대기까지 갔다. 아래를 보니 길게 이어진 작은 산들이 보였다. 작은 산으로 내려가 아래를 보고 매우 놀랐다. 사람이 보이는 게 아닌가! 발밑을 돌볼 겨를도 없이 날 듯 뛰어내려 갔다.

보았다. 보았다. 생명을 구한 은인이 나를 보고 있었다. 나는 매우 감격하여 배고픔과 추위는 흔적조차 없을 정도였다. 풀밭을 따라 절을 하며 건너갔다. 나는 은사가 나를 향하여 걸어오고 있는 것을 보았다. 나는 이미 여러 해를 부모와 가족 간의 내왕이 없었다. 이때 나는 잃어버린 아들이 어머니 곁으로 돌아온 것 같이 스스로 억제하지 못하고 큰 소리로 울기 시작하였다. 한편으로 울고 한편으로 절하면서 은인을 맞이하였다. 은사는 나를 부축하면서 "됐어. 울지마라."

정신을 차리고 보니 바로 성스러운 스님의 모습이었다. 은백색의 눈썹이 아래로 내려와 수염과 같이 있었다. 높은 이마와 평평한 얼굴, 정말로 위엄이 있었다. 나는 정신을 집중하였다. 일체에 대하여 기억을 상실한 듯 의념이 없었으며 생각이 없었다. 삼보일배로 바위에 쌓아 올린 오두막으로 들어가니 안에는 단지 나무 막대기로 만든 선상(禪床)만이 있었다.

은사(隱師)가 말하였다.

"진령은 사람을 얼려 죽인다. 너는 그것을 아느냐? 가지 말고 여기 머물러라."

나는 그 말을 듣고 매우 기뻤다. 마침 참학하고자 하였다. 내가 말하였다.

"은사여! 저는 출가 이래 밖에서만 다녀 배운 게 없으며 무익한 고통만 받았습니다."

은사가 말하였다.

"승려의 삼의를 입는 것이 쉬운 게 아니며, 입을 수 있는 것은 더욱 대단한 일이야. 도심을 발하는 것은 매우 어렵지. 부처님이 『대반야경』을 설하실 때 여러 부처의 어머니인 문수보살로 하여금 대문을 지키게 하였지. 무엇 때문인가? 바로 천마외도가 듣는 것을 두려워해서지. 그래서 문수보살이 와서 문을 걸었지.

우리의 공부는 신(神)이 모르고 귀(鬼)가 느끼지 못하는 사이에 비로소 도에 들어갈 수 있어. 겨울 결제를 여기서 하지. 앉게!"

이렇게 하여 나는 동안거를 지내기 시작하였다.

## 은인에게 절하여 스승으로 모시다

이번 겨울 결제 때 은사는 줄곧 선정 중에 있었으니 내가 어찌 따라갈 수 있겠나. 도중에 배가 고팠다. 식사는 산속의 말린 야채를 물에 한 번 담가 먹을 뿐이었다. 다행히 나는 (산에 사는) 기초가 되어 있어 그런대로 견딜 수 있었다. 그렇지 않았으면 산을 내려가는 수밖에 없었을 것이다.

어느 날 스님이 선정(禪定)에서 나왔다. 나는 매우 기뻐 급히 절을 하고 말하였다.

"은사님, 저에게 한 가지 청이 있습니다. 당신을 의지스승으로 모시고 싶습니다. 저를 받아 주십시오."

은사는 줄곧 나를 바라보면서 한참 동안 말이 없다가 탄식하듯 말하였다.

"나는 출가 이래로 아직 제자를 받아들이지 않아 의지스승이 되어 본 적이 없어. 좋아! 너를 받아들이마."

나는 너무나 기뻤다. 은사께서 말하였다.

"나는 어릴 때부터 부모가 없어 이웃에서 나를 길러 주었지. 13세가 되었을 때 출가했어. 절의 스승은 나를 집 없는 아이로 여겼지. 하지만 나에게 아무것도 일러 주지 않더군. 어떤 사람이 염불하는 것을 듣고 나도 따라 염불했지. 저녁에 다른 사람은 휴식해도 나는 쉬지 않고 불전을 돌며 염불했어. 염불을 십몇 년 하니 한소식 했지. 그리하여 나는 절을 떠나게 되었어. 나는 허운(虛云) 노스님과 배향하고 행각하면서 밖에서 많은 해를 다니며 중화민국이 건국되기 전에 은거하여 지금에 이르렀어."

내가 말했다.

"스님, 당신은 이미 삼신(三身)을 증득하였습니다. 왜 하산하여 널리 중생을 제도하지 않습니까?"

스님이 말하였다.

"지금은 게으른 자가 많아. 만약 정진하는 이를 만나게 되면 나는 하산할 거야."

나는 그 말씀을 듣고 하산하여 (나를 구한 분은) 스님의 화신이었음을 알게 되었다. 부처님이 없는 게 아니라 우리가 정진하지 않는 것이다. 열심히 정진하기만 하면 부처님은 항상 우리 몸곁에 계신다. 나는 또 청하였다.

"스승님, 당신은 저에게 어떤 길을 가야 할지를 가르쳐 주십시오. 저에게 가야 할 수행 방향이 있으면 저는 줄곧 행할 것입니다. 장래 좋은 소식이 있으면 부모님을 뵐 면목이 설 수 있을 것입니다."

"좋아. 나에게 호흡오음염불법(呼吸五音念佛法)이 있어. 일천만 구(句)만 하면 반드시 극락에 왕생하게 될 것이다. 너에게 가르쳐 주마."

나는 그 말씀을 듣고 이것은 우리 고난 중생들의 복이며, 반드시 행해야 되겠다는 생각이 들었다. 스승님은 염불, 반문(反聞 : 돌이켜 듣다), 반문(反問 : 돌이켜 의심하다)의 행을 나에게 자세히 전해 주셨다. 구체적인 내용은 뒤에서 설명할 것이다.

## 초당사에서 한 번 앉아 사흘이 지나다

종남산 아래의 초당사(草堂寺)에서부터 절하기 시작하였는데 도중에 긴 과수원 길이 있었다. 저녁에 매우 추웠고 바람이 많이 불었다. 나는 다만 안정을 취하였다. 내가 느끼기에 방금 앉았는데 어떤 사람이 나를 흔들어 눈을 떠 보니 주위에 많은 사람이 둘러싸고 있었다.

어떤 사람이 말하기를,

"일어나요. 앉은 지 이미 사흘이나 되었어요."

나는 '그럴 리가 없다'고 생각했는데, 시계를 보니 오후 3시가 넘었다. 내가 앉은 채 선정에 들었음을 알아차렸다. 급히 몸을 일으켜 행장을 수습해 절하면서 나아갔다.

그땐 정말로 위험하였다. 다행히 그곳에는 동물이 적었다. 오대산(五台山)을 배향할 때 다리 아래에 앉아 정에 들었는데, 한 마리 산돼지가 내 품으로 뛰어 들어와 오른손 새끼손가락을 물렸었다. 눈을 떠 보니 앉은 지 며칠이 지나간 것을 알았다.

여기에서 모든 사람들에게 좌선할 때 안전에 주의할 것을 권한다. 지켜줄 사람이 있으면 가장 좋다. 남녀를 막론하고 정좌할 때에는 마른 수건으로 국부를 덮어 풍한을 방비해야 한다. 남자는 또 수건으로 허리를 감아야 한다. 그러면 장시간 앉아도 병이 생기지 않는다. 여인은 반가부좌를 하는 것이 가장 좋으며, 생리상에도 좋아 병이 생기지 않으며 왕생의 품위에도 영향을 주지 않는다. 앉을 때 발등을 곧게 펴 좌복 위에 놓고 발 중심이 위로 향하도록 하면 혈액 순환이 잘 되며 다리에도 문제가 생기지 않는다.

시작할 때에는 다리가 아프지만 어려운 고비를 넘겨야 한다. 아픈 것을 겁내지 않으면 조금 지나 마비가 되는데 움직이지 말고 손으로 무릎을 문지르면 일반적으로는 잘 통한다. 이와 같이 앉을 수 있으면 번뇌가 적어지며, 자연히 청정해진다. 모두들 겁내지 말아야 한다. 항상 좌선하는 사람은 음식을 담백하게 먹고 적당하게 조절해야 한다.

경에 이르기를 "무량의 청정 지혜는 선정으로부터 생긴다."고 하였다. 이렇게 왕생하면 비로소 파악되는 것이 있다. "어떻게 왕생해도 모두 괜찮다."는 감언이설을 배우지 말아야 한다. 앉아서 왕생해야지 얼굴을 하늘로 보고 왕생하면 위의가 없지 않은가.

## 마천령에서 동안거를 보내다

시간은 이미 동안거 시작 무렵이 되었다. 종남산 풍곡 마천령(摩天嶺) 바위 밑으로 와서 산에 들어올 때 어떤 신도가 보시한 세 근의 국수와 물이 새는 알루미늄 냄비를 내려놓았다. 나는 구멍 난 냄비를 황토로 때우고 나서 하늘이 보이는 바위 밑에 걸었다. 두 개의 긴 막대기를 묶어 침상을 만들어 별빛 아래에 앉아 폭포 소리에 따라 리듬 있게 호흡에 맞춰 오음염불을 하였다. 낮에 산에서 찾은 아직 눈에 묻히지 않은 야생 채소와 나뭇가지, 솔잎 등을 냄비에 넣어 끓여 먹었다.

그해에는 눈이 특히 많이 내렸다. 눈이 내릴 때는 삼의를 머리 위에 덮어 썼다. 열심히 공부하다 보니 어느새 봄이 왔다. 납월 28일, 그때 산 아래 절에서 출가하려는 여신도가 나를 생각하여 한 그릇의 음식을 몰래 가져왔다. 나는 문제가 있음을 걱정하며 그녀에게 물었다.

"당신이 나에게 음식을 가져왔는데, 당신 스님이 알고 있습니까?"

그녀가 말했다.

"모릅니다."

내가 말했다.

"거사님, 이것은 승물(僧物)을 훔친 죄를 범하게 됩니다. 가져가세요. 나는 안 먹겠습니다."

그녀가 말했다.

"아침에 스님이 나가시면서 저보고 음식을 만들어 먹으라고 했습니다. 제가 먹지 않고 스님에게 가져온 것입니다."

내가 말했다.

"이렇게 합시다. 스님께 마땅히 말해야 합니다."

그녀는 수긍을 하면서 음식을 발우 안에 담았다.

다음 날 나는 북방의 풍속에 따라 음식을 부처님께 공양을 올린 후 산 위에서 산신, 토지신에게 공양하였다. 공양을 올린 후 나는 아직 얼지 않은 음식은 먹을 수 있다고 생각하였다. 하산 길에 눈이 얼어 막대기로 눈길을 찔러 보니 견고하였다.

그러나 누가 알았으리오. 딱딱한 눈 위를 한 번 밟자 그만 푹 빠져 버렸다. 발우를 쥔 채 산비탈을 굴러 내려가다가 발우도 놓쳐 버렸다. 다행히 나무에 걸려 멈춰 섰다. 눈이 쌓인 땅이라 얼굴은 나무에 긁혀 찢어졌으나 그리 큰 상처는 입지 않았다. 나무를 잡고 일어나니 몸은 온통 눈으로 뒤덮였다. 급히 옷을 벗어 나무에 치대어 털어냈다. 그 후 푹푹 빠지는 적설을 밟고 산비탈을 따라 발우를 찾아 내려갔다. 발우의 음식은 산비탈에 흩어졌으나 다행히 이미 부처님께 공양을 올린 뒤라 위안이 되었다. 곧바로 산 아래로 내려와서야 빈 발우는 풀로 가득 찬 것을 보게 되었다. 이때 나는 정말 견디기 어려웠다. 빈 발우를 보면서 어찌할 도리 없이 일어나 참죽나무 껍질을 벗겼다. 바위 숙소로 돌

311

아와 보니 갈 때 붙인 불은 아직도 타고 있었다.

나는 냄비에 물을 더 부어 나무껍질을 삶기 시작하였다. 마음은 망연히 망망한 큰 산을 바라보았다. 이때 머리 위에서 황색 빛이 북쪽에서 남쪽으로 날아가는 것을 보고 나는 비로소 배향을 시작해야겠다고 의식하였다.

## 염불은 체면을 놓아 버려야 한다

배향하며 곽주에 도착했을 때 비가 내렸다. 나와 제자는 길옆에서 휴식을 하게 되었다. 멀리 보니 자전거를 탄 여자 한 분이 나를 향하여 "스님" 하고 큰 소리로 부르며 쫓아왔다. 나에게 절을 하며 묻기를 "스님, 방금 절하며 지나가시던데 지장보살을 염하지 않습니까?" 듣고 보니 이상하여 기공을 공부하는 사람으로 생각하고 개의치 않고 말했다.

"나는 지장보살을 염합니다."

그녀가 말했다.

"스님을 집으로 청하여 식사를 공양하고 싶은데 괜찮으시겠습니까?"

내가 말했다.

"안 됩니다. 내 몸은 매우 더러우며 맨발에 살이 드러났으니… 산서(山西) 지방에는 석탄이 많아 길에서 절을 할 때 석탄재가 날려 마치 검은 밀가루를 온몸에 덮어쓴 것 같습니다. 게다가 땀까지 흘려 정말 거지보다도 더 더럽습니다."

　그녀는 단지 절을 할 뿐 일어나지 않았다. 방법이 없었다. 할 수 없이 그녀의 요청에 허락하였다. 그녀는 매우 기뻐하였다. 보아하니 대략 30여 세 되어 보였다. 마침내 그녀의 과수원을 지나게 되었는데, 그녀가 남편에게 삼륜차로 우리를 싣고 가게 청하였다. 그러나 그녀의 남편은 아무런 응답이 없었으며 또한 움직일 기색도 없었다.

　나는 길이 그리 멀지 않으니 걸어서 가면 된다고 하였다. 그녀도 수긍하였다. 이렇게 하여 우리는 함께 마을에 들어섰다. 제법 큰 마을이었으며 그녀의 집은 마을 서쪽에 위치하였다. 우리는 동쪽으로 들어갔는데 여자가 신발도 없는 더러운 행색의 두 스님을 모시고 들어가는 모습을 보러 오는 마을 사람들이 점점 많아졌다. 마치 특별히 (우리가 온다고) 알린 사람이 있는 것 같았다. 그녀는 내가 쑥스러워할까 두려워하면서 말했다.

　"스님, 고개를 드세요."

　내가 말하였다.

　"나는 여인을 보면 고개를 들지 않습니다."

　그녀가 나와 같이 가니 주위에 구경하는 사람들이 웃기 시작하였다. 나는 그녀의 정력(定力)을 보았다. 그녀는 조금도 얼굴색이 변하지 않았다. 대단하였다. 체면을 놓은 것이다. 나는 비로소 알아차렸다. '이 여인이 심상치 않아. 내가 지장보살을 염하는 것을 알 수 있는 것만 봐도 정말 공부를 많이 한 것을 알 수 있어. 기공을 공부하는 분은 아니야.' 마음속으로 이러한 생각이 들었다.

그녀의 집에 도착하니 그녀는 나와 제자를 불당(佛堂)으로 들게 했다. 방 한 칸은 깨끗하게 청소되어 있었고 불전에 청수를 공양하고 있었다. 이때 따라온 사람들이 창문으로 안을 들여다보았다. 그 여신도는 채소를 사러 가고 나는 구경꾼들에게 설명하였다.

"우리는 승려입니다. 이 집 여주인은 불교를 믿는 분으로 우리를 맞이하여 식사를 대접하려는 것입니다."

그러자 그들은 천천히 물러갔다. 그녀는 두 가지의 반찬을 준비하였으며 우리는 식사를 하기 시작하였다. 조금 후 그녀의 남편이 돌아왔다. 부엌문을 사납게 열더니 냄비를 탕, 탕 치기 시작하였다. 그는 불만이 가득 찬 것이다. 이때 나는 자세히 그녀의 무명화(無明火)를 관찰하였다. 그녀는 예상외로 무엇도 듣지 않고 보지 않은 것처럼 어떠한 반응도 표시하지 않았다. 정말 대단하였다. 그녀의 정력이 이렇게 대단할 줄이야. 식사를 마친 후 염불당에 갔다. 그녀가 말하였다.

"스님, 저는 지금에서야 비로소 불법을 배우는 것이 가장 자재로운 일이라는 것을 느꼈습니다. 스님, 염불하여 염하지 않아도 저절로 염해지며, 염하여 무념(無念)이 될 때 어떻게 합니까?"

나는 말하였다.

"눈물을 흘리며 울기를 다할 때 부처님께서는 당신에게 일러 줄 것입니다."

그녀는 정말로 울었다. 세탁한 옷이 마르기를 기다려 우리는 다시 절하며 앞으로 나아갔다.

## 목마하(牧馬河) 교량에서의 큰 사고

그날은 날씨가 매우 더웠다. 오후가 되어 목마강 큰 다리에 도착하였다. 하늘을 보니 비가 올 것 같아 절하지 않았다. 어린 제자는 탁발하러 갔는데, 비가 조금씩 내리기 시작하였다.

나는 맨발로 수레를 밀면서 나아갔다. 다리 위에는 뾰족한 돌이 매우 많아 잘못 밟아서 미끄러져 내렸다. 급히 손으로 다리 난간을 잡았으나 잡히지 않아 머리가 다리 밑으로 떨어져 내렸다. 공중에서 급히 몸을 돌려 다행히 두 다리가 먼저 땅에 떨어지는 찰나 다리 밑을 보니 토석이 섞여 쌓여 있었다. 다리가 땅에 떨어질 때 두 손을 미니 몸이 공중에 날아 3미터나 넘게 멀리 떨어지면서 엉덩방아를 찧었다. 이때 수레도 교량 위에서 떨어져 내렸다. "와" 하는 소리와 함께 내가 방금 떠난 토석 더미로 떨어진 것이다.

아이구, 정말 위험했구나. 조금만 늦게 피했더라도 수레에 깔려 죽을 뻔했군. 잠시 그곳에 멍하니 있다가 갑자기 내 몸이 어떤지 생각이 났다. 머리를 흔들어 보니 괜찮고 팔을 흔들어 보아도 괜찮았으며, 왼쪽 다리를 움직여 보아도 이상이 없었으나 오른쪽 다리를 움직여 보니 전혀 움직일 수가 없었다. 심상치 않음을 느끼고 힘써 다리를 들어 보았다. 바지를 당겨 보고는 놀라 자빠졌다. 이게 어찌된 일인가? 무릎 아래에서부터 발등까지 살이 밖으로 쩍 벌어져 나온 게 아닌가! 매우 놀랐다. 이렇게 큰 상처는 응급 처치를 하여 봉합 수술을 받아야 하는데, 내 몸에는 돈 한 푼 없으니….

약간 겁이 나서 손으로 지탱하며 위로 기어 올라갔다. 오른쪽 다리는 이미 마비가 되어 쓸 수가 없었으며 올라갈 수가 없었다. 정말 큰일이다. 몸이 마비되면 안 되는데…. 힘써 다리 기둥까지 올라가 기둥을 잡고 일어섰다. 이때 벌어진 살에서 피가 흘러나왔으며 순식간에 붉은 선을 이루어 발등을 따라 흘러내렸다. 빨리 지혈해야 하며 만약 피가 멎지 않으면 감당할 수 없는 사태에 이를 것임을 직감적으로 알아차렸다. 그런데 무얼 가지고 지혈하지? 손으로 다리 기둥을 잡고 돌아보았다. 피는 흥건히 땅에 흘러내렸다. 매우 당황스러웠다. 병원에 가서 인연을 구할까? 안 돼! 나는 이미 서원을 발하지 않았는가! 인연을 구할 수는 없어! 하지만 만약 피가 너무 많이 흐르면 목숨이 위험해질 텐데, 어떡하지? 집에 돌아갈까? 그러나 집이 어디 있지? 정말 한심스러운 일이군, 이 젊은이야!

흐르는 눈물을 멈출 수 없었다. 안 돼! 견뎌내야 해. 지혈의 방법을 생각해 보자. 두루마기를 찢어 무릎 위를 단단히 묶었다. 이러면 안 돼. 그래도 피는 통해야 해. 이때 숨을 헐떡거렸다. 호흡이 약간 힘이 들었으며 심장이 더욱 빨리 뛰었다. 출혈이 너무 심해 땅에 떨어진 피가 덩어리질 정도였다. 지탱할 수 없어 주저앉았다.

"문수보살님! 설마 제가 목마강 다리에서 죽어야 하는 것은 아니겠죠?"

어린 제자가 탁발한 후 돌아왔다. 그도 보고 매우 놀랐다. 나는 풍습지통고(風濕止痛膏)가 생각나 그에게 가져오게 하여 상처에 모두 네 장을 붙였다. 붙이고 난 후 눈앞이 캄캄해지더니 지각을 잃어버렸다. 마치 꿈결처럼 한 분의 자상한 노스님이 내 머리를 두드리며 말하기를,

"생명은 무상하며 즐거움은 적고 괴로움은 많구나. 돌아가거라. 가련한 아이야!"

나는 눈을 떴다. 몸에서 열이 나고 다리는 아프기 시작하였다. 하늘은 천천히 밝아 오기 시작하였다. 일어서서 다리 기둥을 의지하여 몇 바퀴를 걸었다. 단지 오른쪽 다리가 움직이기 어려웠다. 절을 할 수 있으면 괜찮아. 마음은 무리하게 절을 하고 싶었다. 그러나 다리를 굽힐 수가 없었다. 나는 다리를 끌면서 절을 하였다. 배향을 멈출 수는 없었다. 그러나 가는 것이 매우 느

317

렸으며 그래도 절을 하려고 하였다.

다음 날 고열이 났으나 그 다음 날 아침까지 버텼다. 풍습고가 신통치 않음을 느끼고 한 장을 떼어내자 고약한 비린 냄새가 퍼져 나왔다. 순간적으로 잘못되었음을 느꼈다. 감염이 된 것이다. 풍습고 네 장을 모두 떼어내니 파리들이 몰려왔다. 상처를 보니 정말로 놀라울 지경이었다. 살은 밖으로 벌어져 나왔으며 흰 뼈가 노출되어 있었다.

하지만 여러 번의 죽음의 위기를 통하여 약간은 성숙되었는지라 매우 빨리 마음의 평정을 되찾았다. 아울러 스스로 안위하며, '겁내지 말자. 어떤 사람은 다리가 모두 없는데 나는 단지 한쪽 다리를 다친 것 아닌가. 마땅히 만족해야지. 어떤 사람은 나보다 어린 나이에 이미 죽지 않는가. 나는 아직 살아 있으니 마땅히 기뻐해야지. 단지 절을 할 수 있으면 나는 오대산과 가까워질 것이다. 견뎌내자. 견뎌내자…'

높은 열은 계속되었으며 대퇴부가 마비되고 파리가 다리를 에워싸 한 무리를 이루었다. 길을 가는 사람들이 보고는 모두 코를 비비면서 "정말 고약한 냄새군. 목욕도 하지 않으니 몸에 파리가 날아들지. 이 더러운 화상아…"라고 하였다.

그러나 내 마음의 고통을 누구에게 하소연할까? 속으로 삼키자꾸나. 며칠 지나면 좋아질 거야. 어린 제자는 내 이런 모습을 보고 시골 진료소에 가서 약을 구하려고 하였다.

"우리 스승이 다리를 다쳤는데 소염약 좀 주세요."

의사가 말하였다.

"네 스승은 다리가 썩었어. 아마 아무것도 안 하는 게 좋을 거야. 진통약이 있는데 필요하면 두 알 주지. 필요 없으면 그만 둬."

그는 돌아와 나에게 의사의 말을 전하였다.

내가 말했다.

"그만두자. 필요 없어. 정말 한탄스럽구나. 좋은 일을 하는 것이 이렇게 어렵구나. 약을 주는 게 이렇게도 어려운지…, 이것도 내가 인지(因地)에서 복을 심지 못한 과보이지."

이때는 이미 닷새가 지난 뒤였다. 눈앞이 캄캄해지면서 몸이 말을 듣지 않았다. 단지 하나의 신념이 있을 뿐이었다. 한 걸음을 가면 한 걸음 더 가까워진다. 매 한 걸음마다 이를 악물었다. '지탱하자. 멈출 수 없어. 신심이 있으면 반드시 도달할 수 있을 거야.'

저녁에 휴식할 때 나는 앉을 수조차 없었다. 앉으면 못 일어날 것 같았다. 그래서 날이 밝을 때까지 줄곧 서서 지냈다. 절을 시작하자 통증이 엄습하여 어떤 때는 감각을 잃었다. 어느 날 하루는 절하며 앞으로 가는데 어떤 사람이 뒤에서 사납게 발로 내 엉덩이를 차서 내 몸이 앞으로 3미터나 넘게 비틀거리다가 까무러쳤다. 귀를 찌르는 자동차 경적 소리에 깨어났다.

상처를 보니 살은 이미 검어지고 뼈에서 누런 진물이 흘러나왔다. 증세가 가중된 것이다.

9일째 되는 날 호흡이 힘들고 대소변도 통제를 잃었다. 나는 가망 없음을 느끼고 나의 삶이 끝장났음을 느꼈다. 이날은 비가 온 뒤라 날씨가 매우 추웠다. 오대현(五台縣) 경계까지 왔을 때 붉은 팻말에 '오대현'이라 써 있었다. 옆에 고목이 한 그루 있고 아래에는 문이 없는 수신묘(樹神廟)가 있었다. 날은 어두워지려 하였다. 나와 어린 제자는 건너편에 앉았다. 눈물이 나도 모르게 흘러내렸다. 그에게 말하였다.

"오대산 배향은 이룰 수가 없구나. 너는 나의 의발을 가지고 오대산 배향을 마치거라. 너는 아직 어리니 장성한 후 다시 나머지 세 산의 배향을 마치거라."

이 어린 제자는 학교에 다닌 적이 없고, 산골에서 자라 하루 배불리 먹으면 다 되었다. 무슨 좋고 나쁜 것에 대한 일체를 관여하지 않았다. 그가 나를 쳐다보기에 이어서 말하였다.

"나는 출가 이후로 금전계(신도들에게 일체의 돈을 받지 않는 계)를 지키느라 모아둔 돈이 아무것도 없으며, 단지 삼의(三衣)와 하나의 발우가 있을 뿐이니, 너는 잘 거두거라. 내 몸은 처리해 줄 사람이 있을 것이다."

부탁을 마친 후 연필과 종이를 꺼내어 먼 곳에 계신 부모님께 편지를 썼다. 출가할 때를 회상하니 마음은 이루 말할 수 없이 아파서 견디기 어려웠다. 본래 출가하여 불교를 위해 무엇을 좀 해 보려고 했는데, 오늘 이런 모습이 될 줄 누가 생각이나 했으리오! 눈물이 흘러내렸다.

어떻게 쓸까? 거짓말로 출국했다 하고 어찌어찌하다고 쓸까? 안 돼! 마음이 괴롭더라도 사실대로 말해야 해. 나는 정신을 안정시키고 옷자락으로 눈물을 닦으며 편지를 썼다.

존경하는 부모님!

요 몇 년 동안 이 아들은 집을 떠난 뒤로 소식을 전하지 못했습니다. 잘 계신지요? 불효자 장녕은 출가 이래 줄곧 바깥에서 유랑하면서 부모님을 많이 생각하였습니다. 하지만 저는 아직 좋은 소식이 없어 두 분을 대할 면목이 없습니다.

저는 본래 출가하면 성취가 있을 것이라고 생각했는데, 오대산 배향 시 몸을 상하게 될 줄 누가 알았겠습니까? 변변치 못한 아들은 (이 상처에) 맞설 힘이 없으며 말을 듣지 않는 이 몸을 더 이상 유지할 수 없게 되었습니다. 이 아들을 용서하십시오. 장녕은 또 한 번 말없이 영원히 떠납니다.

아버지, 어머니! 저는 살아서 제가 좋아하는 불법을 위해 일체를 행하고 진정한 자아를 깨달아 두 분의 양육

321

의 은혜에 보답코자 하는 생각을 많이 하였습니다. 저는 다시 인간 세상에 와서 저의 서원을 완성해 당신들께 반드시 보답할 것을 자신합니다.

저는 두 분이 더욱 노후의 시간을 아끼기를 바랍니다. 두 분은 불법에 대한 신심이 깊으니 아들의 죽음 때문에 그것을 잃지 않으시리라 믿습니다. 저는 두 분이 반드시 견딜 수 있을 것이라 생각합니다. 이 몸뚱이는 어떤 사람에게는 그다지 중요하지 않습니다. 그러나 도심(道心)이 있는 사람에게는 매우 보배롭고 귀한 것입니다. 두 분이 만약 매일 삼백 배의 절을 한다면 반드시 부처님의 가피를 입을 것이며 묘한 낙이 그 가운데에 있을 것입니다.

아들인 저는 두 분이 더욱 좋게 자기의 몸을 돌보아 전심으로 불법을 배우고 부처님께 예불하기를 진심으로 바랍니다.

불효자 장녕

## 오대산에서 이별하면서

나는 편지를 다 쓴 후 신분증을 가사 안에 넣고 삼의와 발우를 수습하고는 수신묘에 앉았다.

"수신이여, 잠시 당신의 집을 빌려 휴가를 청합니다."

다리를 포개고 수인(手印)을 맺으니 통증을 참을 만하였다.


구름 따라 물 따라 행각하는 승려 묘림.
맨발로 네 산을 예배코자 하였으나
뜻을 이루지 못하고 몸이 먼저 죽으니
지금부터 즐거운 사바세계를 생각하지 않으리.

일체 모든 것을 놓아 버리자. 욕망, 비정, 고통 등 모두 놓아 버리
자. 잠시 후 지각을 잃었다. 몽롱한 가운데 한 여신(女神)의 기뻐
하지 않는 모습이 보였다. 내가 보니 수신(樹神)이었다. 그녀가
말하였다.
　"훌륭한 묘림 스님이여. 즐거운 사바세계를 생각하지 않으
면 당신의 서원은 어디로 갑니까! 원력이 업력보다 크지 않습니
까?"
　그 말에 나는 곧 게(偈)를 고쳤다.


구름 따라 물 따라 행각하는 승려 묘림.
염불하며 맨발로 네 산을 참배코자 하였으나
업도 크고 원도 크니 몸은 죽지 않을 것이니
지금부터 즐거운 사바세계를 잊지 않으리라.

말을 마치고 눈을 뜨니 먼 곳의 불빛이 보였다. 정신을 차리자 다리가 마비되었다가 통증을 느끼기 시작하였다. 나는 정말로 기뻤다. 다시 한 번 죽음에서 생명을 건져 올린 것이다.

## 문수보살이 수레 끄는 것을 도와주다

오대산 아래 도착하니 날이 어두워지려고 하였다. 멀리서 기이한 향기가 날아오니 성스러운 곳에 도착한 것을 알았다. 조금 후 두 분의 비구니 스님이 라면 몇 봉지를 가져왔다. 하늘에서 비가 떨어지기 시작하여 우리는 교량 옆에 앉아 비옷을 머리에 덮어 썼다.

식사를 준비하는데 비옷을 높이 들어 올리며 뛰어오는 사람을 보았다. "비가 많이 옵니다."라는 그의 말이 떨어지자마자 비가 정말로 많이 왔다. 내가 그에게 물었다.

"당신은 무엇을 하는 사람입니까?"

밥을 빌어먹는 사람이란 그의 말을 듣고 내가 말했다.

"좋아요. 나는 걸식하는 사람이고, 당신은 밥을 빌어먹는 사람이니 우리는 친척이군요. 밥은 드셨습니까?"

그는 아직 먹지 않았다고 하였다. 나는 "마침 잘 되었군요. 나에게 라면이 있습니다."라고 말하였다. 우리는 발우에 라면을 넣고 반찬을 섞어서 함께 먹기 시작하였다. 밥을 다 먹자 비도 그쳤다. 도로변에 앉아서 그의 이름을 물어보았다.

그가 말했다.

"나는 뇌림(揢林: 숲을 주무른다는 뜻)이라고 합니다."

"나는 묘림(墓林: 묘지나 숲속에서 지낸다는 뜻)이라 하는데, 당신은 뇌림이라 하니 우리는 '림' 자 돌림이군요."

그는 나에게 무슨 일을 하는 사람이냐고 물었다. 내가 말했다.

"우리는 부처님을 믿는 사람입니다. 절하면서 문수보살께 참배하러 왔습니다."

그에게 부처님을 믿느냐고 묻자, "믿지 않아요. 하지만 우리 집에는 부처님을 믿는 사람들이 매우 많습니다."라고 말했다.

내가 "그런데 당신은 어째서 부처님을 믿지 않습니까?"라고 묻자 그는 "나는 나 자신을 믿지, 부처를 믿지 않습니다."라고 대답하며, 내일 비탈길을 올라갈 때 수레는 어떻게 할 거냐고 묻기에 천천히 끌고 갈 거라고 하였다. 그는 "내가 당신이 수레 끄는 것을 도와주겠습니다."라고 말하였고, 나는 승낙하였다.

그날 저녁 우리는 함께 길가에서 휴식을 취하였다. 다음 날 아침 4시경 날이 희미하게 밝아 오자 나는 절을 하기 시작했고 '뇌림'이라는 사람은 수레를 끌었다. 오대산 비탈에 들어서니 길은 가파르고 두 개의 고개를 넘자 아침 7시가 되었다. 나는 발우에 오이와 라면을 섞어 셋이서 같이 먹었다. 그의 슬리퍼가 발바닥이 드러난 것을 보고 내 장화를 그에게 주었다. 그는 매우 기쁘게 신고는 슬리퍼를 길가에 버렸다. 도로가 급하게 구부러지는 지점에 차량들의 위험을 방지하기 위한 둥근 거울이 설치되어 있었다. 길은 매우 가팔랐다. 어린 제자는 이렇게 큰 거울을 보고 매우 신기해하며 거울을 비춰 보았다. 뇌림은 본래 말을 많이 하지 않았지만 어린 제자가 거울을 비춰 보는 것을 보고 말했다.

"비춰 보긴 뭘 비춰 봐. 요사스런 거울을 비춰!"

나는 고개를 들면서 마음이 밝아졌다. 관(觀)이 있고 비춤(照)이 있으면 아상(我相)이 있고, 관이 없고 비춤이 없으면 열반(涅槃)이다. '요사스런 거울을 비춰 봐.'라는 것은 아주 좋은 한 마디였다.


이 뇌림이라는 사람 심상치 않네.
아마 문수가 와서 돕는 것인가.
먹고 자고 수레를 끌며 함께 길을 가면서
거울을 비춰 요사스러운 거울을 깨니 마음도 없구나.


이미 정오가 되어 우리는 같이 밥을 먹었다. 마지막 긴 오르막을 절하며 오르니 길이 평탄하였다. 그가 말했다.

"나는 먼저 가야겠소. 오대산이 보이는군요."

나는 수박이 있으니 같이 먹자고 하였다. 수박을 다 먹고 나서 그는 내 몸 뒤로 가려 하였다. 나는 급히 몸을 일으켜 그를 배웅코자 하였다. 그러나 고개를 돌린 순간 곧고 곧은 대로에 그는 보이지 않았다(그는 바로 묘길상(妙吉祥: 즉 문수보살)이었다).

## 대회진에서 크게 토하다

대회진(台懷鎭)이라는 마을에 들어와서 첫날 저녁은 관음동(觀音洞) 아래 맞은편의 평평한 곳에서 쉬었다. 오대산의 저녁은 매우 쌀쌀하였다. 아침에 남산사를 참배하고, 저녁에는 현통사(顯通寺) 앞 대백탑(大白塔) 뒤편의 공터에서 휴식을 취하였다. 우리는 대백탑을 참배한 후 탑 아래에서 쉬었다.

밤 10시경 대백탑 상공에서 사자가 사자후(獅子吼)를 하며 머리를 남쪽으로 향하는 것을 보았다. 이때 나는 비록 오대산에 도착했을지라도 뒤편의 길에서 사자후를 해서 마(魔)의 무리를 무너뜨려야 한다는 것을 알아차렸다. 잠시 후 사자는 흰 구름으로 변하여 공중으로 사라졌다.

아침에는 현통사를 참배하며 이 절에서 오전 내내 절하였으며, 정오에는 선당(禪堂)에서 우리를 재(齋)에 초대하였다.

오후에는 탑원사(塔院寺)를 참배하였는데, 우리에게 돈을 주는 사람이 헤아릴 수 없이 많았으나 나는 금전계를 지키므로 돈을 받지 않았다. 그래서 어떤 사람은 몰래 우리 가방 속에 넣어 주곤 하였는데 나는 집어서 공중에 뿌렸다. 하늘 가득 돈이

327

휘날렸다. 모두 이런 모습을 보고 다 울었다.

저녁에는 현통사 종루 아래에서 휴식을 취하였다. 앉아 있
는데 대략 12시경 온몸을 움직일 수가 없었다. 사자가 부르짖어
마군(魔軍)이 나타난 것이라 생각하였다. 급히 결인(結印)을 하자
잠시 후 몸을 움직일 수 있었다. 다시 조금 있으니 몸이 마비되
고 눈이 붉어지며 아파 오기 시작하였다. 어떻게 할까? 일어서
서 종루 아래를 왔다 갔다 하였다. 몸을 움직여 보아도 마음대로
잘 안 되었다. 눈은 여전히 아픈데, 갑자기 두촌(杜村)에서 겪은
일이 생각났다.

그날 오후 차를 몰고 가는 한 분의 거사가 우리에게 두 개의
비닐 병에 담긴 물을 놓고 갔다. 어쩔 수 없이 우리는 그 물병을
가졌다. 잠시 후 거지처럼 초라한 행색의 사람을 만나 물병을 주
려고 하니 받지 않았다. 내가 그에게 "가져가세요." 하며 권하자
그제서야 받았다. 나는 그가 신발 수선 기계를 안고 있는 것을
보고 제자의 신발을 수선해 달라고 청하였다. 그는 신발을 수선
하기 시작하였고 우리는 건너편에 앉았다.

그가 나에게 무엇을 하는 사람이냐고 물었다. 나는 절하면
서 오대산에 참배하러 간다고 하였다. 그는 걸어가는 것과 다르
냐, 절하면서 가면 얼마나 힘드냐고 물었다. 나는 서원을 발하였
기 때문에 꼭 절을 하면서 가야 한다고 말했다.

그는 "당신같이 이렇게 의지가 굳세고 큰 사람은 만나기 어

려워요. 만약 길에서 몸이 마비되고 눈이 아프고 할 경우에는 풀이나 막대기로 목구멍을 건드려 먹은 것을 토해내고, 물을 마시고 다시 토하면, 병이 빨리 나을 것입니다."라고 말해 주었다.

그때는 주의 깊게 듣지 않았는데 오늘 그 사람이 일러 준 방법을 써 보게 되었다. 그런데 갑자기 '그가 어떻게 이렇게 정확하게 예견할 수 있었을까, 혹시 우연의 일치인가! 아, 이것은 아마 또 한 번의 문수보살의 자비의 시현이야!'라는 생각이 들었다.

그런데 종루 밑에서 보니 모든 곳이 성지인데 어디에 대고 토해야 할지 몰라 한참 동안 토할 곳을 찾았다. 멀지 않은 곳에 주민들의 집이 있었다. '저 집의 지붕 위에 토하는 게 좋겠다'고 생각하였다. 나는 손가락을 목구멍에 집어넣어 먹은 것을 토해냈다. 세 병의 물을 마시고 다시 토하고, 토한 후 나는 정좌하였다. 조금 지나니 좋아지기 시작하였다. 문수보살은 정말로 자비로웠다.

다음 날 아침에 일어나 계속 절하고 저녁에 다시 종루 밑으로 돌아왔다. 여전히 밤 12시가 되자 몸이 마비되고 눈이 아팠다. 나는 어제와 같이 하였다. 먹은 것을 토한 후 물을 마시고 다시 토하니 또 좋아졌다. 정말 효과가 있었다. 그렇게 매일 장을 씻어냈다.

이 대회진이라는 곳은 정말로 넓었다. 나흘을 절했어도 반밖에 가지 못하였다. 나는 몸도 안 좋고 또 절하는 데도 없어 먼저 대라정(黛螺頂)의 오방(五方)문수를 참배하기로 결정하였다.

아침에 시작하여 선재동(善財洞)에 도착했을 때 길가 계단에 앉아 쉬고 있는데, 위에서 한 분의 스님이 내려왔다. 나처럼 낡아 떨어진 옷을 입고 있었다. 그 스님이 내 옆에 앉았다. 아래에서 한 분의 여신도가 올라오면서 나와 어린 제자에게 각각 백 원씩 주었다. 그는 멍하니 '왜 나는 주지 않지.'라고 하는 것 같았다. 하지만 우리는 받지 않았다. 그가 나를 의아한 눈빛으로 바라보기에 내가 말했다.

"발원한 보살은 중생의 사업을 해야 하고, 중생도 보살의 사업을 하고 있습니다."

말을 마치고 절하며 위로 올라가 오방문수전에 도착하였다. 나는 다섯 개의 향을 피워 보정(寶鼎) 안에 놓고 절하면서 생각을 일으켰다.

'큰 지혜의 문수보살님! 제자 묘림은 당신의 자비와 가호에 감사합니다. 당신의 위로로 편안해진 제자에게 하나의 청이 있습니다. 즉 오방의 문수를 세상에 내려보내 네 성지의 산에 절하며 향을 피우게 하여 말법시대 길을 잃은 고난의 중생을 위로하여 편안케 해 주소서!'

이때 나는 오체투지를 하면서 눈물을 억제할 수 없었다.

"3년 동안 온갖 풍상을 겪으며 사람이 먹을 수 없는 것을 먹고, 더러운 개울의 물을 마셔 가며, 여러 차례 참기 어려운 매를 맞고 욕을 얻어먹었습니다…."

주위 사람들은 나를 보고 큰소리로 울기 시작하였다. 그때 주위에 사람이 너무 많았다. 나는 스스로 억제하고 절을 하며 대라정을 내려갔다. 벽산사(碧山寺)를 참배하기 시작할 때 많은 스님들이 내가 대회진에서 참배한다는 것을 알고 맞이하러 나왔다. 어떤 스님은 울었고, 천왕전(天王殿)의 한 노스님은 대성통곡하면서 말하였다.

"보살이 되기가 정말로 어렵구나!"

절을 마치자 묘강(妙江) 대화상이 나를 맞이하여 묵게 해 주었다. 저녁에 또 병이 발작하여 물을 가지고 화장실에 가서 토한 후 돌아와 앉으니 날이 밝았다. 객실 스님이 말하였다.

"우리 선당(禪堂)에 계신 광심(廣深) 스님이 공부가 매우 많이 되었습니다."

우리는 만난 적이 있으나 말을 나눈 적은 없었다. 그는 나의 이런 모습과 표정을 보고 매우 감복하는 것 같았다. 이 광심 스님은 이후 오대산에서 내려와 배향하는 다섯 분의 스님 중 한 분이 되었다. 동대(東台)를 참배하기 시작하였을 때 이틀을 탁발하지 못하여 전에 먹어본 적이 있는 야생초를 먹었다. 또 야생초를 찾아 먹으려고 하는데 두 분의 비구니가 밥을 가지고 왔다. 동대를 참배한 후 토하는 병도 나았다.

## 북대의 정상에서 차가운 비바람을 만나다

우리가 화북(華北)의 용마루에 도착했을 때는 날이 어두워지려 하였다. 석비루 아래 앉을 곳을 찾았다. 하늘에서 가늘게 비가 내리기 시작하여 우리는 비덮개를 머리에 둘러썼다. 이어서 바람이 부는 게 심상치 않았다. 북대의 바람은 매우 세차다는 것을 알고 있었다. 날은 어두워지고 비는 더욱더 많이 내리기 시작하고, 바람도 더욱더 세차게 불어 일종의 공포감이 엄습해 왔다.

조금 있으니 광풍이 불기 시작하고 폭우가 쏟아지기 시작하였다. 비덮개를 썼는데, 마치 머리 위에서 물을 쏟아붓는 것 같았다. 손으로 비덮개의 한 모서리를 잡고 다른 한 모서리는 발로 밟아 지탱코자 하였으나 비덮개는 깃발 마냥 공중에 휘날렸다. 사람도, 지닌 물건들도 모두 물에 젖어 그 차가움은 이루 말할 수 없었다.

우박으로 변한 비는 마치 돌멩이로 때리는 것 같았다. 나는 오른손으로 덮개를 잡고, 왼손으로는 어린 제자를 안았다. 1시간 정도 지나자 손에 감각이 없어지는 것을 느꼈다. 힘을 내 흔들어 보았으나 움직이지 않았다. 또 다리를 오므려 보니 움직이지 않아 비로소 얼어서 손발이 곱은 것을 알았다.

나는 일찍이 오대산에서는 사람이 얼어 죽을 수 있다는 것을 들었는데 지금 그것이 거짓이 아님을 알게 되었다. 온 힘을 다해 어린 제자를 보호하면서 비덮개를 그의 몸에 감쌌다. 나는 아무것도 걸친 것 없이 쏟아지는 비를 그대로 머리에 맞으니 호흡이 곤란할 지경이었다. 게다가 손을 펴니 다섯 손가락이 움직여지지 않아 공포감이 또 엄습해 왔다.

'보아하니 내 목숨을 북대에 내려놓아야 하겠구나….'

이때 갑자기 문수보살께 하소연하고 싶었다.

'3분이 지나도 비가 멈추지 않으면 저는 오대산을 떠나갈 것입니다. 오대산 참배가 이렇게 어려운 것은 아니겠죠?'

그리고 탄식하기를,

청량성지(淸凉聖地)에 비가 세차게 내리니
세상사에 마(魔)가 있고 없음을 알겠네.
화북옥 마루에서 몸이 위험을 만나니
못다한 뜻은 뒤에 사은(四恩)에 보답해야겠네.

내가 게송을 마치자 비가 갑자기 멎었다. 하늘을 보니 별이 가득하였으나 바람은 그치지 않았다. 나는 어린 제자에게 비덮개 속에서 나오라고 소리쳤다. 우리가 일어서니 바지에서 물이 줄줄 흘러내리고 한풍이 불자 곧 얼음덩어리로 변해 버렸다. 방법을 생각해야 한다. 오대산에는 평평한 산이 많으니 바람을 피할 곳이 없다.

'대회진으로 돌아갈까. 안 돼. 길이 없어.'

위를 보니 불빛이 보였다. 한 줄기 기쁨이 일어났다.

'의발만 챙기자. 아무것도 필요 없어. 목숨을 보존하는 것이 중요해.'

나는 어린 제자를 끌고 캄캄한 밤중에 짝짝 소리가 울리는 살얼음을 밟으며 위로 뛰어갔다.

위에 도착하여 급히 문을 두드리니 대답하는 사람이 있었다. 내가 말했다.

"스님, 우리는 북대에 참배하는 사람입니다. 큰비가 오고 하여 매우 춥습니다. 하룻밤만 머물고자 합니다."

안에 있는 사람이 남문으로 가라고 하기에 남문으로 가서 한동안 사람을 불렀으나 대답하는 사람이 없었다. 한참 동안 문을 두드렸으나 여전히 응답이 없었다. 이 문은 바람이 부는 입구에 있었기 때문에 우리는 마치 얼음 사람처럼 바람 속에 서 있었다.

내가 말했다.

"이 세상에 우리보다 더 가련한 사람이 있을까? 정말 고통스럽구나. 이것이 바로 인과인가보다!"

우리는 할 수 없이 그곳을 떠나 바람이 덜 부는 동쪽 전각의 담으로 왔다. 담 모서리 안쪽에 어린 제자를 앉도록 하고 나는 밖에서 바람을 막았다. 잠시 후 제자가 졸기에 그를 자꾸 불러 잠들지 못하도록 하였다. 뜬눈으로 밤을 지새고 날이 밝아져

일어났다. 기념 합장주가 떨어졌으나 꽁꽁 언 손으로 주우려고
하니 주울 수가 없었다. 할 수 없이 줍지 않았다. 산비탈에 서서
아래를 내려다보았다. 우리의 물건들은 바람에 날려 산비탈 밑
에 흩어져 있어 주우러 갔다가 돌아왔다. 계속하여 배향하며 수
레를 맨 끈을 어린 제자 허리에 묶어 제자는 끌고 나는 절하면서
밀었다. 이렇게 얼마를 지나고 나자 땀이 났다. 비로소 한숨을
돌렸다. 정말로 위험했어!

## 붉은 얼굴의 오리도 부처님께 절하다

연못에 이르러 목욕할 때 멀리 한 마리의 오리가 나를 향하여 고
개를 끄덕이더니 내 곁으로 와서 세 바퀴를 도는 게 아닌가. 이
오리를 보니 한 번 생각이 미혹되어 오리가 된 것을 알았다. 그
래서 나는 진실하게 마음으로 말하였다.

　'같이 수행하는 이여! 습기(習氣)를 제거하지 못하면 속세에
서 벗어날 수가 없다네. 너는 말하는 것은 좋으나 오리의 습기가
두터워 오리가 되려고 하면, 부처님도 너를 구제할 방법이 없다.'

　내가 한 번 절하니 오리도 한 번 고개를 끄덕였다. 대웅전에
와서 내가 삼배를 하니 오리도 부처님 주위를 세 번 돌았다. 내
가 절하고 나올 때 그도 나를 따라 절하며 나와서 나를 제법 멀
리까지 배웅하였다. 내가 앉으니 그가 내 옆에 오기에 그에게 말
하였다.

미혹하고 깨달음은 단지 일념 간에 있으며
습기가 현전하면 평온하지 못하네.
금생에 비록 오리가 되었지만
내생에는 남자로 태어나게.


"돌아가게!"
나는 다시 절하며 나아갔다.


## 대동에서 온 신도들 소리 내어 울다

서대(西台)로 가는 길에서 절을 하고 있는데 뒤에서 이십여 명의
사람들이 따라왔다. 어디에서 왔느냐고 물으니 대동(大同)시에
서 참배하러 온 신도들이란다. 그들은 내가 절하는 모습을 보고
모두 울기 시작하였다. 어떤 여신도는 매우 큰 소리로 울면서 말
하였다.

"내가 오늘 여기 온 것이 헛되지 않았습니다. 진짜 부처를
보게 되었으니!"

어떤 사람은 정말로 보살이 세상에 머무신다고 말하였다.
앞다투어 돈을 주는데 받지 않았다. 그러자 먹을 것을 주었다.
그들이 먹지 않은 음식을 다 나에게 주었다. 나도 울었다. 기뻐
서 울었다. 예상외로 이렇게 많은 사람들이 보살심을 발하여 밥
빌어먹는 나에게 보시하고, 자비롭게 대하고, 안타까워하니 그

때마다 매우 큰 부자가 된 것처럼 느껴졌다. 어찌 이것이야말로 보살의 대비(大悲)사업이 아니란 말인가? 보아하니 나 같은 이런 밥을 비는 거지 노릇이 옳은 모양이다.

## 불모동을 참배하다

남대(南台)를 참배한 후 오후에 불모동(佛母洞)을 참배하였는데, 불모동은 신통력으로 만든 것 같았다. 정말로 문수보살의 자비로 만든 것으로서 신기할 뿐이었다. 불모동으로 들어가 절하며 마음속 깊이 생각하였다.

'존경스런 불모여! 우리 고난의 중생은 밖에서 유랑하며 실제로 고통스럽습니다. 저와 모든 중생이 다 당신의 은덕을 억념할 수 있기를 빕니다. 우리로 하여금 세세생생 서로 멀리 떨어지게 하지 마소서.'

## 4년을 명리(名利)의 절을 하다

불모동을 참배하고 다시 돌아와 남아 있는 몇 개의 절에 가서 참배하였다. 칠불사(七佛寺) 문 앞 도로에서 절하며 앞으로 나아가는데 명(明) 수좌와 대라정에서 만났던 그 스님이 우리를 향해 오는 것을 보았다. 나는 절하는 것을 멈추었다.

명 수좌가 말하였다.

"이분이 바로 4년을 대라정에서 절한 광(廣) 원사(圓師: 중국의 스님 명칭)입니다."

내가 말했다.

"우리는 서로 만난 적이 있죠."

그들이 앉아서 내게 물었고, 나는 직설적으로 말하였다.

"대회진에서는 모두 광 원사께서 매일 대라정을 배향하는 것을 알고 있으니 당신의 명성이 매우 높습니다. 당신은 생각 생각이 성불하려 하니 그 이익도 매우 큽니다. 당신은 4년간 명리의 절을 하신 것입니다.

본사 석가모니 부처님께서 우리에게 이르시기를 중생 개개인이 모두 다 부처라고 하셨습니다. 이미 모두 부처인데 마음 밖에 또 무슨 부처가 있겠습니까? 부처님은 우리로 하여금 자기 자신을 알라고 하였으며, 부처는 본래 저절로 이루어져 있으니 수행을 빌릴 필요가 없다고 하셨습니다. 사대는 본래 조화(造化)에 속하며 인연이 화합하여 아집이 된다는 것을 알도록 하였습니다."

그가 물었다.

"그럼 저는 어떻게 해야 합니까?"

내가 말했다.

"삼보일배로 보타산(普陀山)을 참배하십시오. 3년의 시간 안에 밥을 빌어먹는데 무슨 다툴 명리가 있겠습니까?"

## 오대산 묘덕암에서 법문하다

우선 묘덕암(妙德庵) 주지스님과 대중들이 저에게 밥을 보내 준 것에 대하여 고맙게 생각한다. 하지만 절에서 법문을 청하여 매우 난처하였다. 앉아 있는 대중들 모두 불학원(佛學院)을 졸업하여 불교 지식이 매우 깊은 분들인데, 아는 것 없이 밥을 빌어먹는 나를 치켜세워 앞에 앉아 법문을 설하라 청하니 정말로 난처하기 그지없었다. 어쩔 수 없이 법문을 하게 되었다.

모두들 내가 절하며 다니는 것을 신비한 눈으로 보지 말아야 합니다. 실제로 대해로 강으로 다녔지만 잡은 게 아무것도 없으며 아무것도 배운 게 없습니다. 내가 잘못 말하면 모두들 지적해 주시어 더욱 많은 사람을 그르치게 하는 것을 면하게 해 주십시오. 만약 문제가 없으면 가르침을 따라 봉행하여 모두들 개개인들이 왕생할 수 있도록 하십시오.

　나는 종남산에서 생명을 대가로 은거하신 스님을 만나 그분을 의지스승으로 모시게 되었습니다. 당시 큰스님과의 문답을 여러분에게 봉헌해 드리겠습니다.

　내가 물었다.
　"어떻게 하면 부처를 볼 수 있습니까?"
　스승은 답변하였다.

"염불하면 부처를 볼 수 있어."

(이후 '문', '답'으로 표기)

**문**　　어떻게 염불합니까?

**답**　　호흡오음염불을 하면 돼.


**문**　　어떻게 호흡합니까?

**답**　　내쉬는 숨에 염불하고, 들이쉬는 숨에 멈추게.


**문**　　어떤 공양이 가장 큽니까?

**답**　　부처님께 몸과 입과 뜻으로 하는 공양이 가장 크네.


**문**　　어떻게 공양합니까?

**답**　　염불 일천만 성(一千万聲)을 공양하면 곧 자기의 삼신불
　　　　(三身佛 : 법신, 보신, 화신)을 만나게 돼.


**문**　　어떻게 하는 것이 오음염불입니까?

**답**　　첫째 음은 평음(平音)으로, 둘째 음은 높게, 셋째 음은 평
　　　　하게, 넷째 음도 평하게, 다섯째 음은 돌아오는 음으로
　　　　하면 돼.

**문** 어떤 부처를 볼 수 있습니까? 마음은 또 어떻게 설명할 수 있습니까?

**답** 자기의 삼신불을 보게 되면 바야흐로 이일심(理一心)이 되는 것이네.

**문** 무엇이 사일심(事一心)입니까?

**답** 염불 수행의 관점에서 말하면, 염하지 않아도 저절로 염해지는(不念自念) 경지이네.

**문** 『능엄경』의 돌이켜 들으며 자성을 듣는 것(反聞聞自性)은 염불과 무슨 관계가 있습니까?

**답** 염하지 않아도 저절로 염하게 될 때 반문(反聞)은 돌이켜 듣는 것(反聽)이 되며, 그렇게 듣게 될 때, 돌이켜서 '누가 염불하는가' 하고 의심을 하게 되면, 곧 얼마 지나지 않아서 삼신불을 볼 수 있게 돼.

**문** 어떻게 음성을 들어 도를 깨닫습니까?

**답** 귀로 듣는 것은 청(聽)이며, 마음으로 듣는 것은 문(聞)이며, 마음으로 듣게 되면 도를 깨닫게(悟道) 된다.

**문** 무엇이 마음으로 들어 도를 깨닫는(心聞悟道) 것입니까?

**답**  염불 공부의 관점에서 말하면, 염하지 않아도 염하게 되는 것이 염불의 사일심(事一心) 경지이며, 반문(反聞)이 반청(反聽)이 되며, 염불을 반청하게 될 때 반문하기를 '염불하는 놈이 누구인가' 하면 곧 본심(本心)을 보게 되어 도를 깨닫게 된다.

**문**  부처님은 어떻게 접인합니까?

**답**  염불심으로 무생법인(無生法忍)에 들어가며, 염불하는 마음이 생하지 않으면 바로 견성(見性)이며, 자성미타(自性彌陀)를 보게 된다.

**문**  어떻게 마(魔)가 붙게 되는 것입니까?

**답**  오직 마음이 생각하는 바를 따라 환상적인 경지를 좋아하게 되면 천마(天魔)와 귀신이 그 틈을 타서 수행자의 신식(神識)에 붙게 되며 없애기가 어렵다.

**문**  부처님상이 접인하러 오는 것을 보는 사람이 있는데, 이는 어떻습니까?

**답**  자기의 삼신을 보지 않으면 모두 환상에 속한다. 하지만 자기의 화신(化身)이 접인하면 육신은 변하여 응신(應身)이 된다. 만약 접인하러 오는 (부처)상이 있으면, 어

째서 조념(助念)하면 (조념자는) 부처님 모습을 보게 되어
도 왕생하지 않는가? (이것은) 왕생하지 않으려는 것인
지, 아니면 부처님이 접인하지 않는 것인가? 이것은 바
로 왕생자의 화신이 자기를 접인하러 오는 것으로서 조
념자로 하여금 환희심을 내게 하기 위해서이다.

**문**  어떻게 왕생의 때가 이르렀음을 저절로 알게 됩니까?

**답**  단지 삼신을 보게 되면 뜻에 따라 왕생한다.

**문**  염불할 때 왜 크게 혼침이 옵니까?

**답**  기력이 부족하게 되어 숨이 가빠진다. 호흡오음염불의
이점이 바로 여기에 있다. 사람으로 하여금 기력이 충
만하게 하며, 폐의 기능을 강화시킨다. 그리하여 기분이
상쾌하게 되어 혼침에 빠지지 않게 된다.

**문**  선(禪)과 정(淨)을 같이 닦을 수 있습니까?

**답**  선이 있고 정이 있으면 금생에 반드시 인천(人天)의 스
승이 된다. 무생법인(無生法忍)에 들어가는 것이 정이며
선이다. 정토는 비록 방편으로 접인하여 무생법인에 들
어가지만, 선(禪)은 별도의 근기가 있으면 바로 무생인
에 들어간다.

**문** 은사스님, 스님은 현재 이미 삼세제불과 차이가 없이 화신으로 제 생명을 구했습니다. 스님은 어떻게 삼신불을 보게 되었습니까? 말씀해 주십시오.

**답** 나는 7살 때 부모를 모두 잃고 13세에 출가하였다. 스승이 나를 집 없는 아이로 여겨 받아 주었다. 나는 대중들이 오음염불하는 것을 듣고 나도 따라서 염불하였다. 저녁에도 잠자지 않고 불전에서 염불하였다. 염불이 염하지 않아도 저절로 염하게 되었을 때 사방에서 염불하지 않는 곳이 없게 되었다. 불전 위, 공중, 탁자, 의자 등도 모두 염불하는 것을 듣게 된 것이다.

나는 사방에서 염불이 끊이지 않는 것을 듣고 누가 염불하는 것인가 하고 의심하게 되었다. 사흘 동안 부처님을 돌면서 염불하는데, 평평한 길에서 미끄러져 넘어졌다. 하지만 넘어진 게 좋은 일이었다. 넘어지면서 바로 한소식 하게 된 것이지. 나는 곧 일어나 말했다. '석가모니 부처님이 말씀하시기를 한 구(句)도 법을 설하지 않았다고 하셨는데, 정말로 한 구도 설하지 않았군.'

**문** 스님, 마땅히 하산하여 중생을 널리 제도해야 되지 않습니까?

**답** 지금은 게으른 자가 너무 많아. 만약 정진하는 자가 있

으면 하산할 수 있지. 너희들 당대에 불법이 흥하게 될
것이다. 좋은 수행 방법이 있으면 성취하는 사람들이
많아져서 자연 불법이 흥성하게 될 것이다.

**문**     스님, '호흡오음염불', 이 방법을 대중들에게 알려도 됩
니까?

**답**     알려도 된다. 그러나 지금은 선근 있는 사람이 많지 않
아서 믿음과 원력을 일으키지 않으면 속임을 당할까 두
려우며, 결과적으로 시간만 헛되이 소비하게 될 수 있
어. 총명한 것이 도리어 지혜를 그르치게 돼. 너는 지금
아직 젊으니 법을 널리 펴는 데 힘쓰지 말고 은거하며
열심히 배향해야 해. 너의 법원(法源)은 뒤에 있으며, 크
게 할 일이 있을 것이야. 중생이 어려울 때 반드시 도와
야 한다. 중생을 위하여 죽을지언정 자기를 위하여 살
면 안 된다. 이번에 하산하면 많은 어려움과 고통이 있
더라도 대처해 나가야 해. 사람 가운데 대장부는 바로
그런 것이다. 내 일에 대해 말하지 말라. 가거라. 장원심
(長遠心)을 발해야 한다.

위의 내용이 나와 은사스님과의 문답으로 여러분들에게 분명하
게 말씀드리려고 합니다. 부끄럽습니다. 성스러운 스님은 은거

하고 계십니다. 내가 이 밥통을 앞으로 밀며 제멋대로 지껄였습니다. 하지만 여러분들은 주의 깊게 들어 주십시오.

먼저 정계(淨戒)를 엄격히 지켜야 합니다. 당신이 무슨 계를 받았든지 잘 지켜야 합니다. 출가하여 계를 지키지 않으면 헛되이 고생만 할 뿐입니다. 재가불자도 계를 지켜야 그동안의 습기를 끊을 수 있습니다. 계는 무상보리(無上菩提)의 어머니이며, 계는 부처님의 정령(正令), 정법(正法)의 표준입니다.

계가 있어야 비로소 위의가 있게 되며 사람들이 보아도 기뻐할 수 있습니다. 세간에 계가 없으면 부처님이 없는 것입니다. 정계를 지키는 사람은 천마와 귀신도 공경하며, 모든 부처님이 찬탄합니다. 계를 보호하는 가장 좋은 방법은 적게 말하고 머리를 많이 숙이는 것입니다. 이렇게 하면 계의 덕이 발휘되기 시작하여 마음의 묘응(妙應)이 생길 수 있습니다. 어떤 종파를 막론하고 계를 지켜야 합니다.

두 번째는 인과를 깊이 믿어야 합니다.

우리가 금생에서 받고 있는 모든 것은 모두 과거 인지(因地)에서 지은 것이며, 지금 과보를 받는 것입니다. 바로 빚을 갚는 것입니다. 운남성(云南省)에 성이 요(姚) 씨인 사람이 나이 들어 아들을 얻어서 매우 기뻐하였습니다. 그러나 아들은 태어나면서부터 병이 있었습니다. 병을 치료하기 위해 가산을 모두 탕진하고 마지막에는 단지 알을 낳는 어미 닭 한 마리만 남아 있었습

니다. 아들이 말하기를,

"나는 빚을 받으러 왔다. 당신들은 아직 나에게 계란 일곱 개를 빚지고 있다. 나는 기다릴 생각이 없다."

엄마는 아들이 계란을 먹으려고 한다는 말을 듣고 열 개를 빌려 삶아 주었는데, 아들은 일곱 개만 먹고 바로 죽었습니다. 아들은 부모에게 정(情)의 빚을 갚고, 부모는 아들에게 금전의 빚을 갚은 것입니다.

여러분! 아들은 바로 정(情)이며 정을 생각하기 때문에 바로 정의 빚이 있게 되는 것입니다. 모두가 빚을 갚으러 온다는 것을 알아야 합니다. 부처님은 우리에게 보시의 마음으로 인과에 대처하라고 하였습니다. 우리는 대원을 발해야 합니다. 나의 모든 복락과 수명, 재물을 모든 중생에게 널리 베풀고 중생의 모든 고난을 내 한 몸으로 대신 받겠다고 발원해야 합니다. 이렇게 발원하여 당신의 탐욕과 인색, 정감을 모두 없애는 것입니다.

베풀 복이 없으면 무슨 복을 주는가? 이 대원은 여러분들이 간파해야 합니다. 보시는 우리의 마음을 다스리기 위한 것이지, 복을 구하기 위한 것이 아닙니다. 당신이 모든 것을 중생에게 보시하면 중생과 다툴 게 무엇이 있겠습니까? 중생의 고통은 바로 우리의 고통입니다.

이 말은 바로 옛사람이 "걱정할 일이 없으니 바로 인간의 호시절이며, 매일 마음이 탕탕하여 머무는 바가 없으니 진실의 모습이 크게 드러나네."라고 말한 것과 같습니다.

그리고 영가(永嘉) 대사께서 "그대는 보지 못했는가? 무위의 한가한 도인은 망상을 제거하지도 않고 참됨을 구하지도 않네. 무명의 진실한 성품(實性)이 불성(佛性)이며, 거짓으로 이루어진 텅 빈 몸이 법신이네. 법신은 한 가지 물건도 없음을 깨닫고, 본원 자성이 천진불(天眞佛)이네."라고 말한 바와 같습니다.

모든 것을 다 중생에게 주면 시방(十方)이 오고 시방으로 귀의하면 크게 자유롭습니다. 본래 과보의 땅(果地)에서 받는 고통을 행원(行願)으로 바꾸면, 업력을 원력으로 변화시켜 모든 중생과 원융하게 되면 어디에 중생의 과실이 있겠습니까? 원수를 변화시켜 부모로 삼고 도반으로 삼으면 바야흐로 아집(我執)을 놓을 수 있습니다. 반드시 보시를 잘 인식하여 바른 견해를 일으키면 헛되이 바쁘지 않을 것입니다.

보살의 길은 육바라밀을 닦는 것이며, 오직 염불할 줄 아는 것이 보살이 아님을 알아야 합니다. 길이 밝지 않으면 이치가 통하지 않습니다. 아미타불은 참된 경(經)입니다. 염불하는 사람은 많으나 즐겨 듣지 않으려 합니다. 가는 길이 피곤하면 멀다고 합니다.

고인이 이르기를,

"어떤 수행의 문을 가야 할지 수행의 문을 결정해야 합니다. 어떤 법의 문으로도 모두 성불할 수 있습니다. 중요한 것은 장원심(長遠心: 꾸준한 마음)입니다."

모두들 알았습니까? 며칠 동안 한 가지를 지속하기는 쉬워도 장원심을 발하기는 어렵습니다.

오늘 저의 수행문을 소개하겠습니다.

호흡오음염불, 일천만 번을 채우면 반드시 인간과 하늘세계의 스승이 됩니다. 염불할 때 내쉬고 멈춘 후 들이쉽니다. 처음 할 때는 소리를 내어 염불할 것이며, 소리를 내지 않으면 안 됩니다.

은거 화상이 말씀하시기를 호흡염불은 폐의 기능을 강화시키며, 우리로 하여금 기력이 충족하게 하여 혼침에 빠지지 않게 한다고 합니다. 정(精)·기(氣)·신(神)이 충만할 때 앉아도 안정되며 일어서도 편안하고 피로하지 않고 숨이 차지 않아 비로소 정(定)이 생길 수 있습니다. 믿어지지 않으시면 자기의 기력으로 얼마 동안 앉을 수 있는지를 보시고 염불이 피로한 지 안 한 지를 보십시오.

사람이 병이 생기는 까닭은 기혈이 부족하기 때문입니다. 여러분들이 실천해 보면 인정할 수 있을 것이라 믿습니다. 우리는 정·기·신이 모두 충족한 상태에서 바야흐로 염불을 할 수 있습니다. 그렇지 않으면 어떻게 향상할 수 있겠습니까? 오음염불은 이렇게 염합니다. 여러분은 유통되고 있는 녹음 테이프를 찾아 배워도 됩니다.

빠르게 하지 말고 느리게 염해야 급한 성미를 변화시켜 정에 들 수 있습니다. 눈을 뜨고 소리를 또렷또렷하게 내어 염해야 합니다. 지명염불을 계수(計數)하는 공책은 이렇게 만듭니다.

황색의 종이에 가로 20센티미터, 세로 26센티미터의 크기에 흑색의 선으로 0.8×2센티미터의 장방형 격자를 만듭니다. 염불할 때 장방형 격자 내에 일성 불호(佛號)에 한 획을 그립니다. 매 격자 내에 사선으로 다섯 획을 그립니다(394~395쪽 '지명염불계수' 참조).

다음은 대원(大願)을 발해야 합니다. 염불 일천만 성으로 아미타불에게 공양하는 것입니다. 어떻게 공양하는가? 몸으로 한 획 한 획 그려서 공양하며, 입으로 송하여 공양하며, 뜻으로 생각하여 공양하는 것입니다. 몸과 입과 뜻으로 부처님께 공양 올리며 공불(供佛)의 원을 이루면 몸은 살생, 도둑질, 음란함이 없어지며, 입은 자연히 악구(惡口), 망어(妄語), 양설(兩舌), 기어(綺語)가 없어지며, 뜻은 자연히 탐욕, 성냄, 어리석음이 없어집니다.

부처님께 공양하면 부처님도 매일 당신을 보살피며, 한번 탐심이 일어나면 곧 거두어들입니다. 부처님께 공양하는 데 생각이 일어나는 것을 겁내지 말고 단지 깨달음이 늦어짐을 두려워해야 합니다. 생각 생각 자각하며 자기를 바라보게 되면 몸과 입과 마음이 청정하게 되어 오염될 수 없습니다.

어떻게 부처님께 더러워진 몸, 입, 마음을 공양할 수 있습니까? 그러면 부처님께 매우 불경스러운 것이 되지요. 모든 습기는 자연히 바뀝니다. 그러니 다시 수행을 말할 필요가 없습니다. 수행을 말하면 고인은 향판으로 때리려고 할 것입니다. 임종 시당신은 전도되지 않을 것입니다. 왜냐하면 당신은 생각 생각이부처님께 공양하기 때문입니다. 설사 임종할 때 염불에 공부가 없더라도 명명백백하게 떠날 수 있습니다. 이것은 당신의 원력이 있는 까닭입니다.

『법화경』에서 말하기를 용녀(龍女)가 그 생에서 성불한 것은 바로 여의주를 공양한 까닭입니다. 용녀가 공양한 것은 자기의 목숨이며, 청정한 몸과 입과 마음이었기 때문에 그 자리에서성불한 것입니다. 우리가 해야 할 것은 몸으로 염불의 획을, 그리고 입으로 소리 내어 불호를 일천만 번 염하는 것입니다. 그때우리의 몸과 입과 마음은 청정하게 되며, 또한 용녀와 같이 그자리에서 성불하여 용녀와 다른 모습이 없습니다.

어떤 사람은 나이가 많아 서원을 완수하지 못할까 걱정하여 감히 발원하지 못합니다. 하지만 알아야 합니다. 당신이 몸과 입과 뜻으로 부처님께 공양하여 숫자를 다 채우지 못했는데 수명을 주관하는 귀왕(鬼王)이 어떻게 감히 당신을 저승으로 데리고 가겠습니까? 원력이 있으면 반드시 완성할 수 있습니다. 겁내지 말아야 합니다. 체면을 놓아 버리고 밝고 당당하게 염해야 합니다. 큰 소리로 염하면 큰 부처님을 봅니다. 나는 지금 이런 사실을 여러분들에게 일러 드립니다. 왕생은 염불 일천만 성 이내에 있다고 은거 화상께서 말씀하였습니다.

지명염불(指名念佛)을 할 것이며, 관상(觀像)하거나 관상(觀想)하지 마시고 착실하게 염불 수를 그려나가십시오. 하나의 신념을 가져야 합니다. 일천만 번 염불로 부처님께 공양하면서 모든 경계를 만나도 마음이 움직이지 말아야 합니다. 부처가 와도 참하고 마(魔)가 와도 참해야 합니다. 공양을 완성하지 못하면 왕생하지 않는다는 각오로 이를 악물고 염불에 전념하면 당신의 업력은 원력에 의하여 바뀝니다.

어떤 사람은 매일 부처를 보려고 해도 보지 못하며, 우리는 만나게 되어도 가지 않습니다. 나는 명백하게 여러분에게 말씀드립니다. 당신이 이 방법으로 공부하면 마왕이 와서 우리를 해치려고 합니다. 믿어지지 않으시면, 당신은 이 방법으로 몇 개월 하면 곧 부처님 모습이 출현하게 되는데, 하지만 그것을 따라가면 안 됩니다. 그것은 환상의 모습이기 때문에 따라가게 되면 귀신, 요괴가 달라붙게 됩니다. 모두들 생각해 보십시오. 눈으로 부처님 모습을 보게 되는 것은 당신은 아직 육근을 수섭(收攝)하지 못했다는 것을 설명합니다. 육근을 수섭하지 못하면 어떻게 왕생할 수 있겠습니까?

만약 당신이 꿈속에서 부처를 보아도 당신을 접인하지 못하게 해야 합니다. 경계를 만나도 따라가면 안 됩니다. 경계는 귀신이 장난치는 것이며, 곧 자기의 모습입니다.

어떤 공안(公案)에서 이야기하기를 어떤 도반이 수행에 정진할 때 매일 한 마리의 거미가 보여서 스승에게 어떻게 하면 되겠느냐고 물었습니다. 스승이 말했습니다. "연필로 십자를 그려라." 그날 저녁 또 거미가 보이기에 그는 곧 십자를 그렸습니다. 다음 날 스승에게 갔더니 스승이 그에게 상의를 벗으라고 하였습니다. 그러고 보니 자기의 살 위에 열십 자가 그려져 있는 것을 보았던 것입니다. 우리가 정좌하여 공부하게 되면 자기의 모습이 은밀히 드러나게 되는데 그것은 환상이기 때문에 마음이 움직여서는 안 됩니다.

오늘 여기 앉아 계신 묘혜(妙慧) 스님이 나에게 말씀하시기를, 스님이 일찍이 공중에 하나의 태양과 달을 보고는 환희심이 생겨 나중에 허튼소리를 지껄이게 되었는데, 바로 주화입마(走火入魔)가 된 것입니다.

내가 관찰해 보니 스님이 오두막 토굴에 머물 때 어떤 여신도가 스님의 도반이 되었는데, 그녀의 남편이 몇 차례 그녀를 불러도 돌아오지 않자 나중에 남편이 그녀를 죽인 것입니다. 이 여신도는 묘혜 스님께 목숨의 빚을 요구하게 되었으며, 스님은 몇 년 동안 옳은 수행 길에 오르지 못하였습니다. 묘혜 스님이 태양과 달이 함께 있는 것을 보고 환희심을 낸 기회를 이용하여 (그 여신도는) 스님의 몸에 붙게 되었으며, 따라서 묘혜 스님은 매일 몸과 마음이 편안하지 못했습니다. 우리 공부인이 만약 마음을 강철 벽과 같이 하면 귀신과 요괴가 당신을 어찌할 방법이 없을 것입니다.

매일 매일 공책에 염불 수를 그려나가는 것은 당연히 피곤하고 번거로운 일입니다. 그러나 이렇게 해나가면 인욕을 닦는 데 아주 적합하며, 시간이 오래되면 자연히 성질을 부리지 않게 되며, 다른 사람이 무슨 말을 해도 모두 좋게 들리게 될 것입니다. 보살의 육바라밀 중 인욕은 이와 같이 공책에 그려나가는 과정에서 저절로 수행이 되는 것입니다.

매일 '일천만불 공양'의 대원에 섭취되어 자연히 육근도 수습되며 정념이 이어지게 되는 것입니다. 선정이 생겨 타성일편(打成一片)이 되면 마음은 입을 보고, 입은 손을 보며 줄곧 그려나가게 됩니다. 손이 어지럽지 않으면 마음이 어지럽지 않으며 입이 어지럽지 않아 몸과 입과 마음이 타성일편이 됩니다.

단지 독두의식(獨頭意識)이 생기게 되면 (즉 염불일념이 되면) 산하대지, 탁자, 의자 등이 염불하는 것을 듣게 되며, 시방이 염불하지 않는 곳이 없게 됩니다. 귀로 듣는 것은 청(聽)이며, 마음으로 듣는 것은 문(聞)입니다. 이와 같은 경계에 왔을 때에는 공부를 멈추지 말아야 합니다. 쇠는 달구어졌을 때 재빨리 두들겨야 합니다. 멈추어 공적(空寂)함을 기다려서는 안 됩니다. 이때는 여러 해의 수행을 통하여 편안하고 상쾌함을 느껴 나아가지 않게 될 수 있습니다. 그러면 안 됩니다.

『능엄경』「염불원통장(念佛圓通章)」에서 말하기를 염불심으로 무생인(無生忍)에 들어간다고 하였습니다. 무생인에 들어가면 비로소 정토 가운데서 독두의식의 이 염불 소리를 듣게 되는 것입니다.

『능엄경』에서 말하기를 "돌이켜 들으면 자성을 듣게 되며(反聞聞自性) 자성이 무상도를 이룬다."고 하였습니다.

생사의 단단한 관문이 여기에 있습니다. 이때가 되면 탁자가 당신과 한 어조로 염하는 것을 듣게 될 것입니다. '탁자가 어떻게 염불할 수 있는가? 이상하군?' 의문이 일어나게 됩니다.

고인이 말하기를 "크게 의심하면 크게 깨치고, 작게 의심하면 작게 깨치며, 의심하지 않으면 깨치지 못한다."고 하였습니다.

반문(反聞)은 청(聽)이 되며 탁자가 염불하는 것에 대하여 의심을 해야 합니다. '누가 그곳에서 염불하는가?' 줄곧 끊임없이 의심해야 합니다. 고봉(高峰) 스님께서 말하기를 "(이러한 단계에서는) 3일, 5일, 7일간을 정진하면 깨친다. 그래도 안 되면 그만두어도 좋다. 내가 만약 큰 거짓말을 범하면 영원히 발설지옥에 떨어질 것이다."라고 하였습니다.

은거 화상이 말하기를 사흘의 노력으로 석가모니 본사께서 설한 것이 없다고 하신 것을 알게 되었다고 하였습니다. 이것이 바로 반야의 지혜이며, 한번 지혜가 생기면 만년의 어리석음을 없애는 것이며 자비로 남김없이 제도하는 것입니다.

　최근 양쪽을 다 좋게 하는 사람이 있는데, 어쨌든 모두 일리가 있습니다. 도반들에게 묻겠습니다. 우리가 도심을 발한 것은 무엇을 위한 것입니까? 설마 단지 입으로만 공부하려는 것은 아니겠죠?

　세월은 빠르며 무덤에 들어가는 것은 노소를 가리지 않습니다. 말법의 중생들이 가련합니다. 당신들은 아주 뛰어난 초인의 무슨 계책이라도 가지고 있습니까? 자기의 좋은 시절을 그르치지 말아야 하며 아무리 큰 체면이 있더라도 놓아 버려야 합니다. 길은 우리 손에 있습니다. 일천만 성을 그리세요. 어렵지 않습니다. 어렵지 않아요.


　시방의 불타여! 제자 묘림의 고심을 아는 사람이 있습니까?
　낮에 고생스럽게 생각하고 밤에 갈고 닦으면
　지름길을 찾아 애욕의 강을 건너며
　돌이켜 들으며 돌이켜 물어 미타를 그리면
　일천만 성 안에 화택(火宅)을 벗어나네.

오늘 나는 여러분 모두 절을 짓는 데 분주한 것을 보고 깊이 부끄러움을 느꼈습니다. 보아하니 대중들 모두 매우 바쁜데 정작 밥을 빌어먹는 나는 한가하니 나도 긴말을 짧게 해야겠습니다.

근래 나에게 의지스승이 되어달라고 청하는 사람이 있는데 매우 난처합니다. 옛날 사람들은 신체가 좋아 병도 가벼웠으나 지금 사람은 몸이 옛날 사람에 미치지 못하며 병도 무겁습니다. 약을 많이 쓰면 먹어도 소화시키지 못하고 약을 적게 쓰면 병을 치료하지도 못합니다. 나는 정말 난처하여 결국 이런 결정을 내렸습니다.

매일 호흡염불 일만 성, 절 일천 배, 이와 같이 하루 17시간을 공부하고 7시간을 휴식하고 이와 같이 할 것에 동의한다면 의지스승이 될 수 있다고 하였습니다. 이런 사람은 몇 년의 공을 들이지 않아도 곧 한소식 할 것임을 보증합니다. 장원심을 발하기는 매우 어렵습니다. 이롭지 않은 고통을 받지 않기 위해서도 나에게 의지하지 않는 것이 좋습니다. 하지만 마음을 알아차릴 수 있으면 어찌 견성을 걱정하겠습니까? 그러면 이렇게 한가롭습니다.

달마 대사가 동쪽으로 와서 혜능 대사까지는 오직 견성만 말하고 수행(방편)을 빌어 (견성을) 얻는 것은 고려하지 않았습니다. 정말 한탄스럽습니다. 지금 사람은 옛날 사람에 미치지 못하여 부득이 염불 방편을 빌어 왕생하게 하는 것입니다. 일 구의 불호를 산란하고 어지러운 우리의 마음에 던져 넣는 것입니다. 독을 독으로 공격하는 방법을 사용하여 우리로 하여금 한곳에 마음을 집중하게 하여 비로소 안주하게 하는 것입니다.

나는 10년의 고생스런 노력과 또 진령에서 생사의 고비를 겪고 나서야 비로소 은사를 만나 호흡오음염불에 의지하게 되었습니다. 나는 행운이 있습니다. 하마터면 금생을 그르칠 뻔하였는데 호흡염불법을 알게 되었으니 말입니다. 나는 의심 없이 줄곧 염하여 왔는데 매우 공부하기 편하다는 것을 깊이 느낍니다.

모두들 반드시 기억해야 합니다. 당신이 어떻게 염하든지 간에 염하지 않아도 저절로 염해지는 때가 되면, 반드시 '누가 염불하는가' 하고 반문해야 합니다. 그러면 3일, 5일, 7일의 공으로 바로 자성의 삼신불을 보게 됩니다. 왕생하려 할 때는 자기의 화신 아미타불이 자기를 접인하러 오며, 육신을 응신으로 변화시킵니다. 대중들은 아미타불이 오는 것을 한번 보게 되면 조념자도 아미타불을 보게 됩니다.

어떤 사람이 묻기를 "왜 아미타불을 따라 왕생하지 않습니까? 당신은 무엇을 기다립니까? 잠시 후 아미타불이 보이지 않으면 매우 애석하지 않습니까?"라고 하더군요.

모두가 아미타 부처님을 보게 되지만 왕생하는 사람은 단지 한 사람입니다. 무엇 때문인가? 이 아미타불은 왕생자의 화신불이며 자기를 접인하러 오신 것입니다.

『인왕반야경(仁王般若經)』을 보면 한번 무생인에 들어가면 바로 칠지(七地), 팔지(八地), 구지(九地) 보살입니다. 은거 화상이 말하기를 한 사람이 깨달아 한 가지 모습에 들어간다고 하였습니다. 이것은 도의 입문을 말하는 것으로 한 사람이 한 가지 모습입니다.

나는 여러분에게 한 가지 의심하지 않는 방법을 일러 주고자 합니다. 당신이 대원을 발하여 호흡오음염불 일천만 성을 부처님께 공양하고자 결심하고 공책에 그려나갈 때 만약 무엇이 나타나더라도 관여하지 말고 단지 한 가지 신념, 즉 일천만 그림을 완성하는 것만 가지는 것입니다. 그러면 아미타불을 마음에 담고 공양하는 것입니다. 때가 되면 칠팔백만 혹은 이삼백만 성에 곧 자기의 삼신불을 보게 됩니다. 그때 당신은 걸식하는 나의 고심을 알게 될 것입니다. 만약 칠백만 성을 그렸는데 탁자가 염불하지 않고, 팔백만 성을 그렸는데도 안 되면, 구백만 어쨌든 일천만 성을 하기 전에는 왕생합니다.

모두들 잘 들으세요. 사람마다 모두 왕생할 수 있습니다. 10년의 공을 들이지 않고도 왕생은 이루어집니다. 모두들 무엇을 의심하십니까? 나도 힘을 들여 그리고 있습니다. 당신들이 왕생하지 않아도 나는 왕생합니다.

지금 사람들은 채무가 많아 번뇌가 많으며 매일매일 바쁩니다. 과거엔 어머니를 낭(娘)이라 불렀습니다. 그러나 지금은 마(媽)라고 부릅니다. 마(媽) 자는 말 마(馬) 자 변입니다. 모두들 주의해야 합니다. 아들 손자들은 자기들의 복을 타고 나니 아들, 손자에게 소나 말이 되지 말아야 합니다. 반드시 자기 자신을 위하여 무엇인가 해야 합니다. 대원을 발하여 일천만 성 불호로 부처님께 공양하세요. 시간, 장소에 관계없이 음식 만들고 아침에 일어나고 저녁에 잠자는 것에 관계없이 언제든지 그릴 수 있으며 일이 바쁘면 일을 마치고 시간을 내어 그릴 수 있으며, 집을 나갈 때는 공책을 가지고 가면 됩니다. 모두 환희심을 갖고 하십시오. 다만 믿음이 있으면 반드시 성공할 수 있습니다.

또 어떤 사람이 다 그린 공책은 어떻게 하느냐고 물었는데, 만약 정말로 일천만 성 그림을 완성하였다면 그 공책은 공경의 대상이고, 그 사람은 범부로부터 등각의 보살지 위에 오르게 될 것입니다. 신통, 지혜를 막론하고 모든 것이 자재로울 것입니다. 그때 당신이 그린 공책은 바로 당신의 육신이며, 사리(舍利)이며, 대중들의 예배와 배움의 대상이 되는 것입니다. 그것은 정말로 부모를 위하여 떳떳한 것이 되며, 아미타불을 위하여 공을 세우는 것입니다. 시방의 모든 부처님이 찬탄하며 천인(天人)이 당신에게 예배할 것이며, 귀신이 공경할 것입니다. 한 범부가 매우 짧은 시간에 자기의 삼신불을 만나게 되는 것입니다. 사람에게는 남녀의 형상이 있지만 마음에는 남녀의 구분이 없으며 법은 평등한 것입니다. 단지 발심하기만 하면 모두 대장부의 상이 되는 것입니다.

서안(西安)에 있을 때 운거산(雲居山)에서 온 두 분의 비구니 스님이 많은 절을 찾아다니면서 나를 찾는다고 들었습니다. 나중에 홍교사(興敎寺)에 와서 "묘림 스님이 있습니까? 그분이 공책에 염불 횟수를 그리며 하는 염불을 제창하십니까?"라고 물었습니다.

하지만 모두들 알지 못하였습니다. 왜냐하면 나는 배향하며 줄곧 은거하였기 때문입니다. 그들은 차를 타고서도 물어보곤 하였는데 후(候) 거사가 나를 알고 있었기 때문에 비구니 스님들을 모시고 나에게로 왔습니다. 그들이 물었습니다.

"10년 동안 『법화경』 예참을 했는데, 봄에 관음보살이 나타나 말하시기를 서안에 가서 묘림 스님을 찾아 공책에 그리는 염불을 배우라고 하였습니다."

모두들 보십시오. 그들은 10년을 절한 후 비로소 이 방법을 얻게 되었습니다. 우리는 반드시 진지하게 생각해봐야 합니다. 이 방법을 얻는 것이 얼마나 쉽지 않은지를! 얻는 것이 쉬우면 버리는 것도 빠릅니다.

유 거사라는 분이 염불하며 공책에 그리기를 며칠 했는데 번뇌가 밀려와 그만두었습니다. 저녁에 관세음보살이 공중에 모습을 드러내며 말씀하시기를 "어째서 공책에 그리지 않느냐?" 하였습니다. 이 유 거사는 이 말을 한 번 듣고 다시는 그만 두지 않았습니다.

나는 여러분에게 직언하고자 합니다. 선(禪)과 정(淨)을 함께 닦으면 왕생의 품위가 극히 높아집니다. 달마 대사께서 하신 말씀이 있습니다. 모든 중생은 동일한 진성(眞性)을 가지고 있지만 객진망상으로 덮여 있어 드러나지 못하는 것입니다. 만약 망상을 쉬고 참됨으로 돌아가 벽관(壁觀)으로 정신을 집중하면 자타가 없어지며 범부와 성인이 같아집니다.

우리도 좌선하는 사람이며 공책은 벽과 같다고 말할 수 있습니다. 우리가 줄곧 공책에 그리며 염불하면 바로 면벽하는 것과 같은 것입니다. 계속하여 그리며 염불을 지속하면 무슨 객진번뇌, 무슨 망상이든지 한꺼번에 전부 쓸어 버립니다. 이때 비로소 알게 됩니다. 방편을 빌리지 않고서도 본지풍광에 들어갑니다. 한 획은 한 서방(西方)이며 한 페이지는 극락이며 한 권은 한 세계입니다.

염하지 않아도 저절로 아미타불이 염해지면,
돌이켜 듣고 누가 염불하는가 하고 의심을 하여야
하네.
의정(疑情)은 사대가 공하고 자기가 없으며
무아의 경지 때 또 누구인가?

한적하게 공적함을 지키지 말고

시간을 다 잡아 반문하면 견고한 관문을 깰 수 있네.

오음의 망상 경계는 환화(幻化)이며

욕망과 비정은 물거품에 속하네.

경계가 나타나면 성스러운 것도 아니니 좋아하지 말고

독두의식 홀연히 적정(寂靜)이 생기며 생각(念)이 쉬어

지네.

돈오점수(頓悟漸修)와 선정쌍수(禪淨雙修)로

객진번뇌는 염불로 변화되네.

## 오방(五方)의 문수보살에게 배향을 청하다

만고사(万固寺)에서 법회를 보고 나서 어떤 사람이 나에게 일러
주었다. 두 사람이 삼보일배하면서 이쪽으로 오고 있다고 하였
다. 나는 급히 차를 몰아 그들을 맞이하러 나갔다. 아침에 고 거
사가 말했다.

"스님, 어젯밤 이상한 꿈을 꾸었습니다. 우리가 함께 절에
갔는데, 이 절의 다섯 분의 존상에 공양하고 있어서 내가 관음보
살이냐고 말하니 아니라고 말하며 오방 문수보살이라고 하였습
니다."

나는 이 말을 듣고 난 후 이것은 인연이며 우리 석가모니 불
법이 크게 흥할 인연이 일어나는 것이라고 느꼈다. 매우 기뻤다.

다섯 분의 관음보살을 도리어 다섯 분의 문수보살이라고 말하였으니, 이것은 우리에게 다섯 분의 문수사리 법왕자가 세간의 고난 중생을 보시고 불법을 널리 펴기 위하여 세간에 내려오셨다는 것을 알려 주는 것이다. 눈물이 흘러내렸다. 우리는 비로소 의지처를 얻게 되었으며, 안위를 얻게 된 것이다.

나는 급히 두 분 스님을 만고사로 모시고 와서 식사를 공양하였다. 그들로부터 알게 된 것은 내가 오대산을 떠나 온 이후 산에서 다섯 분이 배향하러 내려왔으며, 내가 모시고 온 두 분 외에 다른 세 분은 한성(韓城)에서 서안으로 간다고 하였다. 그들은 나에게 건강을 주의하라고 당부하고 나의 마음이 편안하고 도가 융성하기를 축원해 주셨다.

### 재(齋)를 베풀어 염불하면 재난을 예방한다

부처님이 『법화경』에서 말씀하셨다.

"만약 어떤 사람이 산란심으로 탑묘에 들어가 나무불이라고 염하면 불도를 이룬다."

3년 전 요표사(凹彪寺)에서 3년 만인재(萬人齋)를 설치하여 불법의 흥성과 세계 평화, 수륙 무주고혼의 천도, 국민의 평안을 기원하였다. 그때 재에 참가한 사람이 십만 명이 넘었으며, 불보살이 크게 방광하였다. 재에 참여한 선남선녀들이 모두 먹을 밥이 있어 불법을 듣게 되었으니 정말로 불가사의하였다.

한번의 재는 5일을 기한으로 매일 40분간 관세음보살을 염불하였으며, 법당 아래에서 일만여 명이 따라서 염불하였다. 왜 이번 사스(SARS)라는 전염병이 확산될 때 '삼단일주(三檀一呪)'의 힘이 이렇게 컸느냐? 이것은 바로 3년 전 우리 많은 사람들의 무리가 관세음보살을 염불하였기 때문에 중요한 시기에 효력을 발휘한 것이다. 십수만의 사람이 와서 염하니 관세음보살을 어찌 감동시키지 않을 수 있었겠는가? 제 3년째 해에 초로 만든 관음상이 크게 방광하였으니, 촬영이 조금 늦어 단지 남은 일부분만 사진으로 남게 되었다. 또한 매년 재를 설치할 때마다 한 분의 대보살이 와서 공양하였으나 아무도 알지 못하였다. 중생이 박복한 탓이다!

모두들 반드시 기억해야 한다. 목이 마를 때를 기다려 우물을 팔 수 없다는 것을. 지금 말하는 것은 일반적인 법문이 아니다. 왜냐하면 '마하반야바라밀다'는 일체의 고를 없애며, 가정의 불안과 사람의 불순(不順)을 포함한 일체의 재난을 녹이며, 진실로 헛되지 않기 때문에 이것은 모든 부처님의 심주(心呪)인 것이다.

전염병 세가 약해져 가는 이때의 시간이 매우 중요하니 아픈 곳이 좋아졌다고 그 고통을 잊으면 안 된다. '삼단일주'법 외에 만약 재를 설치하여 관세음보살을 염하고 재난이 소멸되기를 기도하는 것도 매우 좋다. 요즘 조금도 부주의할 수 없다. 시간을 들여 재난을 녹이는 방법을 널리 전하여 모두로 하여금 전염병이 어떻게 오는지를 알게 하여 자신과 친지의 안전을 위해 마땅히 모두 살생을 하지 말아야 할 것이다.

### 요표사에서의 삼귀의(三歸依), 오계(五戒) 법문

삼귀의는 상호 장엄한 부처님께 귀의하며, 바른 불법에 귀의하며, 청정한 복전인 스님께 귀의하는 것입니다. 이것은 바로 부처님을 모범으로 삼아 고난의 중생을 구제하며, 모든 중생을 이롭게 돕고, 유정(有情)을 즐겁고 편안하게 돕는 것을 말합니다. 불경의 가르침에 따라 바른길, 정법의 길을 가는 것입니다.

우리는 경을 많이 읽어야 합니다. 경은 길입니다. 스님을 모범으로 삼아 욕념과 감정을 놓아 버리고 청정한 길로 들어가는 것입니다.

삼보(三寶)라는 것은, 깨달음은 부처님이며, 바름은 법이며, 깨끗함은 승입니다. 자성삼보를 보게 되면 깨달아 미혹하지 않고, 바르고 삿되지 않으며, 깨끗하여 오염되지 않으니 곧 모든 삼신불을 보게 됩니다. 사람마다 성불할 수 있습니다. 그것은 단지 일념이 바뀌느냐에 달려 있지요. 일념이 일어나면 망상 집착에 전도되지 않으니 곧 부처입니다. 그 외에 아무것도 없어요. 얼마나 신묘합니까!

우리 범부는 망정(妄情)을 자아로 여기니 생각 생각이 생멸합니다. 하지만 망정이 없고 일념이 직심(直心)이면 생각 생각이 명료하지요. 혼침하지 않고 들뜨지 않으니 12시 중 출입하고 행동함에 바로 왔다 바로 가고, 천둥소리를 들어도 머무름이 없으니 이 사람은 선 자리에서 성불할 수 있음을 보증합니다.

눈썹이 한번 움직이면 조사가(祖師家)의 규칙을 범하는 것입니다. 만약 능히 할 수 있으면 바로 "머무는 바 없이 그 마음을 낸다(應無所住 而生其心)."는 것입니다. 만약 할 수 없으면 입을 떼지 말아야 합니다. 하지만 한 올의 털로 천강(千江)의 달을 건져 올리는 것을 보면 친척이 아니라도 친척입니다. 귀의했다고 해서 바로 불자는 아니에요. 하지만 한 필로 서방극락세계를 그릴 수 있으면 친척이 오는 것이 아니라도 친척인 것입니다.

부처님은 이미 성불한 부처님이며, 우리는 아직 성불하지 못한 부처이며, 모든 사람은 성불할 수 있습니다. 우리는 불경을 배워야 하며 스님을 스승으로 생각해야 합니다. 『증일아함경(增一阿含經)』에서 이르기를 스님은 인천(人天)의 복전이며 스님을 만나게 되면 반드시 예배, 공양, 청법해야 한다고 하였습니다. 태만한 스님과 태만한 부처는 같은 죄인임을 기억해야 합니다.

현재 출가하는 사람은 매우 적으니, 우리는 반드시 스님을 공경해야 합니다. 정법이 흥하려면 삼보 중 하나라도 부족해서는 안 됩니다. 한 사람이 출가하는 것도 매우 어려운데, 우리 사중 제자는 단결하여 부처님의 가업을 전해 가야 하며, 후대인의 의지처가 없어져서는 안 됩니다. 스님의 모습이 좋으면 부처를 믿는 사람이 저절로 많아질 것이며, 출가하는 사람도 저절로 늘어날 것입니다. 스님이 적다는 것은 불법이 쇠미하다는 상징이에요. 스님이 되고 나서 나는 스님의 어려움을 알게 되었습니다. 모두들 스님이 말하는 것이 다 옳지 않더라도 스님을 공격해서는 안 됩니다. 출가를 선택하는 것은 바로 불법에 대한 믿음이 있다는 것이니 우리는 마땅히 기뻐해야 옳습니다.

고인이 말하기를 집안의 안 좋은 일은 밖에 알리지 말라고 하였습니다. 다른 사람이 하는 것을 옳지 않다고 생각하지 말아야 합니다. 만약 당신이 생사의 난관에 봉착하게 되면 세상 사람 모두 착한 사람이며 은인이라는 것을 알게 됩니다. 부처님은 배고픔을 시현하여 우리에게 알려 주셨지요. 도심을 발하기 위해서는 자기의 모든 것을 내려놓아야 하는데, 다른 사람의 옳고 그름을 어떻게 놓지 못하겠습니까? 이렇게 하면 세간에는 잘못이 없는 것입니다.

나는 모든 대덕, 장로들에게 깊이 바랍니다. 이들 가련한 스님들을 도와서 그들에게 한 그릇 밥이라도 배불리 먹이기를. 우리 모두도 헛되이 출가해서는 안 됩니다. 젊은 승려들의 성장에 관심을 가지고, 또한 연로한 스님들에 대해서는 부모처럼 돌봐드려야 합니다. 스님이 어려우면 우리는 더욱 그들이 난관을 극복하도록 도와야 합니다. 그들이 옷과 음식이 부족하지 않도록 하여 불가의 따뜻함을 얻도록 하면 이것이 바로 한 집안사람과 같은 것이지요.

　사람이 이 세간에 태어나는 것은 쉬운 일이 아닙니다. 반드시 시간을 다 잡아 수행해야 하며, 죽음이 도래할 것을 철저히 생각하고 소식이 있기를 기다려야 합니다. 집에 앉아 태평히 책을 읽고 신문 보는 것은 출가인의 일이 아닙니다. 도심을 발하여 염불하는 것이 가장 좋습니다. 『화엄경』, 『능엄경』, 『법화경』, 『금강경』 등 대승경전을 독송해야 부처님의 일대시교가 무엇인지 알게 됩니다.

　이것은 왕생에 영향을 주지 않으며 마음에 걸리는 것이 없으면 바로 인간의 호시절이지요. 망상이 어디로 가면 마음도 그곳으로 쫓아가나 몸은 따라갈 수 없는 것입니다. 앉아서 공부하는 데는 다리를 단련하여 신체를 잘 보호해야 마음이 편안하며 도가 융성해져서 공부가 상응할 수 있습니다.

　문제가 있으면 선지식에게 가서 묻고 선지식을 찾지 못하였으면 『능엄경』에서 그 해답을 찾으면 됩니다. 만약 이해가 잘되지 않으면 한편으로 경문을 억념하면서 한편으로 절하면 사흘이 되지 않아 저절로 마음이 열리게 됩니다.

　진정한 묘법은 말로 할 수 없는 것이며 핵심적인 것은 구경(究竟)을 말하기가 매우 어렵습니다. 묘법을 이해하려면 스스로 닦아 스스로 자신의 미타를 얻어야 합니다. 만약 점검해 줄 사람이 없으면, 모든 경계를 떠나면 자연히 몸을 돌이킬 때가 있을 것입니다. 불문(佛門)을 한번 밟으면 불가인(佛家人)이니 법복을 입을 수 있으며, 법복을 입고 부처님께 절하면 비로소 위의가 있게 됩니다.

삼귀의에 대한 설명은 여기까지 하고 다음에는 오계에 관하여 설명하겠습니다. 오계는 아시는 바와 같이 살생하지 않으며, 도둑질하지 않으며, 사음하지 않으며, 거짓말하지 않으며, 술을 마시지 않는 것입니다.

계는 부처님의 바른 영(슈)이며, 불법의 수명이며, 부처님의 사리요, 금강보검입니다. 모든 종파를 막론하고 계를 지녀야 합니다. 염불은 계를 지키는 기초 위에서 해야 한다는 것을 잊지 마십시오. 지계를 염불의 기초 위에 하는 것이 아님을 명백하게 이해해야 합니다. 계가 없으면 아무것도 논할 수 없으며, 계·정·혜는 하나라도 빠뜨릴 수 없습니다. 계는 잘 지켜야 합니다. 당신이 무슨 계를 받았든지 간에 그 계를 잘 지켜야 합니다. 다른 사람이 어떻게 하든지 관계없이 다른 사람은 모두 응신이라 생각하고 오직 내가 삼악도에서 왔으니 만약 다시 수행을 잘하지 못해서 다시 삼악도로 돌아가게 된다면 어떻게 하겠습니까?

계에 관하여 이야기를 하니, 방금 발심한 사람은 약간은 두려워하는데 겁내지 마십시오. 청정한 계를 지키면 무량무변의 공덕이 있습니다. 만약 오계만 청정하게 지킬 수 있어도 현재의 몸으로 성불할 수 있습니다.

첫 번째는 살생계입니다.

계는 잘 받아서 잘 보호하지 않으면 안 됩니다. 중요한 것은 계를 잘 보호하는 것입니다. 나는 이렇게 하니 여러분은 참고하시기 바랍니다. 길을 갈 때 머리를 들지 않고 발아래를 잘 살핍니다. 살생하는 소리를 들을 때는 머리를 들지 않고 마음속으로 묵념합니다.

'나무불! 진심(瞋心)을 내지 말고 돌아가라, 돌아가라, 돌아가면 끝난다. 무생(無生) 국토에 왕생하기를 빈다.'

직접 자기 손으로 죽이지 말 것이며, 다른 사람을 시켜서도 죽이지 말아야 합니다. 만약 살생하는 것을 보았을 때는 마음속으로 묵념합니다.

'나무불! 목숨의 빚에 대한 원한을 풀 것이며, 진한심을 내지 말고 청정한 불국토에 왕생하기를 빈다.'

길에서 죽은 동물 등을 보게 되면 관여하지 말고 이 몸이 그에게 고통을 받게 하였으니 길을 가는 데 고통스럽다고 하며, 마음속으로 묵념하기를,

'나무불! 신식(神識)은 주(主)가 없으니 청정하게 안주하고 안락국토에 왕생하기를….'

살아 있는 것을 보았을 때는 구제해 주어야 합니다. 길가 한쪽에 놓고 마음으로 묵념하기를,

'나무불! 탐심을 놓으세요. 무우(無憂) 국토에 왕생하기

를….'

만약 재가자가 채식을 한다면 채식할 조건이 안 되더라도 먹지 말아야 합니다. 이미 죽은 것을 사 가지고 왔을 때는, 요리할 때 마음속으로 묵념하기를,

'나무불! 몸은 사대로 이루어져 있으며, 형상은 환화(幻化)에 속하니, 무구(無垢) 국토에 왕생하기를….'

살아 있는 것을 사 와서 죽이면 안됩니다. 만약 조심하지 않아 동물을 다치게 했을 경우 이렇게 묵념합니다.

'나무불! 마음을 내지 말고, 마음을 내면 죄가 생기니, 극락정토에 왕생하기를….'

가장 좋은 것은 채식하며 죽이지 않고, 육식을 하지 않는 것입니다. 만약 이미 채식을 하는데도 고기 먹고 싶은 마음이 그치지 않으면, 매일 아침 지장보살 멸정업진언을 스물한 번 외우고, 불전에 올린 물 한 잔을 마십니다.

두 번째는 도둑질을 하지 않는 계입니다.

이 계는 전문적으로 남의 물건을 훔치는 것을 금할 것이며, 육근이 도둑질하지 않게 막고 공부하게 해야 합니다. 다른 사람의 어떠한 물건도 주인이 동의하지 않은 것은 움직일 수 없으며, 하물며 가서 훔치는 것은 더 말할 것이 없습니다. 다른 사람이 내 물건을 보고 좋다고 하면 그에게 주면 됩니다. 다음은 본인이 계를 지키는 방법이니 참고하시기 바랍니다. 나는 물건이 별로

없는 사람입니다.

눈의 도적을 막아야 합니다. 나는 고개를 들지 않으며, 여인을 바로 보지 않으며, 좌우로 살피지 않고, 갑자기 뒤를 보지 않으며, 위를 보지 않으며, 멀리 보지 않고 5미터 정도를 보며, 텔레비전을 보지 않고 신문, 잡지를 보지 않습니다. 이렇게 하여 눈의 도적을 꽉 잡습니다.

귀의 도적을 막아야 합니다. 한쪽 귀로 들은 것은 한쪽 귀로 흘리며, 노래(불교음악 포함)를 듣지 않으며, 음악을 듣지 않습니다. 좋고 나쁜 것을 듣게 되면 '하하' 하고 웃어넘깁니다. 여인의 노랫소리와 웃음소리를 듣지 않고 귀의 도적을 잘 살펴 번뇌가 생기지 않게 합니다. 일심으로 청정한 염불 소리를 듣습니다.

코의 도적을 막아야 합니다. 의식적으로 향기로운 냄새를 맡지 않으며 불향이라도 맡지 않습니다.

혀의 도적을 막아야 합니다. 공부하는 사람은 깨, 향유, 향채(香菜), 고추, 조미료, 오신채 등을 먹지 않거나 적게 먹는 게 가장 좋습니다. 이들 물질은 사람으로 하여금 생각을 격렬하게 자극합니다.

몸의 도적을 막아야 합니다. 부드러우며 꽉 끼는 옷을 입지 않으며, 부드러운 좌석 또는 침대에 앉거나 자지 않고 정신 집중이 되지 않거나 실념하는 것을 방비합니다. 정말로 공부하려면 일체를 모두 방비해야 합니다. 그렇지 않으면 공부는 할 수 없습니다.

뜻의 도적을 방비해야 합니다. 만나는 모든 인연에 제2념을 막는데, 만약 악념을 막지 못하면 마음이 크게 혼란해져서 염불을 할 수 없기 때문입니다. 마음이 심란하면 『반야심경』 혹은 「대비주」를 여러 번 외우며, 마음이 안정되면 다시 염불합니다.

만약 무엇이라도 염할 수 없을 지경이면 멈추고 불전에 올린 청정수 석 잔을 아침에 한 잔, 정오에 한 잔을 마시고, 저녁의 한 잔은 창밖에 쏟으며 묵념합니다. '모든 중생의 번뇌를 끊게 하시고 청정 안온하게 하소서.' 이후 「대비주」를 한 번 외웁니다. 그러면 사흘이 지나지 않아 마음이 안정되며, 의념이 밖으로 나가지 않습니다. 이렇게 염불하면 착실하게 할 수 있습니다. 만약 치료하기 어려운 병이 있으면 무슨 약이든 먹기 전에 그 약을 불전에 태우는데, 먹을 약의 양만큼 약사여래 부처님 전에 태웁니다. 세 개의 기름 등을 밝히고 기름을 더할 때마다 묵념합니다.

'저와 모든 중생이 몸과 입과 마음을 청정히 하여 모든 부처님에게 공양하기를 원합니다.'

그러면 병은 곧 낫습니다.

이것은 육근이 육진의 도적에 대한 방비로서 마음의 혼란을 막을 수 있으며, 부처님이 말씀하신 모든 법은 다 마음을 치료하기 위한 것입니다. 일체의 마음이 없으면 어찌 일체의 법을 쓸 수 있겠습니까?

세 번째는 사음(邪淫)하지 않는 계입니다.

재가불자가 사음하지 않는 것은 바로 부부 이외의 사람과는 성관계를 맺지 않는 것입니다. 이 점 모두 잘 지킬 수 있다고 생각합니다. 그러나 마음에 대하여 말하면 매우 어렵습니다. 욕계 중생은 욕념으로 인하여 생하기 때문입니다. 한 사람이 중음(中陰)에서 태에 들 때 남자를 생각하는 사람은 얼굴을 밖으로 향하고, 여자를 생각하는 사람은 얼굴을 안으로 향합니다. 태에 드는 것은 성욕으로 인하여 그런 것이며, 성욕은 또 업감(業感)으로 인하여 이루어지며, 무명(無明)이 이곳에 있으니, 자기도 잘 알지 못하며 주재할 수가 없습니다.

홍진세상에 태어난 이 중에 어떤 남자가 장부인가. 무명이 오면 모두 괴롭습니다. 『능엄경』에서 말하기를 음심(淫心)을 제거하지 못하면 생사에서 벗어나지 못한다고 하였는데, 매우 중요한 법문입니다.

지금 많은 수행자들은 음심을 대치하는 데 방법이 없으니 매우 고통스러워하지요. 마음으로 다음과 같이 묵념합니다.

'저와 모든 중생이 몸에 음란한 습관이 없고, 마음에 음란한 생각이 없게 되어 감로의 관정(灌頂)으로 청량하고 자재하게 되기를 비옵니다.'

그리고 마음으로 관상하기를 머리 위에 백의대사 관세음보살께서 깨끗한 감로수를 폭포처럼 쏟아부어 내 몸을 목욕시키니 더할 나위 없이 상쾌하다고 생각하는데, 이 방법이 매우 효과가 좋습니다.

재가불자는 음습이 있어 홍진세상을 아직 벗어나지 못하는 것입니다. 부부관계를 가진 자가 도심을 발하고 또한 부부가 화목하기 위해서는 성생활에 만족해야 합니다. 만약 보살계를 받았으면 십재일(十齋日)에는 (부부관계를) 피해야 합니다. 성관계를 맺을 때 마음으로 묵념하기를,

'대자대비하신 관세음보살께 귀의하오니, 원컨대 저와 모든 중생이 몸에 음욕의 즐거움이 없고 마음에 음심이 없게 되며, 버드나무 정수(淨水)를 모든 속진에 뿌려 불꽃이 홍련(紅蓮)으로 변하기를 비옵니다.'

또 마음으로 관상하기를,

'백의관세음보살께서 버드나무 가지와 병을 잡고 버드나무 가지를 공중에 뿌려 무수한 연꽃으로 변화되는 것을 생각한다.'

한편으로 관상하며 한편으로 관세음보살을 묵념합니다. 이렇게 하면 음욕이 없어지게 될 것입니다. 사람에게는 남녀의 모습이 있으나 마음에는 남녀의 형상이 없으니, 부부가 불교를 믿는 것 때문에 화목하지 못할 것을 걱정할 필요는 없습니다.

몸은 홍진세상에 태어났으나 마음은 홍진세상에 물들지 않네.

혼탁한 고해 속에 태어났으나 마음이 청정한 사람이
되었네.

네 번째는 거짓말하지 않는 계입니다.

말을 함에 있어 반드시 더하지도 말고 빼지도 말 것이며, 이
렇게 시간이 오래되면 자연히 선정이 생깁니다. 중생을 이롭게
하기 위해서는 방편으로 거짓말을 할 수 있습니다. 비유하면 어
떤 사람이 토끼를 죽이려고 쫓아가는데 오계를 받은 당신에게
토끼가 어디로 도망갔는지 방향을 물을 때에는 토끼를 살리기
위해서 부득이 거짓말을 할 수밖에 없습니다. 토끼를 쫓는 자와
토끼와는 인과의 빚이 있으니 잘못 말하면 인과를 그르치게 됩
니다. 이때 당신은 다음과 같이 묵념합니다.

'모든 중생이 서로 해치지 않고 서로 얽히게 하지 않고 그들
의 원결(寃結)이 풀어지기를!'

뒤이어 토끼를 쫓는 자에게 방편으로 거짓말을 해 주어 그
들의 죽음의 빚이 풀어지게 하며, 장래 수명이 다하여 자연적으
로 죽게 되면 토끼는 어떤 사람도 원망하지 않게 됩니다. 방편으
로 거짓말을 하는 것은 중생을 제도하기 위한 것이지, 자기를 위
해서 하면 안 됩니다. 모두 반드시 주의해야 합니다.

다섯 번째는 술을 마시지 않는 계입니다.

술에 대해서는 마시지도 말고 만지지도 말아야 합니다. 무

능한 사람은 술 마시는 장애가 모두 큰데, 하물며 유능한 사람이 겠습니까. 많은 영웅호걸들이 술을 많이 마셔 타락하니 반드시 술을 끊어야 합니다.

술은 난세의 영웅호걸들로 하여금
우쭐거리며 본성을 어지럽게 하고 색마가 되게 하네.
마음이 함부로 날뛰며 주재함이 없으니
어떤 영웅 남자가 대장부인가!

부처님의 계를 받아 부처님의 지위로 들어가려면 반드시 오계의 옷을 걸쳐야 합니다. 우리가 불보살과 같이 자비로 중생을 보살피려면 큰일, 작은 일 모두 남이 잘못했다고 생각하지 말아야 하며 자기가 곳곳에서 모범을 보여야 합니다. 그러면 사람들이 우리를 보고 모두 기뻐하게 되며 부처님이 우리를 보아도 더욱 기뻐하게 됩니다. 우리가 불보살의 사업으로 중생을 제도하여 다 함께 상적광토로 돌아가야 할 것입니다.

### 폐품을 주워 석장(錫杖)을 청하다

내가 화산(華山)까지 배향을 하였을 때 저녁에 은사인 은거 화상께서 와 나에게 "네가 동관(潼關)에 도착하면 어린 제자를 하나 거둘 수 있을 것이다."라고 일러 주었다. 그때가 되니 과연 제자가 하나 생겼다.

나중에 우리가 홍선사(興善寺)에 갔을 때 지팡이를 하나 보게 되었는데 가격이 450원(인민폐)이나 되어 한 번 보고는 그냥 지나갔다. 그런데 어린 제자가 나중에 폐품을 주워 팔아 돈을 만들어 나에게 지팡이를 사 주려고 생각하였다. 이것이 서안의 거사를 감동시켜 돈을 모아 그의 소원을 이루게 하였다. 이 아이는 선근도 매우 좋아 출가할 때 달이 연속 7일간 방광하였는데, 이 또한 매우 얻기 어려운 일이다.

## 자기를 잘 다스려야 한다

사스(SARS)가 전염을 멈추었다. 이 전염병에 대하여 현대 과학계는 동물이 보균한 세균과 관련이 있다는 점을 증명하였으며, 병균의 생성과 급속한 번식의 근원에 관하여는 정확한 답을 내리지 못하였다.

우리 불교의 관점에서 보면 이것은 살생이 불러일으킨 것임을 명백히 알 수 있다. 최근 몇 년 이래 사람들은 돈이 많아지고 생활 수준이 높아짐에 따라 먹는 욕구가 다양해지고 높아지게 되어, 동물의 고기와 피를 먹으면 크게 보신할 수 있다고 생각하게 되었다. 결과적으로 살생도 백 배, 천 배 증가하게 되었다.

사스는 어떻게 온 것인가? 모두들 내 설명을 들어 보기 바란다. 결코 미신이 아니다.

사람들 각자 모두 꿈을 꾼다. 따라서 사람마다 모두 신식(神識)을 가지고 있다. 모든 동물도 생각이 있으며 또한 신식을 가지고 있다. 사람이 살해될 때 원한심을 가지게 되는 것과 같이 동물도 살해될 때 원한심을 가지게 된다. 단지 방법이 없을 뿐이다. 동물이 사람에 비하여 약하니 약육강식이라 대량으로 살해되는 것이다. 결과는 어떠한가?

비유를 들어 보면 열 사람이 함께 있는데 만약 그 가운데 여덟아홉 명이 즐겁지 않으면 전체 분위기가 자연히 가라앉아 긴장하게 된다. 이것은 바로 신식이 일으킨 작용이다. 부처님께서 말씀하시기를 모든 동물의 형상은 구별이 있으나 신식은 구별이 없다고 하셨다. 만약 대량의 동물이 강제로 살해되면 그 분노와 진한의 신식은 무량무변으로 허공에 가득차게 된다. 이에 따라 우리 사람들의 신식은 공포와 두려움을 느끼게 된다.

만약 분노, 진한의 신식이 허공 중에 단지 증가하기만 하고 감소하지 않는다면 우리 인류의 공포와 두려움과 그로 말미암아 초래되는 질병, 전염병, 각종 사고와 전쟁 등도 그에 따라 격화될 것이다. 이 모든 것은 이미 현재 우리 눈앞에 나타나고 있다.

영지(靈知)에 대하여 우리가 보지 못했다고 존재하지 않는다고 말할 수 없다. 신식도 이와 같이 만약 한 사람이 어떤 사람을 죽이면 그 주변의 영지는 곧 공포와 두려움으로 변한다. 이것은 어디에서 오는가?

그것은 살해된 사람의 신식에서 오는 것으로 살해된 자가 공포와 두려움 가운데 목숨을 잃어 그 반작용으로 살해한 자도 공포와 두려움의 심정을 가지게 되는 것이다. 우리는 이러한 적지 않은 사례를 들은 적이 있다.

도망다니던 살인범은 잡힌 후 도리어 마음의 편안함을 느끼게 된다. 동물도 사람과 같은 것이다. 사람이 만약 살생하는 것이 많으면 공포, 두려움이 이 사람의 머리 위에 내려오게 된다. 이에 따라 운(運)이 안 좋게 되고, 성을 잘 내며, 병이 잘 나고, 악몽을 자주 꾸게 된다. 심하면 정신 이상을 가져오기도 한다. 또한 세상 사람들은 인간만이 조상이 있고 동물들은 조상이 없는 것으로 알고 있다. 당신이 동물의 후손을 다치게 하면 공업(共業)이 눈앞에 나타날 때, 그의 조상이 당신에게 빚을 독촉할 것이다.

지금 이 사회는 거의 매일 동물을 죽여 매일 고기를 먹으니 무수한 분노, 공포, 두려움의 신식이 허공에 충만하여 인류에게 공포, 두려움의 생존 공간을 조성하고 있다. 만약 우리가 다시 노력하여 현재의 생활 환경을 바꾸지 않는다면 우리는 바로 재난에 직면하게 된다.

노자(老子)께서 말씀하였다.

"사람이 착하면 하늘이 와서 보호하고, 사람이 악하면 하늘이 내려와 재앙을 준다."

이 말 속에서 우리는 마땅히 알아야 한다. 화(禍)와 복(福)은 모두 자기 자신이 조성하는 것이며, 천신(天神)은 단지 세상의 법관과 같다. 형벌을 판결하여 처분하는 것은 당신 자신이 죄를 저질렀기 때문이다. 따라서 인류를 주재하는 것은 자기 자신이며 어떤 천신도 아니라고 말할 수 있다.

모두들 만약 우리의 집이 큰 수재에 잠긴다면, 염불이 물을 빠지게 할 수 있다는 것이 아니라는 것을 안다. 그것은 큰 미신이다. 마땅히 물길을 만들어 물을 내보내면 집을 보호할 수 있을 것이다. 같은 이치로 무수한 공포, 두려움의 신식이 우리를 둘러싸고 있을 때 우리가 해야 할 것은 그들을 해방시키고 그들을 감소시켜야 비로소 편안해질 수 있는 것이다.

이번의 사스 병독이 전 인류를 위협하고 두려움에 떨게 하였으며, 감염자에게 고통을 받게 하였다. 병의 근원에 대하여 나는 대자대비하신 부처님에게서 "삼단일주법(三檀一呪法)"으로 이 온역이 사라지게 하였다. 하지만 모두들 영원히 평안하고 건강하기를 원한다면 마땅히 우리 모두 공동으로 살생을 금하고 방생하여 공포와 두려움의 신식의 우리 인간에 대한 위협을 감소시켜야 할 것이다. 그리고 양심에 부끄러운 짓을 하지 않으면 그들이 찾아와도 놀라지 않을 것이다. 내가 살생하지 않으면 재난이 와도 두렵지 않다.

만약 살생과 악을 멈추지 않는다면 우리 인류는 아마도 더욱 큰 재난을 맞이하게 될 것이다. 따라서 세상 사람들에게 권하노니, 살생을 하지 말고 선량하고 도덕이 있는 마음가짐으로 생활을 바꾸어야 할 것이다. 사스가 조용해졌지만 빚을 다 돌려 갚지 못했음을 알아야 한다.

우리가 만약 자기와 남의 안전과 건강을 위하려면 자기 자신이 살생하지 말아야 하며, 또한 다른 사람을 시켜서도 살생하지 말아야 한다. 그리고 살아 있는 동물을 사서 요리한다고 끓는 물 속에, 불 속에 넣지 말 것이며, 칼산에 올려놓지 말아야 하며, 먹지 말아야 한다. 그러면 우리 마음은 선량하고 자상함이 충만하게 될 것이며, 공포와 두려움의 환경은 자연히 녹아질 것이고, 재난은 반드시 소멸될 것이다.

그리고 다음과 같이 하기를 청한다. 삼단(三檀 : 단목, 녹단, 자단)을 황색 천에 '마하반야바라밀다' 주를 써서 붉은 천 혹은 황색 천의 조그만 주머니에 넣어 몸에 지니며 매일 아침 일어나 '마하반야바라밀다'를 세 번 외운다. 이렇게 하면 당신은 모든 재난을 물리치며, 다시는 공포, 두려움이 없게 되며, 운이 안 좋다거나 질병, 집안의 불안, 가족의 불화 등이 없어지며, 모든 것이 좋게 바뀔 것이다. 만약 모두가 이와 같이 하면 이 세상에 전쟁, 온역과 지진, 화재, 수재, 풍재 등의 재난이 없어져 전 인류가 평화로워질 것이다. 이것은 방법은 간단하나 위력은 매우 크다. 모두 안심하시고 단지 실천하기만 하면 결코 그 해를 받지 않게 될 것이다. 모두 마음을 모아 행하면 그 이점을 다 말할 수 없다.

## 이 작은 필사본의 유통에 대하여

묘림 스님은 원래 일생을 절하며 전 중국을 한 바퀴 돌며 큰 필사본을 써서 후인들에게 물려 주고 갈 계획을 하셨다. 하지만 지금 사정으로 인하여 이 작은 필사본을 앞당겨 유통하게 되었다.

이 책의 내용은 중국 사대 불교 성지 중의 하나인 오대산 배향을 배경으로 하였으며, 세 가지 방면으로 이야기하였다.

첫째, 인류의 재난을 없애기 위하여 먼저 '호흡오음염불법'을 공개한 것이다. 이 가운데는 법을 청한 과정과 수행의 방법에 대하여 언급하였다.

둘째, '삼단일주(三檀一呪)' 소재법(小災法)을 전수하고자 한 것이다. 불교의 관점에서 모든 재난이 발생하는 원인과 근본적인 소멸의 방법을 상세하게 설명하였다.

셋째, 스님이 불교를 배운 과정(경력)을 일부분 소개하면서 모두에게 참고가 되게 하였다.

우리가 볼 때 스님이 삼보일배로 배향하며 참학하고 구사일생하면서 인간이 참을 수 없을 정도의 고통을 다 맛보았다는 것이다. 이렇게 스님은 절절하게 진리를 시현하셨다. 불법을 배우고 닦아 증득하기 위해서는 반드시 온갖 고생을 겪어야 한다. 아무런 대가 없이 온몸과 마음을 바쳐야 한다.

우리가 비록 스님과 같이 여러 해를 하루 같이 배향하며 탁발하고 풍찬노숙은 할 수 없을지라도 우리는 매일 일천 배 혹은 이삼백 배 절하며, 염불 일만 성 혹은 몇백 성은 할 수 있으며, 적게 먹고 적게 잠자는 것은 할 수 있지 않은가?

우리는 위법망구(爲法忘軀)하는 스님의 고충과 자비심을 볼 수 있다. 스님은 종남산에서 죽을 고비를 넘기면서 그것을 계기로 '호흡오음염불법'을 얻게 되었다. 하지만 고난 중생을 구제하기 위하여 자기와 자신의 수행법을 조금도 남기지 않고 세상에 공개하였다.

그리고 사스 병독이 인류에게 주는 재난을 녹이기 위하여 스님은 '삼단일주법(三檀一呪法)'을 전수하였으며, 또 한 번 자기의 맨 처음 소망과 고행승의 큰 금기를 어겨가면서 이름과 얼굴이 알려지는 것을 아끼지 않았으니 스님은 재차 더 큰 대가를 치러야 한다. 이 때문에 스님은 매우 부자유스럽게 되었다.

스님이 거듭 말씀하시기를, 정말로 필사본 노트를 대중에게 바칠 생각이 없었으며, 이름을 낼 생각이 없었지만 방법이 없다고 하셨다. 지금 단지 모두가 그를 알아보지 않기를, 기억하지 않기를 바랄 뿐이며, 그로 하여금 배향을 완수할 수 있게 해야 한다.

스님은 당연히 "중생이 어려움에 처할 때 반드시 도와야 한다. 중생을 위하여 죽을 수 있어야 하고 자기를 위하여 살지 말아야 한다."는 자기 은사스님의 가르침을 따른 것이다. 스님은 이와 같은 방편을 택한 데 대하여 조금도 후회가 없으시다.

스님은 말씀하셨다.

"나는 이미 돌아가는 길을 잘 택하였으니, 모두들 나를 보려면 염불하라. 염불 일천만 성을 하면 정말로 나를 볼 수 있을 것이다…"

이 필사본 노트는 스님의 다년간에 걸친 고생과 실천, 과증(果證), 지혜를 함축하고 있다. 현재 스님은 이 모든 것을 중생에게 주었다. 어떻게 해서든지 소중히 여기고 이해하는 것이 우리가 해야 할 일이다. 스님은 노트를 우리에게 맡기고는 곧 다시 배향의 길로 사라졌다.

2003년 음력 납월 초파일

하북성(河北省) 석가장(石家庄) 호흡오음염불회 일동

회향(廻向)

원이차공덕(願以此功德)

보급어일체(普及於一切)

아등여중생(我等與衆生)

개공성불도(皆共成佛道)

# 고(苦)는 어디에서 오며
# 어떻게 벗어날 수 있는가?

과학의 발전으로 세상은 나날이 편리해지며 풍족해지는데 고통 속에서 헤매는 사람은 줄어들지 않고 더 많아지는 것 같다. 특히 병으로 고통을 당하는 사람은 날이 갈수록 늘어나고 있다. 불교에서는 생로병사를 네 가지 큰 고통이라고 말하고 있는데, 그중에서도 병의 고통만큼 사람을 괴롭게 하는 것은 없을 것이다. 병이 중하면 바로 죽음으로 이어지니 누구나에게 두려움을 주는 것이다.

　　하지만 우리는 병의 원인을 의학적인 지식으로만 판단하고 지혜의 눈이 없어 그 내면의 근본 원인은 알지 못한다. 나 역시 어릴적부터 자주 병고에 시달리면서도 병이 온 인연을 알지 못하여 그저 고통을 감수하는 수밖에 도리가 없었다.

그런데 연수차 북경에 갔을 때 가끔 절에 들러 그곳에서 파는 불교 관련 서적을 관심 있게 보곤 했는데, 어느 날 흥미로운 책 한 권을 발견하였다. 『현대인과실록』이라는 책이다. 중국의 오대산에 은거하고 계신 스님께서 불교 신도들에게 해 주신 법문을 어느 거사가 정리한 책으로 주로 인과에 관한 이야기였다.

그때까지 중국불교에 관하여 약간의 편견을 가지고 있었기에 그 책에 대하여 처음엔 별 관심을 두지 않았다. 그러던 어느 날 무료할 때 읽어 보니 읽을수록 흥미롭고 감동이 일어났다. 옛날이야기가 아닌 최근에 일어난 일들을 생동감 있게 기록한 책이라 더욱 흥미로웠다.

불교를 접한 지 근 30여 년이 다 되어 가지만 바쁜 생활 속에서 인과에 대한 인식이 점점 퇴색되다가 이 책을 읽으면서 망치로 머리를 맞은 것처럼 큰 충격을 받았다. 그리하여 지금까지의 삶의 방식과 태도를 점검하면서 잘못된 점은 고치기로 결심하였다. 나 자신이 크게 감동을 받았기 때문에 이 책을 나 혼자만 읽고 마음속에 간직하기엔 너무 아깝다는 생각이 들었고, 번역을 하여 한국의 불자들에게 소개하고 싶었다. 다행히 어려운 문장이 아니라 번역은 순조롭게 진행되었다.

2년간의 연수를 마치고 귀국하기 3개월을 앞둔 2004년 마지막 여름방학을 27층 높은 방에서 이 책을 번역하며 보낸 것은 지금 생각해도 큰 보람이었다. 그때 못했더라면 아마도 시간이 없어서 이 책이 세상에 나오기까지는 상당한 시간이 걸렸을 것이다.

우리 같은 보통 사람들은 거창한 철학적 지식보다 소박하고 현실적인 이야기에 더 감동을 느끼는 경우가 많다. 고통 속에서 허덕이는 중생을 구제하시고자 산에서 내려오신 오대산 묘법 노스님의 자비법문은 우리로 하여금 고통의 원인을 돌이켜 보게 하면서 어떻게 하면 고통에서 벗어날 수 있는지를 일깨워 준다. 이야기의 무대는 중국이지만 바로 우리의 이야기이며, 주변에서 흔히 보고 듣는 일이기도 하다.

의학이 매우 발달한 지금도 치료를 하지 못하는 불치병, 난치병 환자는 의외로 많이 있는 것 같다. 북경에서 생활할 때 어느 신문에서 보았는데, 중국 사천성의 어느 의사는 자기 병원의 난치병 환자를 치료하면서 환자 또는 그 가족들에게 방생(放生)을 하게 하여 많은 난치병 환자를 치료하였고, 그러한 공로로 정부로부터 많은 포상을 받았다고 하였다. 그 기사를 보면서 그분은 반드시 인과의 도리를 이해한 것이 아닌가 하는 생각이 들었다. 인과란 정말 불가사의한 것이며, 과학이며 진리가 아닌가.

중국 속담에 "가가도유일본난념적경(家家都有一本難念的經)"이라는 말이 있다. 즉 집집마다 모두 한두 가지의 어렵고, 고통스러운 일을 가지고 있다는 뜻이다. 이 세상을 살아가면서 고

(苦)는 피할 수 없는 현실이다. 문제는 이러한 고에서 어떻게 벗어나는가 하는 것이다. 바로 인과의 도리를 이해하고 지금까지의 자기 잘못을 깨닫고 바로잡아 나갈 때 근본적으로 고통에서 벗어날 수 있을 것이다.

이 책에서는 높은 도를 이야기하기 전에 도를 얻는 데 기초를 다지는 길을 말하고 있으며, 지금 당장 겪고 있는 고통에서 벗어날 수 있는 길을 제시하고 있다. 지금 우리의 현실은 인과를 너무 무시하면서 살아간다는 생각이 든다. 우리 사회에 병이 많은 것도 인과의 도리를 역행하기 때문이 아닐까.

그리고 무엇보다도 수행에 뜻을 둔 불제자라면 반드시 먼저 인과의 도리를 이해하고 따라야 할 것이다. 이 책에서 묘법 스님은 "수행인에게는 조그마한 잘못도 우리 몸의 기를 막히게 하여 불편하게 하며, 고기를 먹으면서 염불하면 백 년을 염불해도 부처님과 상응할 수 없다."고 하셨으며, 보조 스님의 『염불요문』에서도 "염불하려면 먼저 계의 몸이 이루어져야 도의 제호를 담을 수 있다."고 하셨듯이 인과법을 깨닫고 계를 지켜야 할 것이다.

이 책을 읽다 보면 어떻게 마음을 돌이켜 참회하고 행해야 할 것인가를 각각의 사례를 통하여 생생히 느낄 수 있다. 우리는 부모, 형제, 가족, 이웃, 동료 등 수많은 인연 속에서 살아가고 있다. 그 속에서 인(因)을 심고 연(緣)을 맺으면서 고와 낙의 과실을 맛보게 된다. 지금 우리의 모습은 지난 과거의 결과이며 다가오는 미래 우리의 모습을 결정하는 원인이기도 하다.

부처님께서는 고통의 원인은 집착이라고 하셨다. 자기의 생명만 소중히 여기고 집착하여 다른 생명을 무시하고 고통을 준다면 그 고통이 고스란히 자기에게로 되돌아온다는 사실을 인과의 법칙을 통하여 깨우쳐 주고 계시다. 인과법은 엄연한 현실이며 우주의 섭리로서 부처님이 지어낸 이야기가 아니다. 인과의 현상은 자기 자신에게서, 우리 주변에서 늘 일어나고 있으나 단지 그것을 느끼지 못하고, 깨닫지 못하고, 인식하지 못할 뿐이다.

부처님과 조사스님들은 한결같이 고에서 벗어날 수 있는 가장 좋은 길은 자기의 진정한 주인공(성품)을 깨치는 것이며, 고통의 근원, 생사의 근본무명을 타파하는 것이라고 말씀하셨다. 만일 그렇지 못하다면 자기의 잘못을 깨닫고 인과의 법칙을 이해하고 따르는 것 또한 방법이 될 수 있을 것이다. 다른 생명을 사랑하는 것이 바로 자기를 살리는 길이며 자기의 영혼을 진정으로 복되게 하는 길이라고 생각한다. 이 작은 책은 우리로 하여금 그 길에 동참할 것을 호소하고 있는 것이다.

이 책을 출판해 주신 불광출판사 지홍 스님과 관계자분들께 진심으로 감사드리며, 이 책이 나오기까지 수고하신 거창의 김연우 선생님과 관계자 모든 분께 이 글을 빌어 고마움을 전하고자 한다.

　이 땅의 모든 분들이 부처님의 가피를 입어 이고득락하며
생사의 윤회에서 벗어나 극락정토에 왕생하기를 빌면서….


을유년 12월
재가불자 각산(覺山) 삼가 씀

# 지 명 염 불 계 수

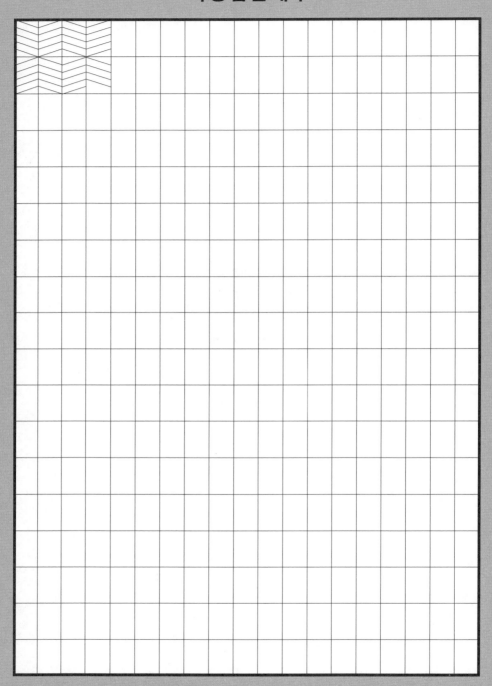

"나무아미타불" 한 소리에 선 하나를 그으며, 작은 한 칸에 다섯 번 선을 그을 수 있게 만든 노트.
그 방법에 대해선 350쪽을 참조._역자 주

## 오대산 노스님의
## 인과 이야기

2006년 1월 5일 초판 1쇄 발행
2024년 2월 23일 개정판 2쇄 발행

엮은이 과경 • 옮긴이 정원규
발행인 박상근(至弘) • 편집인 류지호 • 상무이사 김상기 • 편집이사 양동민
편집 김재호, 양민호, 김소영, 최호승, 하다해 • 디자인 쿠담디자인
제작 김명환 • 마케팅 김대현, 이선호 • 관리 윤정안
콘텐츠국 유권준, 정승채, 김희준
펴낸 곳 불광출판사 (03169) 서울시 종로구 사직로10길 17 인왕빌딩 301호
　　　　대표전화 02) 420-3200 편집부 02) 420-3300 팩시밀리 02) 420-3400
　　　　출판등록 제300-2009-130호(1979. 10. 10.)

ISBN 979-11-92476-24-7 (03220)

값 17,000원